Marlen Schachinger
Wien. Stadt der Frauen.

Für Almut D.
Für Richard L.

Dieses Buchprojekt wurde durch die Kulturabteilung der Stadt Wien, Bereich Wissenschafts- und Forschungsförderung unterstützt.

Bibliografische Information der Deutschen Bibliothek
Die deutsche Bibliothek verzeichnet diese Publikation in der Deutschen Nationalbibliografie; detaillierte bibliografische Daten sind im Internet über http://dnb.ddb.de abrufbar.

© 2006 Promedia Druck- und Verlagsges.m.b.H., Wien
Alle Rechte vorbehalten
Umschlaggestaltung: Gisela Scheubmayr
Grafik, Layout: Sigrid Haubenberger
Lektorat: Barbara Neuwirth
Druck: AZ Druck und Datentechnik GmbH Kempten
Printed in Germany
ISBN-10: 3-85371-260-6
ISBN-13: 978-3-85371-260-3

Fordern Sie einen Gesamtprospekt des Verlages an bei:
Promedia Verlag, Wickenburggasse 5/12, A-1080 Wien
E-Mail: promedia@mediashop.at
Internet: http://www.mediashop.at

MARLEN SCHACHINGER

Wien.Stadt der Frauen

Eine Reiseführerin

PR*MEDIA

Inhaltsverzeichnis

Prolog

„Das Beste, was die Wiener besitzen, sind ihre Frauen. Daß sie schön sind, die Wiener Frauen, und am schönsten in der Bewegung: im Gespräche, im Gehen und Tanzen, das weiß jeder, dem der Sinn für Auffassung des Schönen und Anmutigen nicht ganz versagt ist. [...] [S]o sagen wir, daß die Wienerinnen des guten Schlages das ‚Schön-und-Gute' in einer Person darstellen. Wir fürchten uns nicht vor dem Naserümpfen nordischer Moralphilosophen, die nicht selten, in ihrer mageren Art zu denken, die Busenlosigkeit mit der Tugend verwechseln; die Natur an sich ist bekanntlich keine Sünde, und erst unser Denken macht sie dazu. Die Wiener Frauen tragen die Fülle ihres Geschlechts mit einer Unbefangenheit, die sich vor dem öffentlichen Bekenntnis nicht scheut: Ich bin ein Weib! Sie sind keine verschämten Mannsbilder, die ihre natürliche Artung vor der Welt verbergen möchten; nein, sie sind wie die Blumen, die nicht anders können, als sich in ihren Reizen zu offenbaren."[1]

Was schon ein Schwabe um 1910 feststellte, lässt sich auch heute noch belegen: Wien ist eine Stadt der Frauen. Sie spazieren nicht nur durch die Straßen und Gassen, sondern Frauenbilder umrahmen Portale, zieren Hausfassaden, sie verkörpern Weisheit, Freiheit, Handel; Frauen leihen Straßenzügen, Plätzen und Kirchen ihren Namen oder sie werden auch einmal in persona auf Denkmälern verewigt. Frauen wurden geboren-von und wohnten-in, waren tätig-bei oder flohen-vor, sie gründeten Vereine und Initiativen ...

So prägen Langverstorbene bis heute unsere Welt mit. Anhand jener Spuren, die sie hinterließen, soll hier ihrer würdigend erinnert werden, indem über den bekannten Stadtplan Wiens ein weiterer, ein weiblicher gelegt wird, ein Teppich, gewoben aus Erinnerungen und Geschichten, Bildern und Dokumenten. Erst durch diese hinweisende Verortung innerhalb des Bekannten wird sichtbar, dass auch eine weiblich-orientierte Geschichtsschreibung nötig ist, um jenes, was nach patriarchalen Normen eine Randerscheinung bleibt, ins Bewusstseins zu rücken. Oder anders formuliert: Ist Kriegsführung historisch bedeutsamer, als Leben zu erhalten, Sozialeinrichtungen zu gründen, künstlerisch oder forschend tätig zu sein? Manchmal hat es den Anschein. Territoriale Machtkämpfe werden in den Blickwinkel gerückt, Frauen finden in der historischen Wahrnehmung höchstens noch bei Hungerrevolten ihre Erwähnung – irgendwo im Hintergrund.

Durch die Schreibung einer HerStory jedoch erhalten Frauen die Möglichkeit, ein Selbstbewusstsein eigener Geschichte zu entwickeln. Sind uns Lebensentwürfe, die sich außerhalb des Gewohnten befinden, bekannt, wird uns das Recht auf eine Wahl bewusster, wird Bereits- oder Beinah-Vergessenes erneut ins Licht gerückt, um Unsichtbarkeit aufzubrechen. Derart kann auch ein Gegenpol zum selektiven Vergessen und dem aktiven Akt des (Ver)Schweigens von Frauengeschichte gesetzt werden.

Frauendenkmäler mögen manchen BetrachterInnen per se diskussionswürdig erscheinen: Tafeln werden, so mag man und frau einwenden, nur selten wahrgenommen, die Bezeichnungen einzelner Straßen und Plätze ohnehin kaum beachtet, und ob eine Statue das Leben jener Frau dem Betrachter, der Betrachterin präsenter macht, ist ebenso fraglich. Andererseits ermöglichen all diese Verortungen im Erzählen die Weitergabe von Wissen und können deshalb auch jenen, die mit offenen Augen durch die Stadt gehen, als Ausgangspunkt zu Nachforschungen dienen. Manche werden in der Folge realisieren, wie zahlreich Frauenbüsten, -köpfe, -körper an Fassaden, in Parks oder rund um Plätze sind. Auch wenn diese Darstellungen zumeist nicht einzelne, reale Frauen ihrer Zeit präsentieren, so erzählen sie doch eine Geschichte über den Blick auf Frauen, über die Veränderung des Körperbezugs. Darüber hinaus wird aufmerksamen BetrachterInnen die häufige Existenz von Würdigungstafeln für Männer ins Auge stechen. Dies spricht für sich; genauso wie der Mangel eben dieser für Frauen. Oder, um auf Paul Watzlawick zu verweisen, auch Schweigen und Nichthandeln haben Mitteilungscharakter.

Vielfach findet sich hier der Vermerk, diese oder jene Frau, sei – worin auch immer – „die Erste" gewesen; das mag mancher und manchem noch nicht als Verdienst erscheinen, doch lässt eine derartige Sichtweise außer Acht, dass „die Ersten" immer auch zahlreiche Widerstände zu überwinden hatten.

In dieses Buch wurden noch lebende Frauen, deren Werk ebenso zu würdigen wäre, aus Prinzip nicht aufgenommen, denn schon die Anzahl der Verstorbenen sprengt jeden Rahmen und ließe diese Reiseführerin in der Folge zum mehrbändigen Lexikon werden. Johanna Dohnal, die sich am Ballhausplatz 2 verortet findet, stellt hier eine Ausnahme dar; jedoch wurde sie als erste Staatssekretärin für allgemeine Frauenfragen porträtiert, ein Amt, das sie 1995 niederlegte.

Manche Frauen, die sich nur für eine kurze Zeitspanne in Wien aufhielten, spare ich bewusst aus, wenn sie nicht als Namenspatroninnen einer öffentlichen Verkehrsfläche der Stadt gewürdigt wurden, auch wenn Wien ihre Persönlichkeit, ihr Schaffen prägte und Spuren hinterließ; hier wären u. a. die Journalistin Milena Jesenska oder die gebürtigen Wiener Autorinnen Elsa Bernstein-Porges und Enrica Handel-Mazzetti zu nennen.

Auch andere Frauen bzw. Graueninitiativen konnten hier aus Platzgründen nicht aufgenommen werden. So zum Beispiel die Frauenrechtlerin

Sidonie Kohen, die Juristin und erste Doktorin der Staatswissenschaften Else Cronbach, die Erfinderin und Schauspielerin Hedy Lamarr, die Schriftstellerinnen Marie Eugenie Delle Grazie, Anna Forstenheim, Minna Kautsky und Camilla Jellinek, die Malerin und Präsidentin der „Vereinigung bildender Künstlerinnen Österreichs" Louise Fraenkel-Hahn, die Nationalrätin Emmy Freundlich, die Journalistin Oda Olberg-Lerda, die Nationalrätin und Organisatorin des ersten Frauenstreiks Amalie Seidel, die Nationalratsabgeordnete Maria Tusch, die Gründerin des Vereins „Auskunftstelle für Wohlfahrtseinrichtungen" Rosa Wien. Aus dem gleichen Grund musste ich die Auswahl an Themenkreisen beschränken, weshalb interessante Bereiche wie Frau und Medizin oder die Geschichte der Mobilität vom Rad über das Auto bis hin zu den Fliegerinnen sowie technische Erfindungen zur Erleichterung der Hausarbeit und die Entwicklung der Leihbibliotheken noch darzustellen wären.

Kurz sei auch noch darauf hingewiesen, dass bei manchen Straßenbezeichnungen, die ad hoc „Frauenverdacht" aufkommen lassen, Vorsicht geboten ist. So erinnert die Fraungrubergasse nicht an Frauen in Gruben, sondern an einen Mundartdichter. Weder hat die Eschenbachgasse etwas mit Marie von Ebner-Eschenbach zu tun, noch die Zuckerkandlgasse mit Berta Zuckerkandl-Szeps.

Marlen Schachinger,
Wien, im August 2006

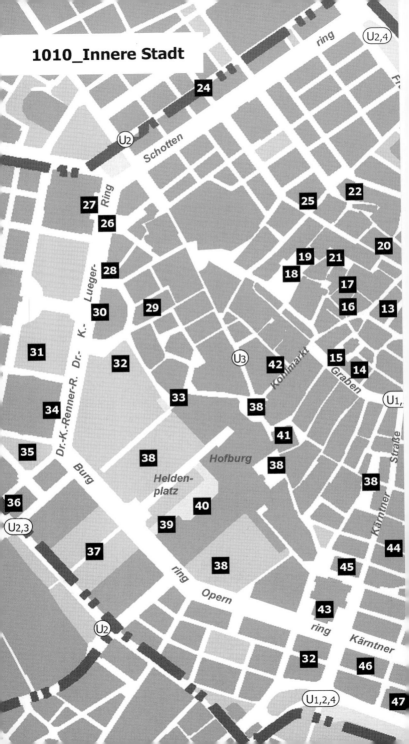

1010_Innere Stadt

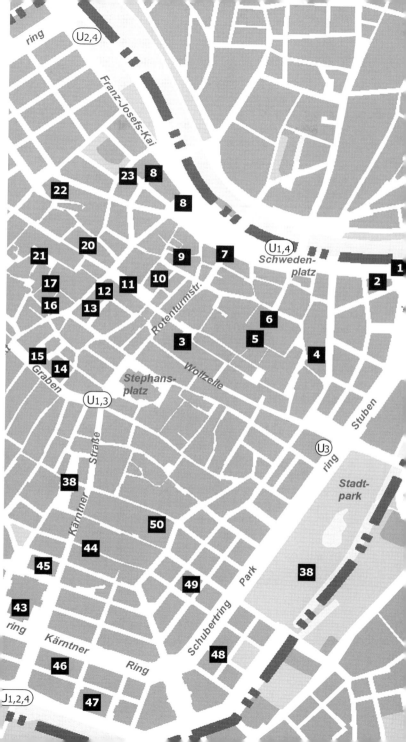

1 - Uraniastraße 1 / Aspernbrücke: Wo manch eine ins Wasser ging: Marie Sch., 17 Jahre, eine Dienstbotin, und der „Friedhof der Namenlosen".

2 - Wiesingerstraße 11 / „Hakoah": Hier hatte der Sportclub „Hakoah" von 1933 bis 1937 seinen Vereinssitz: Ein Porträt der „Hakoah"-Schwimmerinnen und ihre Stars Hedy Bienenfeld-Wertheimer (1906–1976) sowie Fritzi Löwy (1910–1994).

3 - Bäckerstraße 1: Standort eines der Ateliers der ersten „Kunstschule für Frauen und Mädchen". Oder: damenhaftes Aktzeichnen und die Malerin Tina Blau (1845–1916).

4 - Barbaragasse: Diese Gasse wurde nach der Barbarakirche benannt.

5 - Schönlaterngasse 5 / „Heiligenkreuzerhof": Wo der „Wiener Hausfrauen-Verein" beheimatet war: Ein Porträt seiner Präsidentin Johanna Meynert († 1879).

6 - Drachengasse 2: Das „Theater Drachengasse" – „Bar & Co".

7 - Franz-Josefs-Kai 23 / Rotenturmstraße: Würdigungstafel am Wohnhaus Stella Kadmons (1902–1989), Schauspielerin, Chansonniere, Kabarettistin, Kabarett- und Theater-Direktorin, Pionierin des Off-Theaters.

8 - Salztorgasse 6 und Morzinplatz: Gedenkstätten der Widerstandkämpferinnen?

9 - Seitenstettengasse 2: Sitz des „Israelitischen Frauenwohltätigkeitsvereins": Ein Porträt seiner Präsidentin Charlotte Königswarter (1841–1929).

10 - Judengasse 4 / „Irene-Harand-Hof": Dieses Wohnhaus erinnert an Irene Harand (1900–1975), Initiatorin der „Harand-Bewegung".

11 - Hoher Markt 1: Wo Fanny von Arnstein (1758–1818) Hof hielt: Ein Porträt dieser Salonière und ihrer Nachfolgerinnen.

12 - Landskrongasse / Ecke Tuchlauben: Hier befand sich das Geburtshaus Rosa Mayreders (1858–1938). Ein Porträt dieser Schriftstellerin, Gründungsmitglied des „Allgemeinen Österreichischen Frauenvereins" und ihrer Mitstreiterin Marie Lang (1858–1934), Vorsitzende des „Allgemeinen Österreichischen Frauenvereins".

13 - Tuchlauben 18 bzw. 14: Sitz der „Mädchenmittelschule Luithlen" der Schulreformerin Martha Luithlen (1866–1943).

14 - Am Graben 29 / „Trattnerhof": Sitz des ersten „Wiener Frauenklubs": Ein Porträt seiner Vorsitzenden Margarete Jodl (1859–1937).

15 - Jungferngasse: Wo sich die Gasse verengt. Oder: Eine Sage rund um ein Stelldichein.

16 - Tuchlauben 11: Wo der „Neue Frauenklub" beheimatet war: Zwei ebenda engagierte, doch konträre Frauen mit einem Ziel: die Gärtnerin Yella Hertzka (1873–1948) und die Schriftstellerin Dora von Stockert-Meynert (1870–1947).

17 - Kleeblattgasse 7: Redaktion der „AUF!": Eine Bewegung und ihre Zeitschrift.

18 - Am Hof 11 / „Sesam-Verlag": Hier befand sich der „Sesam-Verlag", der von der Schriftstellerin Helene Scheu-Riesz (1880–1970) gegründet wurde.

19 - Am Hof 11: Sitz der „Vereinigung der arbeitenden Frauen": Porträts von Caroline (Karoline) Gronemanns (1869–1911), Vorkämpferin für die Frauenberufsbildung, der Pionierin der Berufsberatung Olly Schwarz (1877–1960), der Schriftstellerin Anna Hottner-Grefe (1867–1946) und der Journalistin Maria Leopoldine Klausberger (1888–1944).

20 - Wipplingerstraße 6–8 / Altes Rathaus: Wo die Gründungsversammlung des „Allgemeinen Österreichischen Frauenvereins" stattfand: Ein Porträt seiner streitbaren Vorsitzenden Auguste Fickert (1855–1910) sowie ihrer Freundin Ida Baumann (1845–1913) und der „anderen Frauen".

21 - Judenplatz / Rahel Whitereads Mahnmal: An das jähe Ende oder auf der Flucht, ein Leben im Exil: Miriam Rose Silberer (1873–1942), Alma Johanna König (1887–1942), Gina Kaus (1893/1894–1985).

22 - Marienstiege: Benannt nach der Kirche Maria am Gestade.

23 - Gonzagagasse 11 / Sitz der „Wiener Psychoanalytischen Vereinigung": Die Grandes Dames der Psychoanalyse: Dr. Helene Deutsch (1884–1982) und Anna Freud (1895–1982) sowie deren Lebensgefährtin Dorothy Burlingham-Tiffany (1891–1979).

24 - Maria-Theresien-Straße: Benannt nach Maria Theresia (1717–1780).

25 - Wipplingerstraße 24: Zu Besuch im ehemaligen Atelier der Mme d'Ora (1881–1963). Oder: *„Kampf, Leidenschaft, Chaos, Grauen und Entartung"* im Tanz Gertrud Bodenwiesers (1890–1959).

26 - Dr.-Karl-Lueger-Ring / Nike: Wo Frauen nicht nur am Frauentag (8. März) protestierten. Und: die Siegesgöttin Nike.

27 - Dr. Karl-Lueger-Ring: Die Hauptuniversität Wien und die Frauen: Ein Ehrendoktor für die Autorin Marie von Ebner-Eschenbach (1830–1916). Dr. Christine Touaillon (1878–1928), eine der ersten akademischen Lehrerinnen an der Universität Wien, und die Kernphysikerin Dr. Lise Meitner (1878–1968).

28 - Dr.-Karl-Lueger-Ring 4 / Oppolzergasse 6: Wo Berta Zuckerkandl-Szeps (1864–1945) Salon hielt. Oder: Porträt einer Journalistin und 50 Jahre Weltgeschichte.

29 - Bankgasse 8: Sitz des Österreichische P.E.N.-Clubs: Ein Porträt von der ersten Generalsekretärin Grete von Urbanitzky (1893–1974).

30 - Dr. Karl Lueger Ring 2 / Burgtheater: Kult und Kunst im Burgtheater: Ein Porträt der Schauspielerinnen Charlotte Wolter (1834–1897), Stella Hohenfels-Berger (1857/1858–1920), Paula Wessely (1907–2000), Lilly Karoly (1885–1971), Sophie Schröder (1781–1868) und Hedwig Bleibtreu (1868–1958).

31 - Rathauspark: Das Wetterhäuschen der Bildhauerin Maria Biljan-Bilger (1912–1997).

32 - Volksgarten / Hermesvilla / Elisabethstraße / Votivkirche / Westbahnhof: Darstellungen der Kaiserin Elisabeth (1837–1898): Unvergesslich, allgegenwärtig, unwandelbar?

33 - Ballhausplatz 2: Ort frauenrelevanter Gesetzesnovellen im ehemaligen Staatssekretariat für allgemeine Frauenfragen. Ein Porträt der Politikerin Johanna Dohnal (* 1939).

34 - Dr. Karl-Renner-Ring 1–3 / Parlament: Frauen im Parlament – Margarete Minor (1860–1927) und das „Frauenstimmrechtskomitee", Marianne Hainisch (1839–1936) und die „Österreichische Frauenpartei" sowie die Politikerinnen Adelheid Popp (1869–1939), Anna Boschek (1874–1957), Käthe Leichter (1895–1942) und Rosa Jochmann (1901–1994).

35 - Grete-Rehor-Park: Schmerlingplatz: Benannt nach der ersten Ministerin Grete Rehor (1910–1987): Tu was, sei sozial!

36 - Museumstraße 6 / Café Raimund: Treffpunkt der befreundeten Autorinnen Marlen Haushofer (1920–1970) und Jeannie Ebner (1918–2004).

37 - Maria-Theresien-Platz: Denkmal der Maria Theresia (1717–1780), Regierungszeit 1740 bis 1780.

38 - Neuer Markt – Heldenplatz – Michaelerplatz – Josefsplatz – Burggarten – Stadtpark: Schöne Frauen als Dekorationsobjekte.

39 - Neue Burg / „Museum für Völkerkunde": Die Faszination des Reisens. Oder: Betty Paoli (1814–1894), Ida Pfeiffer (1797–1858) und Dr. Etta Becker-Donner (1911–1975).

40 - Heldenplatz / Nationalbibliothek: Wo Vergangenes zur Einsicht lädt: Die Bibliothekarin Ernestine von Fürth (1877–1946), die Redakteurin Henriette Herzfelder (1865–1927) und die Schriftstellerin Leopoldine Kulka (1872–1920).

41 - Reitschulgasse 2 / „Verband der Akademikerinnen Österreichs": Seine Gründerin Dr. Elise Richter (1865–1943) und ihre Schwester Helene Richter (1861–1942).

42 - Wallnerstraße 2 (später auf Nr. 9): Standort der Schwarzwaldschen Reformschule: Ein Porträt der Pädagogin Eugenie Schwarzwald (1872–1940) – „... und nun habe ich Dich für immer, geliebter Schatz ..."

43 - Opernring / Staatsoper: Wo man und frau die Sängerin Selma Kurz (1874–1933) in der Rolle der leidenschaftlichen „Zerbinetta" bewundern konnte.

44 - Annagasse 3b: Benannt nach der dortigen Annakirche.

45 - Philharmonikerstraße 4: Im Hotel Sacher auf eine Zigarre mit Anna Sacher (1859–1930).

46 - Bösendorferstraße 3: Wohnhaus der Schauspielerin Lina Loos (1882–1950), die mit der Graphikerin Leopoldine Rüther (1898–1981) sowie mit Laura Beer (Selbstmord um 1905), mit Bertha Eckstein-Diener (1874–1948) und mit der Schauspielerin Margarete Köppke (1902–1930) befreundet war.

47 - Karlsplatz 5 / „Künstlerhaus": Ausstellungsort der Malerinnen Olga Wisinger-Florian (1844–1926) und Marie Egner (1850–1940).

48 - Christinengasse: Benannt nach „Mimi" Marie Christine (1742–1798), Tochter Maria Theresias, Herzogin von Sachsen-Teschen. Ein Porträt Marie Christines und deren Schwester Maria Anna (1738–1789), genannt Marianna, sowie ihrer Schwägerin Isabella von Bourbon Parma (1741?–1763) und der „Albertinischen", der ersten Wiener Wasserleitung.

49 - Hegelgasse 12: Sitz der ersten gymnasialen Mädchenschule Wiens des „Vereins für Erweiterte Frauenbildung": Ein Porträt der Vereinsgründerin Marie Boßhart-Demergel (1854?–1901) sowie der ersten akademischen Lehrerin Dr. Cäcilie Wendt (*1875/1876).

50 - Himmelpfortgasse 14 / Apotheke „Zur goldenen Krone": Ärztinnen und Apothekerinnen: Ein Porträt der Gabriele Possanner von Ehrenthal (1860–1940) sowie Helene Forsmanns (1859–1908).

1   Uraniastraße 1 / Aspernbrücke:

Wo manch eine ins Wasser ging: Marie Sch., 17 Jahre, eine Dienstbotin, und der „Friedhof der Namenlosen".

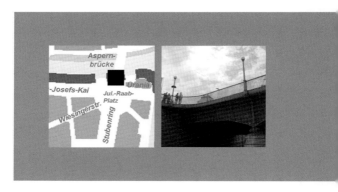

In den Dienst gingen im 19. Jahrhundert viele; vor allem 15- bis 25-jährige Mädchen, die vom Land kamen, um sich städtischen Schliff sowie Wissen in Haushaltsdingen anzueignen und Geld für eine Heirat anzusparen.[2] Gegen Ende des 19. Jahrhunderts verdiente ein Dienstmädchen noch immer mehr als eine Fabrikarbeiterin und war angesehener als diese, wenn sie auch im Rang unter den „Jane-Eyre"*-Gouvernanten jener Jahrzehnte stand, denen ihr Bildungsgrad zugute gehalten wurde und die daher eher dazu angetan waren, Mitleid zu erregen.

Die Lebensumstände der Dienstbotinnen hingegen wurden von ihren ZeitgenossInnen überwiegend als unabänderlich hingenommen – abgesehen von einigen wenigen wie Rosa Mayreder, die sich zu Beginn des 20. Jahrhunderts vehement für eine menschenwürdige Anstellung der Dienstmädchen einsetzten.

Ein Artikel in der Arbeiter-Zeitung vom 29. Juni 1926 stellt die Wohnverhältnisse dar:

„Zu den primitivsten Bedürfnissen eines arbeitenden Menschen gehört es [...], einen Schlafraum für sich zu haben, wenn er schon bei seinem Dienstgeber wohnen muß. Dem mag allerdings die Wiener Wohnungsnot im Wege sein, auch die Tatsache, daß früher die Küche als Schlafquartier der Hausgehilfin so selbstverständlich war, daß gerade bessere Wohnungen oft nicht einmal ein eigenes Hausgehilfenzimmer haben, [...] [so] daß 43,09 Prozent, also beinahe die Hälfte der Hausgehilfinnen keinen eigenen, versperrbaren Schlafraum mit Fenstern ins Freie haben."[3]

---

* Dieser Roman Charlotte Brontës, erstmals unter männlichem Pseudonym 1847 veröffentlicht, erzählt die Geschichte des Waisenmädchens Jane Eyre, das Gouvernante wird und sich langsam, aber stetig den Respekt und die Zuneigung ihrer Umgebung erkämpft.

Die Arbeitszeit der Dienstmädchen zu Beginn des 20. Jahrhunderts war nicht gesetzlich geregelt; oftmals stellten die Essensreste der „Herrschaft" die Mahlzeiten dar, und insbesondere die Dienstmädchen waren sexuellen Übergriffen des Hausherren und seiner Söhne ausgesetzt, wobei eine Schwangerschaft die Entlassung – und mit großer Wahrscheinlichkeit somit auch die Endstation – bedeutete: 1880 waren 55% der Prostituierten ehemalige Dienstbotinnen.[4]

Die grundsätzlichen Lebensbedingungen der – ebenfalls ausgebeuteten – Fabrikarbeiterinnen waren verglichen damit „besser", da diese zumindest über geregelte Arbeitszeit und ab 1889 über Krankenversicherung, einen freien Sonntag und eine Woche bezahlten Urlaub[5] verfügten.

Mögen die Arbeitsumstände der Dienstmädchen oft unmenschlich gewesen sein, verglichen damit war ein Verlust der Anstellung für viele noch katastrophaler, denn neben den daraus sich ergebenden finanziellen Problemen – eine Arbeitslosenversicherung existierte ja nicht – bedeutete dies oft auch Obdachlosigkeit:

„Vor einigen Tagen sprang die 17jährige unterstands- und beschäftigungslose Magd Marie Sch. von der Quaimauer nächst dem Urania-Gebäude in den Donaukanal. Die Wachleute [...] lösten sogleich eine Zille los, fuhren ihr nach und konnten sie lebend ans Ufer bringen. Sie war aber bereits bewusstlos und wurde von der Rettungsgesellschaft in das Rudolfspital gebracht. Das Motiv der Tat ist Stellenlosigkeit."[6]

An all dem konnte eben auch die Hinwendung zur so genannten Dienstbotinnenmadonna nichts ändern. Hierbei handelt es sich um die wertvollste gotische Steinstatue der Muttergottes im Stephansdom (datiert um 1320). Sie befindet sich im rechten Querschiff des Doms. Ihren Namen verdankt sie dem Umstand, dass zahlreiche Hausangestellte mit Vorliebe ihre Sorgen dieser Skulptur mitteilten, was weniger an der Dargestellten liegt, sondern daran, dass angeblich diese Statue zuvor einer launischen Gräfin gehört hatte. Diese bezichtigte eines ihrer Dienstmädchen des Diebstahls einer Perlenkette. Das Mädchen flehte zur Muttergottes, die am Hausaltar der Gräfin stand, doch ihre Unschuld zu belegen. Bei der Inspektion durch den Polizeioberst stellte sich bald heraus, dass der wahre Dieb der Reitknecht gewesen war, ein besonderer Liebling der Gräfin. Diese nun übertrug ihren Zorn auf die Statue, die sie fortan nicht mehr ansehen mochte, weshalb sie die Statue der Stephanskirche stiftete.

Manche – wie die „Vereinigung der arbeitenden Frauen" in Am Hof 11 – versuchten, den Stand der Dienstbotinnen durch Weiterbildung zu heben:

„Wohl von keinem Beruf wird von vielen Menschen in so geringschätziger Art und Weise gedacht und gesprochen, wie von dem der Hausgehilfin, obwohl dies vollkommen unberechtigt ist [...]. War der Haushalt vor Jahrhunderten einfacher, so ist der heutige Haushalt viel komplizierter und anspruchsvoller und obliegt zum größten Teil der Hausgehilfin.

Die wirtschaftliche Umwälzung der letzten Jahrzehnte, die vielfach auch die Frau ins Erwerbsleben hineingestellt hat, hat dazu geführt, daß Tausende von Frauen tagsüber dem Hause ebenso ferne bleiben wie die Männer. Die Führung der Wirtschaft, vielfach auch die Sorge um das Wohl und die Erziehung der Kinder ist einzig und allein der Hausgehilfin überlassen. [...] Die Hausgehilfin muß also oft nicht nur selbständige Wirtschafterin sein, sondern sie muß auch die mütterliche Erziehung ersetzen. [...] Ich bin überzeugt davon, daß mit der Hebung des Kulturniveaus und der fachlichen Ertüchtigung der Hausgehilfinnen auch die allgemeine Wertschätzung dieses Berufes steigen wird, und dass man künftigen Arbeiterinnen der Hauswirtschaft, die sich der übrigen Arbeiterschaft als vollkommen gleichwertige Faktoren gegenüberstellen können, auch die sozialen Rechte der Industriearbeiter nicht auf die Dauer vorenthalten kann."[7]

Friedhof der Namenlosen

Wäre obige Marie Sch., die wegen Arbeitslosigkeit bei der Aspernbrücke ins Wasser ging, nicht von den Wachleuten herausgefischt worden, so wäre ihr Leichnam wohl bis zu jenem Wasserstrudel am Stromkilometer 1.918 des Donausüdufers[8], getrieben, gekreist und alsdann an Land gespült worden, um am „Friedhof der Namenlosen" begraben zu werden, dort, wo das Auwald- und Wiesengebiet an den Hafen grenzt, nahe beim älteren „Sauhaufen", östlich des Alberner Hafens. Denn wegen des fortgeschrittenen Verwesungszustands mussten „angeschwemmte Leichen per Dekret ,am Auffindungsorte'"[9] begraben werden.

Verstorbene, die schon länger im Gewässer trieben, waren kein schöner Anblick; die Verwesungsgase, die sich im Bauch sammelten, trieben den Leib an die Oberfläche, während Arme und Beine den Gesetzen der Schwerkraft folgten. Eine Leiche, die am Grund lag, war hingegen zuvor schon „gefleddert"* worden; ein Vorgehen, das durchaus häufig vorkam, es stürzten sich ja nicht nur arbeitslose Dienstmädchen in die Fluten. Viele wählten übrigens die ehemalige Reichsbrücke als Abgangsort.

Deshalb besteht der Altarstein der kleinen Friedhofskapelle am „Friedhof der Namenlosen" auch aus Trümmern der abgerissenen Reichsbrücke.[10]

---

* „Fleddern", gaunersprachlich für „ausplündern".

Die letzte Bestattung am „Friedhof der Namenlosen" wurde übrigens 1940 vorgenommen: Nachdem Albern mit dem Gesetz vom 1. Oktober 1938 im Rahmen des nationalsozialistischen Stadtbauplans für „Groß-Wien" als Teil des 23. Bezirkes eingemeindet wurde, ließ man den Hafen von Zwangsarbeitern in den Jahren 1939 bis 1942 zum Getreidehafen umbauen.[11] Ein Deutscher kam bei diesen Hafenarbeiten ums Leben.[12]

Aufgrund des aufgeschütteten Vorkopfs der nunmehrigen Hafeneinfahrt verlor besagter Strudel seine Wirkung auf Treibgut jeder Art. Dennoch rudern alljährlich am Sonntag nach Allerheiligen Mitglieder der Fischersektion Albern hinaus und übergeben der Donau ein Lichter-Floß; obenauf das Modell eines Grabsteines mit der mehrsprachigen Bitte, dieses Floß bei Bedarf weiterzustoßen. Ein Zeichen des Respekts, gerade auch vor den freiwillig Gestorbenen.[13]

Wiesingerstraße 11 / „Hakoah": 2

Hier hatte der Sportclub „Hakoah" von 1933 bis 1937 seinen Vereinssitz: Ein Porträt der „Hakoah"-Schwimmerinnen und ihre Stars Hedy Bienenfeld-Wertheimer (1906–1976) sowie Fritzi Löwy (1910–1994).

Wie zahlreiche andere historische Vereine wechselte auch die „Hakoah" oftmals die Adresse: So hatte dieser Sportclub in den 1920er-Jahren seinen Sitz im „Café Atlashof" am damaligen Aspernplatz (heutiger Julius-Raab-Platz), Ecke Wiesingerstraße, bevor er im Jahr 1925 in die Schiffamtsgasse 15 im 2. Bezirk übersiedelte. Von 1926 bis 1931 befand sich der Vereinssitz erneut in der Inneren Stadt, in der Wipplingerstraße 24–26 und von 1933 bis 1937 in der Wiesingerstraße 11. Für die dazwischen liegenden Jahre fehlen die Unterlagen im Vereinsbüro der Bundespolizeidirektion.

Der Sportverein „Hakoah" – was auf hebräisch „Kraft" bedeutet – entstand zum einen deshalb, da zahlreiche andere Sportvereine so genannte „Arierparagraphen" einführten und Jüdinnen und Juden die

Mitgliedschaft verbaten. Unrühmlicher Vorreiter war hierbei der „Erste Wiener Turnverein" (Vereinsgründung 1861, Sitz im Jahr 1900 in der Schleifmühlgasse 23, „Arierparagraph" seit 1887); bald zogen andere wie der „Deutsche Turnbund" (seit 1889) nach. Ein weiterer Entstehungsgrund für die „Hakoah" liegt im verstärkten Selbstbewusstsein, das der Zionismus mit sich brachte. So war am zweiten Zionistenkongress 1898 erstmals von Seiten des Arztes und Schriftstellers Max Nordau zum „Muskeljudentum"[14] aufgerufen worden; nicht mehr Dulden und Ertragen, sondern Wehrhaftigkeit und physische Regeneration waren die Schlagwörter, die in jenen Jahren vermehrt fielen.[15]

In Wien begeisterte sich David Weinberg für die Idee eines jüdischen Sportvereins, jedoch musste er vor der Gründung des Sportklubs „Hakoah" 1909 noch Überzeugungsarbeit leisten, da zahlreiche Juden/Jüdinnen ein verstärktes Aufflammen des Antisemitismus befürchteten.

Die „Hakoah" wuchs bald zu *„einem der mitgliederstärksten Sportvereine Österreichs"*[16] an; einer anderen Quelle zufolge wurde er *„mit über 3.000 aktiven Mitgliedern zum größten Sportklub der Welt"*[17].

Die SportlerInnen, die zwar zumeist dem Zionismus aufgeschlossen gegenüber standen, betrachteten sich dennoch als *„a patriotic Austrian club"*[18].

Anfangs war die „Hakoah" berühmt für ihr Fußball-Team. Mitte der 1920er-Jahre wurde jenes von den Schwimmerinnen überflügelt, was sich unter anderem durch ausgezeichnete Trainer, durch eine überaus liberale Haltung gegenüber dem Frauensport und erstklassige Schwimmerinnen erklären lässt.[19] Zudem galt Schwimmen im damaligen Österreich als Nationalsport und erfolgreiche SchwimmerInnen hatten Kultstatus. Die „Hakoah"-Schwimmerinnen trainierten in ihren Schwimmdressen mit dem weißblauen Emblem auf der Brust: ein Davidstern und in dessen Mitte der Buchstabe „H" oder quer gesetzt der „Hakoah"-Schriftzug; Trainingsort war das „Amalienbad" im 10. Wiener Gemeindebezirk und während der Sommermonate das „Stadionbad" im Prater.

Der Superstar des „Hakoah"-Schwimmteams war wohl unumstritten Hedy Bienenfeld-Wertheimer, die 1930 ihren Schwimmtrainer Zsigo Wertheimer heiratete. Sie gewann bei der Europameisterschaft 1927 Bronze über 200m Kraulen. Dass Hedy Bienenfeld-Wertheimer auch das begehrteste Model ihrer Zeit war, ist für nachfolgende Generationen und ihr übersteigertes Schlankheitsideal bedeutsam. Für die literarisch Interessierten mag es spannend sein zu erfahren, dass Hedy Bienenfeld-Wertheimer Vorbild für die Protagonistin „Lisa" in Friedrich Torbergs „Der Schüler Gerber hat absolviert"* war; Friedrich Torberg selbst spielte übrigens im „Hakoah"-Wasserballteam und galt jahrelang als Hedy Bienenfelds Bewunderer.

---

* Erschien erstmals 1930; 1954 wurde es unter dem heutigen Titel „Der Schüler Gerber" wieder aufgelegt.

Eine weitere wichtige Persönlichkeit des frühen „Hakoah"-Schwimmteams war die exzentrische *„polnische Jüdin"*[20] Fritzi Löwy, *„a bohemian, lesbian and tough-minded swimmer* [...]."[21] Sie war auch dafür bekannt, dass sie sich einen kleinen Affen hielt. 1923 kam Fritzi Löwy als 13-jährige Schwimmschülerin zur „Hakoah":

„Nach ganz kurzem Training war sie schon die Erste in der stattlichen Schar. Bald ist sie die beste Jugendschwimmerin von Österreich in allen drei Lagen: Brust, Rücken und Kraul. Als Vierzehnjährige wird Fritzi zum erstenmal vom Verband in einem Länderkampf erprobt, sie stößt auf die stärkste ungarische Klasse und behauptet sich ehrenvoll. Ein halbes Jahr später aber wird sie Meisterin von Österreich im 400-Meter-Kraulschwimmen und unterbietet hiebei den österreichischen Rekord von Grete Adler. Hier setzt der fast märchenhafte Aufstieg der famosen Schwimmerin ein. Allen Rekorden von 100 bis 500 Meter bläst sie das Lebenslicht aus, immer wieder unterbietet sie ihre neuen Höchstleistungen. 20 Meisterschaftsmedaillen sind ihr stolzer Besitz, achtmal über 400 Meter, achtmal über 100 Meter, einmal über 200 Meter ist sie Meisterin von Österreich und dazu kommen noch drei Strommeisterschaften."[22]

Eine Dekade lang gewann Fritzi Löwy jeden „Quer durch Wien"-Donaukanal-Schwimmwettkampf, ein damals populäres Schwimmereignis, das 1912 erstmals veranstaltet worden war. Gemeinsam mit Hedy Bienenfeld gilt Fritzi Löwy als Pionierin im Synchronschwimmen.

In den 1930er-Jahren gewann das Schwimmerinnenteam der „Hakoah" Medaille um Medaille. Je erfolgreicher die Schwimmerinnen wurden, desto untergriffiger reagierte die Konkurrenz im nationalsozialistisch orientierten Verein E.W.A.S.K.[*], der jüdische SportlerInnen nicht selten auch körperlich bedrohte.

Trotz verschiedenster antisemitisch motivierter Störversuche und Pöbeleien trainierten die „Hakoah"-Schwimmerinnen weiter. Es gelang Hedy Bienenfeld ihren eigenen Österreich-Rekord für 100 m Brust nochmals zu unterbieten und mit 01:27.6 erreichte sie Weltklasse.

In der Zwischenzeit hatten zwei jüngere Sportlerinnen ebenfalls die Spitze erreicht: Idy Kohn wurde 1930 österreichische Meisterin über 100 m Rücken,

Fritzi Löwy, Lucie Goldner, Hedy Bienenfeld-Wertheimer und ihr Trainer Z. Wertheimer

[*] Der „Erste Wiener Amateur Schwimmklub" hatte im Jahr 1900 die Adresse „Rathhausstraße 21"; dieser Verein verfügte über eine eigene „Damensection", die im Jahr 1900 ihren Clubabend jeden Mittwoch von 17.00 bis 18.30 Uhr im Dianabad in der Oberen Donaustraße 98 (heutige Lilienbrunngasse 7–9) im 2. Wiener Gemeindebezirk hatte.

und Judith Deutsch, der es 1935 gelang, den Kraul-Rekord in der Mittel- und Langdistanz zu halten. Sie wurde 1936 mit dem Goldenen Ehrenzeichen der „Sportlerin des Jahres" als eine der drei Top-Athlethinnen geehrt.

Doch dies war nur eine kurze Erfolgsgeschichte: Innerhalb eines Jahres wurde Judith Deutsch von allen Wettkämpfen ausgeschlossen und ihr Name aus den offiziellen TeilnehmerInnenliste gelöscht. Die Ursache all dessen? Judith Deutsch weigerte sich 1936, bei den Olympischen Spielen in Berlin anzutreten.

„Fünfzig Jahre später schrieb Judith Deutsch-Haspel an John Bunzl, den Herausgeber des Buches ‚Hoppauf Hakoah': ‚Mir erschien es als unmöglich, in Hitlerdeutschland teilzunehmen und in Schwimmbädern zu schwimmen, an denen die Aufschrift ‚Hunden und Juden der Eintritt verboten' nur für die Zeit der Olympiade abgenommen wurde. "[23]

Wegen dieser Weigerung erkannte ihr damals der Österreichische Sport- verband ihre zwölf Rekorde ab und belegte sie mit einem lebenslangen Wettkampfverbot. Ihre Teamkolleginnen Ruth Langer (österreichische Meisterin über 100 m sowie 400 m Freistil) und Lucie Goldner, die sich dem Boykott anschlossen, waren übrigens mit den gleichen Sanktionen konfrontiert.

Die Vereinsstätten und Sportplätze der „Hakoah" samt aller Geräte wur- den 1938 beschlagnahmt, Vorstand und SportlerInnen standen auf den Gestapo-Listen. Den meisten „Hakoah"-SportlerInnen gelang die Flucht mittels gefälschter Papiere über das Vereins-Netzwerk; 39 der „Hakoah"- Mitglieder kamen jedoch in verschiedenen KZs um, unter ihnen einer der Mitgründer, Beda Löhner.

Nach dem Zweiten Weltkrieg wurde die Schwimmsektion der „Hakoah" bereits im Mai 1945 wieder reaktiviert, zunächst unter der Leitung Ruth Hirschlers. Hedy Bienenfeld-Wertheimer war während der NS-Zeit mit ihrem Mann in die USA geflohen, kehrte jedoch nach seinem Tod 1965 nach Wien zurück. Fritzi Löwy überlebte die Kriegsjahre in Budapest. *„While Hedy disapproved of her teammates' lifestyle, she grew closer to Fritzy late in life, often inviting her for dinners and probably helping to support her financially."*[24]

Erst 1995 fasste die österreichische Bundesregierung den Beschluss, Judith Deutsch ihre verdienten Auszeichnungen rückzuerstatten und sie nach Österreich einzuladen, um sich bei ihr zu entschuldigen; sie sagte mit Verweis auf das lange Schweigen sowie ihren angegriffenen Gesund- heitszustand ab, woraufhin eine Delegation zu ihr nach Israel reiste.

Ein Statement wie Nachfolgendes zeigt deutlich die Unwissenheit vieler über die Geschehnisse rund um die „Hakoah": *„Nach dem Krieg engagier- ten sich viele Verbliebene und Zurückgekehrte für die Reanimierung von Hakoah Wien, sportliche Triumphe vergangener Zeiten konnten allerdings bis dato nicht erreicht werden."*[25]

Auf die Rückgabe ihres Sportplatzes wartete die „Hakoah" jahrzehntelang vergeblich, mehrere Orte waren im Gespräch. Dr. Paul Haber, Präsident der „Hakoah", erklärte, „[d]*er größte Teil des ehemaligen Hakoah-Platzes (19.000 von 25.000m²) wurde im Jahr 2005* [!] *wieder an die Hakoah verpachtet. Der Grund* [im 2. Wiener Gemeindebezirk in der Ichmann-gasse] *selbst konnte von der israelitischen Kultusgemeinde Wien gekauft werden. Zur Wiedererrichtung einer Sportanlage wurden (im Rahmen des Washingtoner Abkommens) der Hakoah von der Republik Österreich und der Gemeinde Wien je 4 Mio. Dollar restituiert. Die Planungen für die Neuerrichtung der Sportanlage der Hakoah haben bereits begonnen. Dieses Projekt entsteht anstelle des Projektes Augarten, das nicht reali-siert werden konnte.*"[26]

Bäckerstraße 1:

3

Standort eines der Ateliers der ersten „Kunstschule für Frauen und Mädchen". Oder: damenhaftes Aktzeichnen und die Malerin Tina Blau (1845–1916).

1897 beschloss Rosa Mayreder mit der befreundeten Malerin Olga Prager und dem Volksbildner Friedrich Jodl, Gatte der Autorin und Organisatorin des ersten „Wiener Frauenklubs" (1900) Margarete Jodl, eine „Kunstschule für Frauen und Mädchen" zu gründen, da an allen anderen Kunstschulen wegen angeblicher Gefährdung der Sittlichkeit Frauen weder Aktzeichnen noch Anatomiestudien erlaubt wurden.

Ohne diese Kenntnisse war es Frauen jedoch unmöglich, eine Fachschule für Bildhauerei oder für Figurales Zeichnen und Malen zu besuchen.

Rosa Mayreder und Olga Prager gewannen den Maler Prof. A. F. Selig-mann für ihr Vorhaben. Er leitete die erste Ausbildungsklasse im „Curs für Kopf und Akt", anfänglich mit 16 Schülerinnen. Innerhalb des ersten Jahres stieg die Schülerinnenzahl auf 64, im zweiten Jahr waren es be-reits 120 Interessentinnen. 1898 expandierte die Schule: die Malerin Tina Blau, die bereits an der Schule des Münchner Künstlerinnenvereins Kurse für Landschaft und Stillleben unterrichtet hatte, leitete nun in Wien eine ebensolche Klasse. Zu jener Zeit lebte Tina Blau im ehemaligen Welt-ausstellungspavillion im Wiener Prater, nicht zufällig dominiert die dortige Landschaft auch ihre Gemälde. Tina Blaus Biographie als Malerin ist nicht klassisch. Im Gegensatz zu anderen bildenden Künstlerinnen ihrer Zeit wie etwa Paula Modersohn-Becker, deren Vater stets bemüht war, ihr die Malerei auszureden, unterstützte Tina Blaus Vater, ein Arzt, der den eigenen künstlerischen Ambitionen nicht hatte nachgehen können, die Bemühungen seiner Tochter. Schon mit 13 Jahren erhielt sie Privatunterricht bei Landschaftsmalern, da sie – gemäß ihren Worten – nach der Natur zeichnen wollte.

Als 22-Jährige stellte sie sich im „Österreichischen Kunstverein" erstmals der Öffentlichkeit, ein Jahr später nahm sie an der Eröffnungsausstellung des Wiener „Künstlerhauses" teil, und 1869 verkaufte sie ihr erstes Bild. Mit dem Erlös fuhr sie nach München zur Ersten Internationalen Ausstellung im Glaspalast, wo sie die Werke der Schule von Barbizon kennen und lieben lernte, was sich nachhaltig auf ihr Tätigsein auswirken sollte. Da die Eltern ihr die Erlaubnis erteilten, in München zu bleiben, schrieb sie sich an der Münchner „Kunstschule für Mädchen" ein und wurde Schülerin des Historienmalers Wilhelm Lindenschmit des Jüngeren. Im selben Jahr verkaufte sie das Bild „Jakobsee bei Polling", wodurch der weitere Aufenthalt finanziell gesichert war.

In München lernte sie viele Maler kennen, unter anderem auch Gustav Courbet. Sie schätzte den regen, künstlerischen Austausch, der dort möglich war. 1873 folgten Studien im ungarischen Szolnok; Tina Blau ging über das Bekannte hinaus und entdeckte die Bedeutung des Sonnenlichts für die Malerei. Kurz nach ihrer Rückkehr nach München grassierte die Cholera in der Stadt, weshalb sie von den besorgten Eltern gebeten wurde, zurückzukommen. Ab 1874 teilte sie sich mit Emil Jakob Schindler ein Atelier. 1875 ermöglichte ihr der Verkauf eines weiteren Bildes die lang ersehnte Reise nach Holland. Wie zuvor schon nach Ungarn, folgte ihr Schindler hierher auf den Fuß, sie jedoch betonte ihre (auch finanzielle) Unabhängigkeit ihm gegenüber.

1876 reiste Tina Blau nach Italien und verbrachte die meiste Zeit in Venedig. Eine zweite Reise führte sie 1879 nach Rom und Neapel: Die hellen, klaren, satten Farben der italienischen Freskokunst beeindruckten sie nachhaltig.

Bei einer internationalen Ausstellung in Wien 1882 zeigte Tina Blau das impressionistische Bild „Frühling im Prater", bei dem die Stimmung durch helle Farben wiedergegeben wird. Dieses Bild erregte Aufsehen, teilweise Anstoß, doch Hans Makart erklärte es zum besten Bild der Ausstellung. Man wollte es im Pariser Salon zeigen, wo es 1883 mit einer „Mention honorable" ausgezeichnet wurde.

1884 heiratete Tina Blau. Nach der Hochzeitsreise (Griechenland, Türkei, Vorderer Orient) unterrichtete sie an der Damenakademie des „Kunst-vereins München".

Regelmäßig stellte sie bei internationalen Ausstellungen aus, manche ihrer Bilder wurden ausgezeichnet (Bronzene Medaille der Pariser Weltausstellung 1889; weitere Auszeichnung in Chicago 1893). 1890 fand ihre erste Einzelausstellung im „Kunstverein München" statt, die Aufsehen erregte. Zu ihren prominentesten Sammlern zählte übrigens der bayrische Prinzregent; 1894 erhielt sie die Königlich Bayrische Medaille am Band.

„Tina Blau ist in zweifacher Hinsicht für die Kunstgeschichte bedeutsam: Zum einen konnte sich die Künstlerin als eine der ersten Frauen in der Malerei einen Namen machen, zum anderen zählt sie zu den wichtigsten Exponenten der österreichischen Malerei der zweiten Hälfte des 19. Jahrhunderts."[27]

Tina Blau im Prater   „Sonntag im Prater"

Tina Blaus Mann starb 1891; drei Jahre danach, 1894, kehrte sie nach Wien zurück. Von 1898 bis 1915 unterrichtete Tina Blau, die eng mit Marie von Ebner-Eschenbach sowie mit Rosa Mayreder befreundet war, an der „Kunstschule". Dann zwang sie ihre fortschreitende Schwerhörigkeit, das Unterrichten aufzugeben. 1916 starb Tina Blau. Sie wurde am Zentralfriedhof begraben.

Laut Jahresbericht[28] der „Kunstschule" befanden sich die Vereinsateliers am Stubenring 12, in der Bäckerstraße 1, in der Bibergasse 8 sowie am Stubenring 16. Der Vereinssitz wird im Jahr 1900 in „Lehmann's Adreßbuch" mit *„Bäckerstraße 1"* sowie *„Schwangasse 1"* angegeben. Dass Marie von Ebner-Eschenbach und Marianne Hainisch Förderinnen der „Kunstschule" waren, ist kaum eine Überraschung; ebenso wenig, dass die dort Unterrichtenden mehrheitlich dem männlichen Geschlecht angehörten. An der „Akademie der bildenden Künste" hingegen wurden Frauen erst 1920/21 als Studentinnen zugelassen. 1926 wurde die „Kunstschule" in „Wiener Frauenakademie und Schule für freie und angewandte Kunst" umbenannt.

Kurz sei noch auf die eingangs erwähnte Malerin Olga Prager, die Mitinitiatorin der „Kunstschule", verwiesen: Ihre Porträts, damals eine Männerdomäne, wurden viel gerühmt; die meisten davon befinden sich heute in privatem Besitz. Doch das von ihr gemalte Bildnis der Burgschauspielerin Babette Devrient-Reinhold ist in der Ehrengalerie, im zweiten Foyer des Burgtheaters zu sehen.

4   Barbaragasse:

Diese Gasse wurde nach der Barbarakirche benannt.

Kaiser Joseph II. prägte die Etablierung und Entwicklung der ukrainischen griechisch-katholischen Glaubensgemeinschaft in Wien mit. Er übergab der Kirchengemeinde 1772 jene ehemalige Jesuiten-Kirche, die mit ihrer schmalen Fassade in die Häuserzeile eingebaut ist.

In dieser nunmehrigen ukrainisch griechisch-katholischen St. Barbara Kirche[29] befindet sich auf der Balustrade ein Bildnis von Joseph II. sowie Maria Theresias zur Erinnerung an diese Schenkung; hinter dem Altar ist eine Ikone der Heiligen Barbara, welche in Gestalt der jungen Maria Theresia abgebildet ist, zu sehen.

5   Schönlaterngasse 5 / „Heiligenkreuzerhof":

Wo der „Wiener Hausfrauen-Verein" beheimatet war: Ein Porträt seiner Präsidentin Johanna Meynert († 1879).

In den 1870er-Jahren wurden die sozialen Probleme für viele drängend: Arbeitslosigkeit und Verarmung des Mittelstandes waren für Johanna Meynert Anlass, sich sozial zu engagieren.

Ihre Tochter Dora von Stockert-Meynert schilderte die Tätigkeiten der Mutter so:

„Als Vizepräsidentin und Reorganisatorin des Vereines der Jugendfreunde wurde sie ebenso die Retterin unzähliger armer Kinder und Findlinge, wie durch ihre Übernahme der Leitung des Maria-Theresien-Hospitales die Helferin kranker Frauen und Wöchnerinnen. Ihren nach dem Krachjahr wirtschaftlich hilflos ringenden Schwestern half sie durch die Gründung des Hausfrauenvereines. Dort richtete sie auch eine Zentralstelle zur Unterstüzung verschämter Armer ein, die ihre Fähigkeiten [mittels Verkauf von Handarbeiten] *zu verwerten strebten, sowie der Blinden, deren Unglück sie zu mildern suchte, indem sie ihnen Arbeit gab. Der Verein zur Errichtung höherer Töchterschulen fand bei ihr begeisterte Förderung, aber auch die einer Dienstmädchenschule geschah – wenn auch erst lange nachdem sie selbst jeder irdischen Gründung entrückt war – auf ihren Wunsch und Antrag; [...]. Nützenwollen war das Motiv ihres Daseins. Darum ließ, als sie gestorben war, der Wiener Magistrat in allen Straßen, die ihr Leichenzug berührte, die Laternen brennen. So sichtbar wurde sie der Öffentlichkeit zugezählt. Trotzdem hatte sie sich stets unabhängig von dieser gefühlt und ihre Familienpflichten durch ihr übriges Wirken niemals in den Hintergrund gedrängt."*[30]

Der „Wiener Hausfrauenverein" war im „Heiligenkreuzerhof" in der Schönlaterngasse 5 beheimatet und seine Tätigkeit umfasste unter anderem eine unentgeltliche Stellenvermittlung für Dienstmädchen – später in Form einer Prämienkasse.

„Ihre Unfähigkeit, sich zu schonen, ließ eine Erkältung unbeachtet, die ihren zarten Organismus in ein Siechtum warf, dem sie erlag."[31] Nach dem Tod Johanna Meynerts übernahm die ehemalige Vizepräsidentin Ottilie Bondy die Leitung.

Ottilie Bondy war mit ihrem Mann von Prag kommend nach Wien in die Praterstraße 58 im 2. Wiener Gemeindebezirk gezogen. Sie verfasste Ratgeber zur Haushaltsführung sowie zur Kindererziehung mit Titeln wie „Haushaltungs- und Merkbuch", „Zehn Gebote des Hauswesens", „Haus- und Familienbuch", „Die Beschäftigung des Kindes". Zudem gab sie die „Wiener Hausfrauenzeitung" heraus. Darüber hinaus engagierte sich Ottilie Bondy im Vorstand der „Israelitischen Kinderbewahranstalt" in der Schiffamtsgasse 77 ebenfalls im 2. Wiener Gemeindebezirk, förderte die dort gegründete „Erste Bildungsanstalt für Kindergärtnerinnen in Wien" und war obendrein Leiterin des israelitischen Mädchen-Waisenhauses. Ebenso war sie an der Entstehung des „Schulvereins für Beamtentöchter" in der Lange Gasse 47 im 8. Wiener Gemeindebezirk beteiligt, eine Schule, deren Ziel es war, die Mädchen zu „tüchtigen Hausfrauen" heranzubilden, und, sollte ihnen die Ehe „verwehrt bleiben", es ihnen durch Ausbildung ermöglichen, einer *„selbständige*[n] *Arbeit* [nachzugehen, um] *sich eine Existenz zu gründen".*[32]

Für Ottilie Bondy war die *„Frauenfrage die Menschheitsfrage"* schlechthin, von deren *„gerechte*[r] *oder ungerechte*[r] *Lösung Wohl und Weh der Zukunft"*[33] abhing.

1883 gründete der „Wiener Hausfrauen-Verein" eine „Dienstmädchen- und Haushaltungsschule" im 1. Bezirk in der Renngasse 5[34], die von ZeitgenossInnen auch als Koch- und Haushaltungsschule inklusive einer eigenen Gaststätte mit abgestuften festen Menüpreisen beschrieben wurde.

Drachengasse 2:   6

Das „Theater Drachengasse" – „Bar & Co".

In der Drachengasse 2 befindet sich heute noch das gleichnamige Theater, dessen Anfänge auf das „Zentrum kulturschaffender Frauen – Verein Drachengasse" zurückgehen. 1981 gelang es Emmy Werner die dortigen Räumlichkeiten anzumieten – vorerst ein Büro im ersten Stock und ebenerdig einen „Kleinen Raum". Was sie machen wollte? „[W]*as in Wien fehlte: ein frauenorientiertes Theater."*[35]

Das Team rund um den „Spielraum für kulturelle Aktivitäten von Frauen in der Drachengasse" bot den Wienerinnen ein Werkstatt-Leben an, was von Gleichgesinnten mit Interesse aufgenommen wurde. Allen war klar: Basisarbeit tat Not. Im oberen Raum fanden daher frauenspezifische Workshops statt, wobei die Bandbreite von Selbstbewusstseins-Training über „Gespräche am Kuchltisch" zu „Literatur in der Drachengasse", von Meditation über Selbstverteidigung, Fotokursen und „Lehrlingsmädchen in männlichen Berufen" reichte, um nur einige Themen zu nennen.

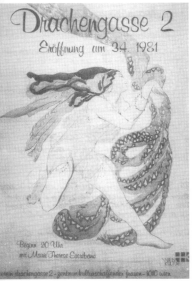

Emmy Werner und ihr Team, für die der Theater-Bereich im Vordergrund stand, boten damals neben obigen Workshop-Gruppen auch anderen Initiativen ihre Infrastruktur an. Diese zogen alsdann nach und nach aus der Drachengasse aus und in eigene Häuser. Viele von ihnen gibt es heute nach wie vor – z. B. das Frauenzentrum im Werkstätten- und Kulturhaus (WUK) in der Währinger Straße 59, den Milena Verlag (damals noch Wiener Frauenverlag) in der Lange Gasse 51, die Arbeitsgemeinschaft Autorinnen (AGA), die 1980 an der VHS Ottakring gegründet wurde, 1983/84 in der Drachengasse ein Zwischendomizil fand und seit 1984 wieder an der VHS Ottakring arbeitet. Oder auch die Buchhandlung Frauenzimmer, die seit dem Jahr 2000 in der Zieglergasse 28 beheimatet ist ...

Die Spielstätte in der Drachengasse *„von und für Frauen, die sich dennoch nicht in ein selbst erstickendes Korsett zwängt"*,[36] wurde begeistert aufgenommen; ein weiterer und größerer Raum war 1984 nötig geworden. Emmy Werner mietete ihn dazu und nannte ihn „Raum Courage", ihrer Mentorin Stella Kadmon gedenkend, und die Bezeichnung der gesamten Bühne passte sie mit einer beigefügten Zahl den neuen Gegebenheiten an: „Drachengasse 2 Theater" war geboren.

Als Emmy Werner 1987 ans Wiener Volkstheater berufen wurde, um dort von 1988 bis 2005 als Direktorin tätig zu sein, übernahm ein Dreierteam die Leitung des Theaters in der Drachengasse: Johanna Franz, Verena Kanaan und Eva Langheiter. 1993 kam es im Zug einer Renovierung des Theaters erneut zu einer Umbenennung der Räumlichkeiten: der ehedem „Kleine Raum" wurde zu „Bar & Co", der größere vormalige „Raum Courage" zum „Theater Drachengasse".

1999 schlossen sich die Drachengassen-Frauen mit anderen Mittelbühnen zu „Die 7" zusammen.

Franz-Josefs-Kai 23 / Rotenturmstraße:　　7

Würdigungstafel am Wohnhaus Stella Kadmons (1902 – 1989), Schauspielerin, Chansonniere, Kabarettistin, Kabarett- und Theater-Direktorin, Pionierin des Off-Theaters.

Selten sind sie, diese Würdigungstafeln für Frauen und ihr Wirken. Umso auffallender ist daher jene der österreichischen Frauenbewegung, die an der Ecke Franz-Josefs-Kai 23 und Rotenturmstraße angebracht ist, um an Stella Kadmon zu erinnern, welche hier wohnte.

Gedenktafel Stella Kadmon.

Ihre Ausbildung erhielt Stella Kadmon am Konservatorium für Musik und darstellende Kunst in Wien; anschließend war sie in Linz und Mährisch-Ostrau am Theater tätig. In Wien debütierte sie erfolgreich als Chansonniere der Wiener Kabarettbühne „Pavillon" und ging mit ihrem Programm auf Tournee.

In Berlin sah Stella Kadmon Aufführungen in Werner Fincks Kabarettbühne „Katakombe" und beschloss, sie wolle in Wien Ähnliches machen: Am 7. November 1931 eröffnete sie im Souterrain des Cafés Prückel in der Biberstraße 2 gemeinsam mit Peter Hammerschlag, Alex Székely und Fritz Spielmann (alias Fred) das literarische Kabarett „Der liebe Augustin". Es war die erste politische Kleinkunstbühne in Wien.

Die letzte Vorstellung im „Lieben Augustin" fand am 9. März 1938 statt. Nach dem „Anschluss" musste Stella Kadmon über Jugoslawien nach Palästina emigrieren. Dort gründete sie das hebräischsprachige „Cabaret Papillon", brachte am Dachgarten der Familienwohnung deutschsprachige Kabarettprogramme heraus und ging – wie zu Beginn ihrer Karriere – mit ihren Chansons auf Tournee.

1947 kehrte Stella Kadmon aus dem Exil zurück. Erneut übernahm sie den „Lieben Augustin", der bereits 1945 von Fritz Eckhardt und Carl Merz wiedereröffnet worden war. Das literarisch politisch-aktuelle Kabarett der

1930er-Jahre zog jedoch kaum mehr Publikum an, weshalb Stella Kadmon 1948 die Kleinkunstbühne zur Schauspielbühne umwandelte und Bert Brechts „Furcht und Elend des Dritten Reiches" spielen ließ. Auch erhielt die Bühne einen neuen Namen: „Theater der Courage".

1960 übersiedelte das Theater aus dem Souterrain des Cafés Prückel an den Franz-Josefs-Kai. Viele zeit- und gesellschaftskritische Stücke sowie Werke junger österreichischer AutorInnen erlebten hier ihre Uraufführungen. Ende 1981 gab Stella Kadmon mit Peter Turrinis „Der tollste Tag" als letzter Inszenierung die Leitung des Theaters ab und zog sich ins Privatleben zurück. Im selben Jahr übernahm Emmy Werner den Fundus des „Theaters der Courage" und gründete das „Theater in der Drachengasse" in der gleichnamigen Gasse.

8   Salztorgasse 6 und Morzinplatz:

Gedenkstätten der Widerstandkämpferinnen?

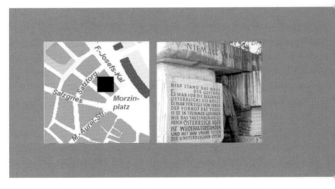

In der Salztorgasse 6 stand einst das Hotel Metropol, welches für die Weltausstellung 1873 an der Stelle des abgebrannten Treumanntheaters errichtet worden war. Während der NS-Zeit von 1938 bis 1945 bezog die Gestapo in jenem Hotel Quartier; Verhöre und Folter waren nun an der Tagesordnung, bis das Haus am 15. Jänner 1945 von Bomben getroffen wurde.

Nahe der Salztorgasse, am Morzinplatz, befindet sich seit 1985 ein weiteres Mahnmal zur Erinnerung an all das Leid, das GegnerInnen des NS-Regimes erdulden mussten. Dieses Denkmal „*Für die Opfer des Faschismus*" wurde von Leopold Grausam jun. gestaltet: Blöcke aus Mauthausener Granit umschließen eine Bronzefigur von fünf Seiten. Auffallend ist, dass die dargestellte Figur männlich ist, dass der eingemeißelte Text einzig die männliche Form kennt und dass sich rechts und links der Inschrift „*Niemals vergessen*" nur zwei Symbole befinden: der Judenstern sowie das Zeichen der politisch engagierten Inhaftierten, das rote Dreieck. Widerstand wird somit zur Männersache; zu einer heterosexuellen obendrein.

Langsam erst beginnt ein Umdenken. Das geplante 20x20 Meter große Becken mit rosagefärbtem Wasser, aus dem der Schriftzug „QUE(E)R" nur wenige Zentimeter herausragt, soll ab Frühjahr 2007 laut einem Beschluss vom Mai 2006 den Gedenkort Morzinplatz um diese Facette bereichern.

Die Zeitzeugin und Widerstandskämpferin Irma Schwager in einem Interview: „[...] *dass Frauen nur Zuarbeit im Widerstand geleistet haben, das stimmt keinesfalls für mich. Diese Überzeugungsarbeit war eine hochqualifizierte. Aber – als Heldentat empfand ich sie nicht, sie war so wichtig wie das Essen, so selbstverständlich.*"[37]

Irma Schwager war eine jener acht Frauen, die für die Résistance in der so genannten „Mädelarbeit" tätig war: Sie nahm in Paris Kontakt mit Wehrmachtssoldaten auf, versuchte, mit ihnen ins Gespräch zu kommen und Überzeugungsarbeit zu leisten:

„*Es ging um Aufklärung, um Überzeugung. Diese jungen Soldaten waren indoktriniert von der Nazipropaganda, es gab ja keine demokratischen Zeitungen, ausländisches Radio zu hören war streng verboten. Damals gab es den ‚Völkischen Beobachter' und andere gleich geschaltete Blätter, es hieß, die Parlamente seien Quatschbuden, es braucht eine neue Ordnung in Europa. Die Nazipropaganda mobilisierte mit einer maßlosen Hetzkampagne gegen die ‚bolschewistische Gefahr' und die ‚jüdische ...'. Das glaubten ja auch viele. Wir haben Flugblätter und eine kleine illegale Zeitung herausgegeben, den ‚Soldaten im Westen'. Sie ist überall verteilt worden, in Kinos, an Bäumen angeheftet. Wir Mädchen hatten die Aufgabe, einen persönlichen Kontakt zu den Soldaten herzustellen [...]. Die ‚travail allemand', diese Soldatenarbeit war nicht ungefährlich. Von den* [acht] *Frauen, mit denen ich gemeinsam gearbeitet habe, sind vier verhaftet worden, eine von uns, die Trude Blaukopf, ist hingerichtet worden, verhaftet durch die Gestapo, die ein Soldat zum Rendezvous mitgebracht hatte. Die drei anderen, Gerti Schindel, Lisa Gavritsch und Wilma Steindling, sind nach Auschwitz und Ravensbrück gekommen und haben überlebt. Man hat geglaubt, wir seien eine riesige Organisation in Paris, weil überall unsere Flugblätter aufgetaucht sind – Tatsache ist, wir waren gerade zwei Handvoll!*"[38]

Auch nach Kriegsende, bei der Rückkehr nach Österreich, war der Empfang, den die Überlebenden und im Land Gebliebenen den WiderstandskämpferInnen bereiteten, oftmals alles andere als herzlich.

Dr. Ida Margulies, die aus Überzeugung gegen den Austrofaschismus tätig war und während der NS-Zeit bis zu ihrer Verhaftung durch die Gestapo, mit falschen Papieren ausgestattet, im Marineministerium Durchschläge wichtiger Unterlagen anfertigte und unausgefüllte Dienstausweise für die Résistance organisierte,[39] berichtet über ihre Rückkehr nach Österreich 1945:

„*Das war aber nicht so einfach. Ich besorgte ungarische Papiere und fuhr mit einem ungarischen Heimkehrerzug in Richtung Budapest. Bei der*

Zwischenstation in Wien bin ich mit Jeannot [ihrem kleinen Sohn, geboren 1939] *abgesprungen. Für uns war das ganz selbstverständlich, nach Österreich zurückzugehen. Es war aber sehr, sehr enttäuschend für mich, hier in meiner Heimat, für die ich gekämpft habe, kein Verständnis zu finden. Die Menschen vermittelten nicht Freude über eine Befreiung, sondern das Gefühl, einen Krieg verloren zu haben.*"[40]

Zahlreichen anderen Widerstandskämpferinnen gegen Austrofaschismus und Nationalsozialismus wäre hier noch zu gedenken. Viele sind uns wohl nicht einmal mehr namentlich bekannt, was zum einen an der Jahrzehnte lang gepflegten Opferrolle eines okkupierten Landes liegen mag, zum anderen an der Zukunftsorientiertheit sowie an der Kriminalisierung Homosexueller bis 1971 durch den § 129 Ib, der ein Erzählen aus dieser Sicht verhinderte.

Auch der Roma und Sinti, Opfer, die ebenso lange Zeit totgeschwiegen wurden, soll hier mit Marie-Thérèse Kerschbaumers Wörtern gedacht werden:

„Die Zigeunerin / Name: ungenannt / geboren: unbekannt: Warum willst du nicht über die Zigeuner schreiben? Warum suchst du nicht die Zigeunerin aus, schreibst Namen auf, Geburtsdatum, Verhaftung, Internierung, Verschleppung, Sterilisierung, neuerliche Verschleppung und schließlich Vernichtung? Warum hast du nicht den Namen des Zigeunermädchens genannt, ausgeforscht, aufgeschrieben, die Hinterbliebenen gefragt, recherchiert, Erkundigungen eingezogen, gelesen, notiert? Warum hast du keinen geeigneten Namen gefunden , warum hast du keinen Namen gewählt? Warum hast du die Zigeunerin diskriminiert, warum hast du sie sonderbehandelt? Du sagst, du kennst keine Zigeuner. Du sagst, du hast nie Zigeuner gesehen."[41]

9   Seitenstettengasse 2:

Sitz des „Israelitischen Frauenwohltätigkeitsvereins": Ein Porträt seiner Präsidentin Charlotte Königswarter (1841–1929).

Der „Israelitische Frauenwohltätigkeitsverein" (seit 1816) gilt als einer der ältesten jüdischen Vereine Österreichs. Sein gesetztes Ziel war die *„Unterstützung notleidender israelitischer Frauen, insbesondere israelitischer Wöchnerinnen und Witwen, sowie die Erteilung von Ausstattungsbeiträgen für israelitische Bräute und von Erziehungsbeiträgen für israelitische Mädchen.*"[42]

Diesen Verein, der in mehreren Bezirken Zweigstellen hatte, leitete 55 Jahre lang Charlotte Königswarter, Ehegattin eines Bankiers und Großhändlers, der zudem als einer der führenden Finanzexperten seiner Zeit galt.

Charlotte Königswarters Engagement zeigt anschaulich, wie damals „Fürsorge" – die Vorform heutiger Sozialarbeit – ablief: als Privatangelegenheit

einiger ehrenamtlich tätiger Frauen der Oberschicht. Charlotte Königswarter war nicht nur im Vorstand der „Israelitischen Kinderbewahranstalt" tätig, sondern auch in jenem des „Israelitischen Blindeninstituts"
auf der Hohen Warte 32, im Heim für jüdische Lehrlinge in der Grünen-
torgasse und für die Unterstützung jüdischer Flüchtlinge aus dem Osten.
Obendrein war sie Ehrenpräsidentin des „Schutzdamenkomitees des israelitischen Mädchenwaisenhauses" in der Ruthgasse 21 in Unter-Döbling,
Vizepräsidentin der Gesellschaft vom Roten Kreuz und Kuratorin des
„Rudolfinerhauses" – einem Spital im 19. Bezirk.

Das katholische Pendant zum „Israelitischen Frauenwohltätigkeitsverein"
war der „Frauen-Wohltätigkeitsverein für Wien und Umgebung" mit Sitz in
der Annagasse 9 im 1. Bezirk.

Judengasse 4 / „Irene-Harand-Hof": **10**

Dieses Wohnhaus erinnert an Irene Harand (1900–1975),
Initiatorin der „Harand-Bewegung".

Irene Harand wuchs in einem christlichen
Elternhaus auf, in dem Politik keine Rolle
spielte. Die Folgen des ersten Weltkrieges
erschreckten sie: *„Wir sollen Frieden schließen, bevor noch der Krieg begonnen hat. Nur
ein solcher Friede kann gerecht, vernünftig
und vor allem wahrhaft christlich sein. Ein solcher Friede wäre das schönste Geschenk für
unsere Generation."*[43]
Aufgrund der extremen Inflation der 1920er-
Jahre und der ansteigenden Armut beschloss
sie, tätig zu werden. Gemeinsam mit dem
jüdischen Anwalt Dr. Moritz Zalman, in dessen „Verband der Kleinrentner und Sparer
Österreichs" Irene Harand als Sekretärin
tätig war, gründete sie 1930 die erste
Österreichische Volkspartei.

Christian Klösch / Kurt Scharr / Erika Weinzierl

„Gegen Rassenhass
und Menschennot"

Irene Harand – Leben und Werk einer
ungewöhnlichen Widerstandskämpferin

StudienVerlag

Beide, Irene Harand wie auch Moritz Zalman, standen politisch dem christ-
lich-konservativen und legitimistischen Lager nahe; die Harand-Bewegung
wurde von Beginn an von vielen erklärten MonarchistInnen unterstützt. Zudem befürwortete Irene Harand den Kurs der österreichischen
Regierung unter Engelbert Dollfuß sowie Kurt Schuschnigg. In Engelbert
Dollfuß sah sie einen Retter vor dem aufkommenden Nationalsozialismus;
jegliche Diskussion über den Ständestaat lehnte sie mit dem Argument
ab, diese Debatte würde einzig einer erstarkenden nationalsozialistischen
Machtposition nützen.

Sie trat für die Bildung einer „Einheitsfront" ein, hielt eine Beschränkung demokratischer Freiheiten in schwierigen Zeiten für legitim und unterstützte die Bemühungen, einen „Christlich-Deutschen Ständestaat" zu errichten. Irene Harand versuchte weiterhin, gegen den Nationalsozialismus mobil zu machen und den Antisemitismus mit gezielten Aktionen zu bekämpfen.

In Österreich hatte die Harand-Bewegung einige tausend Mitglieder, in anderen europäischen Ländern gab es SympathisantInnen und FörderInnen. Irene Harand vertrat die Ansicht, das Christentum sei weder mit dem Antisemitismus noch mit dem Nationalsozialismus vereinbar. Ihr Leitsatz „*Ich bekämpfe den Antisemitismus, weil er das Christentum schändet*" zierte auch die Titelseite der von Irene Harand seit Herbst 1933 herausgegebenen Zeitschrift „Gerechtigkeit", die sich als ein „*Wort im Kampf gegen die Lüge*" vor allem gegen Hitler und gegen den wachsenden Antisemitismus wandte.

Mitte der 1930er-Jahre protestierte Irene Harand scharf gegen die Entlassung jüdischer ÄrztInnen aus dem Wiener Gemeindedienst, gegen die Zwangspensionierung jüdischer BeamtInnen und gegen die Verdrängung jüdischer MitbürgerInnen aus dem kulturellen wie wirtschaftlichen Leben. Das Juli-Abkommen 1936 zwischen Österreich und dem Dritten Reich hingegen feierte Irene Harand als einen Sieg der Regierung im Kampf um die Unabhängigkeit des Landes. Dass mit diesem Abkommen alles bereits verloren war, die nationalsozialistische Propaganda legitimiert wurde und NationalsozialistInnen wichtige Regierungsfunktionen übernahmen, das konnte (oder wollte) sie nicht wahrhaben; ihre Antwort darauf war einzig verstärkte Aufklärung. Ob Irene Harand je ihre Beurteilung des Ständestaates änderte, ist nicht bekannt.

1933 publizierte Harand die Schrift „So oder So – Die Wahrheit über den Antisemitismus". Zwei Jahre danach gab sie „Sein Kampf – Antwort an Hitler" im Eigenverlag heraus, eine Schrift, die im Deutschen Reich sofort verboten und nach dem Anschluss öffentlich verbrannt wurde.

Für die „Markenaktion" der Harandbewegung 1937/38, die als Gegenpol zur Müncher Ausstellung „Der ewige Jude" gedacht war, wurden Briefverschlussmarken entworfen, die Bilder und Leistungen hervorragender jüdischer Persönlichkeiten bzw. statistisches Material gegen den Antisemitismus darstellten. Zur Zeit des „Anschlusses" im März 1938 befand sich Irene Harand in Paris oder bereits in London, um dort im Auftrag des Ständestaat-Regimes für die Unabhängigkeit Österreichs zu werben. So entging sie einer Verhaftung durch die NationalsozialistInnen, die bereits ein Kopfgeld von 100.000 Reichsmark auf sie ausgesetzt hatten.

Über London emigrierte sie im September 1938 nach New York, wo ihre Schwester wohnte. Aus dem Ausland half Irene Harand zahlreichen jüdischen Freundinnen und Freunden in Wien zur Flucht. Sie war Mitgründerin der EmigrantInnenorganisation „Austrian Forum", als deren Leiterin sie zudem von 1960 bis zu ihrem Tod 1975 tätig war. Für diese Hilfe sowie für ihre Arbeit in Österreich vor 1938 wurde sie 1968 als „Gerechte der Völker" von der israelischen nationalen Holocaust-Gedenkstätte Yad Vashem ausgezeichnet.

Ihrem Mitstreiter Dr. Moritz Zalman jedoch konnte sie nicht helfen. Er wurde beim Versuch, in die Schweiz zu flüchten, von der Gestapo verhaftet und starb am 29. Mai 1940 im Konzentrationslager Sachsenhausen. 1975 wurde Irene Harand in einem Ehrengrab am Wiener Zentralfriedhof beigesetzt; das Wohnhaus „Irene Harand Hof" in der Judengasse 4 erinnert seit 1990 an sie.

Hoher Markt 1:

11

Wo Fanny von Arnstein (1758–1818) Hof hielt: Ein Porträt dieser Salonière und ihrer Nachfolgerinnen.

Klug, weltgewandt und schön sei Franziska von Arnstein – Fanny genannt – gewesen, eine Berlinerin, die sich während der Regierungszeit Maria Theresias nach Wien verheiratete. Fanny von Arnsteins Mann blieb stets in ihrem Schatten. Sie hingegen wurde eingeladen und lud selbst ein: WissenschafterInnen, KünstlerInnen und Adelige, und alle kamen, was für damalige Zeiten in Anbetracht des herrschenden Antisemitismus um so erstaunlicher war:

„Mit ihrem berühmten Salon durchbrach sie die Barriere zwischen Hochadel, Bürgertum und tolerierten Juden und verwirklichte in diesem engen Rahmen die Emanzipation der Juden. [...] Selbst Kaiser Joseph II., der sie als Freundin bezeichnete, ließ es sich nicht nehmen, sie höchstpersönlich zu besuchen."[44]

Nach Maria Theresias restriktiven Judenordnungen der Jahre 1753 wie auch 1764 sicherte das Toleranzpatent ihres Sohnes Joseph II. den jüdischen MitbürgerInnen endlich mehr Rechte zu. Auch wenn eine Gleichstellung dadurch nicht erreicht wurde, war es von nun an Juden (und teilweise:

Jüdinnen) zumindest möglich, Hochschulen und Akademien zu besuchen, jeglichen Handel und jegliches Handwerk auszuüben, in jeder Gegend der Stadt Wien Wohnung zu nehmen, DienstbotInnen nach Bedarf einzustellen, öffentliche Lokale zu frequentieren sowie sonn- und feiertags auch vor zwölf Uhr das Haus zu verlassen; jüdische Tracht sowie die Leibmaut wurden abgeschafft. Da Assimilierung angestrebt wurde, standen all diesen Erlaubnissen zahlreiche Verbote gegenüber, die sich insbesondere auf die Religionsausübung bezogen. Auch der Erwerb von Immobilien blieb jüdischen MitürgerInnen untersagt, weshalb Fanny von Arnsteins Familie eine Ausnahme gestattet werden musste, damit sie das Arnsteinsche Schloss – damals in einem Vorort, nun im 15. Bezirk gelegen – erwerben konnten. An diesen Wohnsitz erinnert die so genannte Arnsteingasse, deren Name auf Fanny von Arnsteins Mann zurückgeht, den Bankier, Großhändler und Mäzen, der heute im Gegensatz zu ihr vergessen ist.

Das Palais am Hohen Markt 1, wo Fanny von Arnstein ab 12 Uhr mittags bis spät nach Mitternacht ihren Salon geöffnet hatte, konnte aufgrund besagter mangelnder Erlaubnis eines Kaufes nur angemietet werden. In Fanny von Arnsteins Salon kam jeder, der kommen wollte; die Etikette war außer Kraft gesetzt. Zu ihren GästInnen zählten Friedrich von Gentz, der wesentlich ältere Förderer Fanny Elßlers, sowie Graf Clemens Wenzel Lothar Metternich, Rahel Varnhagen, Dorothea Schlegel und deren Freundin, die Salonière, Henriette Herz.

In Fanny von Arnsteins Salon wurde über neue Bücher, Theaterstücke und Kunstwerke gesprochen, sie veranstaltete musikalische Soiréen und galt als Mäzenin. So war sie u. a. Mitbegründerin der „Gesellschaft der Musikfreunde" in Wien. In ihrem Haus stand 1814 der erste Weihnachtsbaum dieser Stadt, wie in Polizeiberichten festgehalten wird. Damals führte dies jedoch noch nicht zu Nachahmung, sondern erst als die Erzherzogin Henriette von Nassau-Weilburg, die Protestantin war, diesen Brauch ihrer Heimat nach Wien mitbrachte.

Wie außergewöhnlich Fanny von Arnstein war, zeigt sich darin, dass sie sich, als ihr Mann eine Affäre hatte, auch einen Liebhaber nahm: Carl von Liechtenstein, der in die Salongeschichte einging, weil er mit einem gewissen Baron Weichs in Streit geriet, wer von beiden denn nun Fanny von Arnstein in die Oper führen dürfe. Im Zuge des Wortwechsels ohrfeigte Baron Weichs ihn. Zwar wollten beide alsdann den Zwist begraben, doch ihre Umgebung hielt daran fest, eine derartige „Beleidigung" verlange Genugtuung, ein Duell müsse ausgefochten werden. Bei diesem starb Carl von Liechtenstein.

Während des Wiener Kongresses (1814 – 1815) spielte Fanny von Arnstein eine maßgebliche, wenn auch nicht offizielle Rolle: In ihrem Salon trafen sich die führenden Vertreter der beteiligten Staaten. Dass Fanny von Arnstein Frankreich ablehnend gegenüberstand, war bekannt; auch dass sie den Freiheitskampf der Tiroler unterstützte. Nach dem Kongress zog sich Fanny von Arnstein ins Privatleben zurück; sie verstarb 1818.

In „Fanny von Arnstein oder Die Emanzipation" setzte die Autorin Hilde Spiel dieser Kunstmäzenin ein Denkmal.

Fanny von Arnsteins Schwester Cäcilie von Eskeles führte ebenso einen berühmten Salon. Die Familie Arnstein war mit jener von Eskeles auch beruflich verbunden: Beide Männer gründeten gegen Ende des 18. Jahrhunderts das Bankhaus Arnstein & Eskeles in der Dorotheergasse 11. Fanny von Arnsteins Tochter, Henriette von Pereira-Arnstein, führte die Tradition des Hauses Arnstein weiter: Sie veranstaltete Amusement-Soiréen mit Hausbällen, Festessen und abendlichen Konzerten, die weit über Wien hinaus bekannt waren und den gesellschaftlichen wie geschäftlichen Kontakten dienten. Nach ihr ist der Henriettenplatz im 15. Bezirk benannt.

Als weitere bedeutende jüdische Salonièren – wobei die meisten, die jünger waren als Fanny von Arnstein, zum Christentum konvertierten – wären Josephine von Wertheimstein und Sophie von Todesco, ein Schwesternpaar, zu nennen.

Villa Wertheimstein

In der Villa Wertheimstein in der Döblinger Hauptstraße 96 veranstaltete zuerst Josephine von Wertheimstein, danach deren Tochter Franziska Soiréen. Villa wie umgebenden Park vererbte diese dem Bezirk; heute befindet sich dort das Döblinger Bezirksmuseum sowie das Weinbaumuseum.

Josephine von Wertheimsteins jüngere Schwester Sophie von Todesco hielt Salon im Palais Todesco in der Kärntnerstraße 51. War Sophie von Todescos Schwiegervater ein erfolgreicher Geschäftsmann und zudem ein Philantrop, so ging ihr Mann in die Stadtgeschichte ein, weil er mit Vorliebe Fremdwörter verwendete und diese rein grundsätzlich falsch: Bei einer Sitzung im Abgeordnetenhaus soll er folgenden Kommentar abgegeben haben: „*Ich bin für die Anatomie der Gemeinde, verwerfe die czechische Deklamation, glaube aber, dass man den Polen, die mit ihrer Absolution nur Vernünftiges verlangen, einige Confessionen machen sollte.*"[45]

Wie groß der historische Wahrheitsgehalt sein mag, sei dahin gestellt; auf jeden Fall bewegte diese Ehe Sophie von Todescos FreundInnen zu dem Ausspruch: „*Jedes Licht hat seinen Schatten, jede Frau hat ihren Gatten!*"[46]

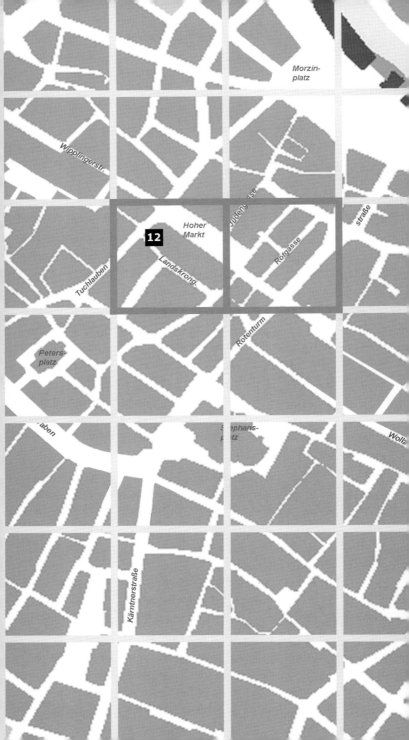

Landskrongasse / Ecke Tuchlauben: 12

Hier befand sich das Geburtshaus Rosa Mayreders (1858–1938). Ein Porträt dieser Schriftstellerin, Gründungsmitglied des „Allgemeinen Österreichischen Frauenvereins" und ihrer Mitstreiterin Marie Lang (1858–1934), Vorsitzende des „Allgemeinen Österreichischen Frauenvereins".

„Du Gute, Du Treue, Liebe! Du ahnst nicht, wie oft, wie zahllose Male ich an Dich denke und mit was für inniger Dankbarkeit ... Du, Liebste, bist mir unersetzlich ... Ich liebe, liebe, liebe Dich ..."[47] So schrieb Marie Lang in ihrer überschwänglichen Art an Rosa Mayreder. Die beiden Frauen kannten einander seit 1888[48] über einen gemeinsamen Freund: Fritz Eckstein, den Ehemann Bertha Eckstein-Dieners und Bruder der Politikerin Therese Schlesinger-Eckstein sowie der Feministin Emma Eckstein.

Es war Rosa Mayreder, die diese emphatische Rednerin 1897 als Vizepräsidentin des 1893 gegründeten „Allgemeinen österreichischen Frauenvereins" empfahl, und Auguste Fickert, die sich überzeugen ließ.

Marie Lang war zweimal verheiratet; zuerst mit einem Hofjuwelier, danach mit einem Rechtsanwalt; ihr Sohn Erwin wurde Maler, ihre Schwiegertochter war die Tänzerin Grete Wiesenthal, deren Tanzkunst Lina Loos bewunderte.

In Zusammenarbeit mit Auguste Fickert und Rosa Mayreder gab Marie Lang von 1899 bis 1903 die Zeitschrift „Dokumente der Frauen" heraus. Marie Lang setzte sich insbesondere für eine gesichertere rechtliche Stellung der Frau, für Mutterschutz sowie für die Verbesserung der Rechtslage unehelicher Kinder ein. An der Seite Auguste Fickerts kämpfte sie gegen die so genannte „Zölibatsklausel" für Lehrerinnen.

Darüber hinaus gilt Marie Lang als Pionierin der Sozialarbeit: 1898 lernte sie als einzige österreichische Delegierte des „Allgemeinen Österreichischen Frauenvereins" beim Abolitionistinnenkongress in London die „Settlementbewegung" kennen und beschloss, diese auch in Wien zu initiieren. Marie Lang regte Else Federn an, sich während eines Ferienaufenthalts in England im Sommer 1899 mit den Ideen dieser Bewegung auseinander zu setzen. Gleichfalls begeistert, gründete Else Federn 1901 mit ihren MitarbeiterInnen das „Wiener Settlement in Ottakring" im 16. Wiener Gemeindebezirk. Vorerst stellte der Eigentümer der Ottakringer Brauerei, Freiherr Karl Kuffner*, dem Verein ein kleines einstöckiges Arbeiterhaus mit Garten in der Friedrich-Kaiser-Gasse 51 zur Verfügung. Erst 1917 kam der Verein zu einem eigenen Haus in der Lienfeldergasse 60.

„Was ein Settlement will und soll, wird einem großen Theil des Wiener Publicums noch nicht ganz klar sein. Die Institution stammt, wie die meisten Wohlfahrtseinrichtungen, aus England. Seine praktischen Ziele gipfeln darin, daß es Kindern armer Arbeiter, die tagsüber sich selbst oder der Straße überlassen waren, Heim und Obdach, Erziehung, Zerstreuung, Beaufsichtigung und einen kleinen Imbiß bietet. [...] Aber nicht nur den Kindern, sondern auch den Eltern soll das Settlement Ergänzung ihres eigenen Heims sein. Gediegene populär-wissenschaftliche Vorträge, gute Lectüre, gute Bilder und gute Musik, all dies soll der ‚Volkssalon' seinen Mitgliedern bieten. Das Beste ist für den Arbeiter gerade gut genug, wenn er nach seines Tages Mühen noch Geschmack an cultureller Bildung finden soll." [49]

Im Gegensatz zu Marie Langs Leben ist Rosa Mayreders ausgesprochen gut dokumentiert, was insbesondere der Autorin Hilde Schmölzer zu verdanken ist, die in ihrer Biographie „Rosa Mayreder. Ein Leben zwischen Utopie und Wirklichkeit" ein spannendes Porträt dieser widersprüchlichen Frau zeichnet:

Rosa Mayreders Vater, ein Waisenkind, begann schon als Junge im Gasthaus des älteren Bruders mitzuarbeiten. Später kaufte er sich ein eigenes Lokal in der Landskrongasse. Rosa Mayreders Mutter, Maria Engel, kam als 17-Jährige zu ihm, um in seiner Gaststube zu arbeiten. Er verliebte sich Hals über Kopf in sie, und zwei Tage nach ihrem Dienstantritt fragte er sie, ob sie seine Frau werden wolle. Sie bat sich vier Wochen Bedenkzeit aus und sagte schließlich zu – unter der Bedingung, nicht in der Gasthausküche kochen zu müssen. Rosa Mayreder beschrieb ihre eigene Mutter als sanft und still, ihren Vater als laut, autoritär und cholerisch, wenn sie auch anmerkte, er habe seine Kinder niemals geschlagen. Lange Zeit dachte Rosa Mayreder, sie sei ihrem Vater ähnlicher als der Mutter. Erst als sie bei einem Wohnungswechsel mithalf, entdeckte Rosa Mayreder das Versteck der Mutter und revidierte ihre Ansicht: Hinter alltäglichen Gegenständen verborgen lagen deutsche, englische und französische Bücher, zudem Wörterbücher und linguistische Nachschlagewerke.

---

* Er wurde 1896 in den ungarische Adelstand „de Diószeg" und 1904 ins ungarische Baronat gehoben.

Rosa Mayreder beschrieb ihre Kindheit – im Winter in der Landskrongasse, im Sommer zuerst in Hetzendorf, später auf der Hohen Warte in Unter-Döbling – als glücklich, betonte aber auch, ihre Brüder wären stets bevorzugt worden. Sie galt als Blaustrumpf der Familie, wobei bereits das Schreiben eines Tagebuches als Blaustrumpfmanie angesehen wurde, wie jegliche geistige Betätigung, und daher sorgfältig vor allen versteckt werden musste. Rosa Mayreder besuchte 1865 das Privatmädcheninstitut der Maria Hanasek in Wien I, Am Hof 5, und trat 1868 in das Institut der Sophie Paulus in der Spiegelgasse ein. Als höhere Tochter erhielt sie auch Privatunterricht in Französisch, Malerei und Klavierspiel.[50]

Dass die Frau für den Mann da zu sein habe, galt im Elternhaus als unumstößliches Gesetz, und in den Tagebüchern der jugendlichen Rosa Mayreder finden sich noch öfters Vater-Sätze wie: *„Die Frau soll nicht allein Gefährtin des Mannes sein, sondern in gewissen Fällen seine Dienerin."*[51] Oder: *„Es ist schon von der Natur so bestimmt, von der Frau wird nichts von ihrer Freiheit genommen, wenn sie dem Manne dient."*[52] Schon als 14-Jährige beginnt sie jedoch, sich gegen die verordnete Rolle aufzulehnen. Ihr persönlicher Kampf zwischen Sollen und Wollen nahm immer mehr Raum ein. Zugleich wuchs die Sehnsucht, ein Junge zu sein. Bedenkt man/frau, dass sie zur Antwort auf zahlreiche ihrer Wünsche die Aussage erhielt, jene wären kein Problem, wenn sie ein Junge wäre, ist dies nicht erstaunlich.

Jahre später soll Rosa Mayreder einmal zu Auguste Fickert gesagt haben: *„Bei sieben Brüdern wird man Frauenrechtlerin der giftigsten Sorte."*[53]

Die Frage, wie eine junge Frau aus Vorgegebenem ausbrechen könnte, zieht sich gleich einem roten Faden durch das Tagebuch der 21-Jährigen. Dass die Eltern ihren Lerneifer als Vergnügungssucht auslegten, hingegen Kochen, Strümpfe stricken und Kinder stillen als Arbeit werteten, empörte sie. In jenen Jahren schrieb sie auch erste literarische Texte, weshalb ihre Eltern ernsthaft befürchteten, sie werde nie „das Wichtigste" in einem Frauenleben erreichen: einen Ehemann.

Diesen, in der Person des angehenden Architekten Karl Mayreders, brachte jedoch einer ihrer Brüder ins Haus. Karl Mayreder wurde bald Rosa Mayreders Vertrauter und Seelentröster. Sie aber war es, die schließlich die Initiative ergriff und ihm sagte, dass sie ihn liebe. Danach folgten Jahre des Wartens auf ihren Mann, denn er – den damaligen Gepflogenheiten gemäß – musste zuerst fähig sein, die Familie zu erhalten. 1881 heirateten die beiden. Rosa Mayreder setzte auch als Ehefrau ihre Studien fort, schrieb. Sie erwartete ein Kind, doch dieses wurde tot geboren. Die Ehe blieb kinderlos.

Die Frage, wie Frauen sein sollen, war allgemein ein Thema, das zur Jahrhundertwende mit großer Heftigkeit debattiert wurde: In der Kunst sah Gustav Klimt die Frau als Ornament; Otto Weininger behauptete in „Geschlecht und Charakter"*, die Frau sei dem Mann intellektuell unterlegen, sie wäre das Nichts, habe weder Persönlichkeit, noch Individualität, kein Ich und keine Seele, weder Wille, noch Charakter. Otto Weininger nahm sich 23-jährig in Beethovens Sterbehaus das Leben. Oder Paul Möbius: er schrieb ein Werk mit dem Titel „Über den physiologischen Schwachsinn des Weibes"**. Auch Frauen bliesen in das gleiche Horn: die deutsch-baltische Autorin Laura Marholm, die dem so genannten „Friedrichshagener Dichterkreis" angehörte, meinte, der einzige Lebenszweck der Frau sei, die Befriedigung der Wünsche der Männer und ihrer Begierden. Die Frau für sich wäre bloß eine Kapsel über einer Leere, die erst der Mann füllen müsse.

Rosa Mayreders Antwort auf all dies in „Zur Kritik der Weiblichkeit" lautete: Habe nur der Mann eine Seele, so sei die wohl ans Geschlecht gebunden und müsse folglich im Penis sitzen.[54] Die Essay-Sammlung „Zur Kritik der Weiblichkeit" erschien erstmals 1905, nachdem manche Artikel zuvor schon in Zeitschriften publiziert worden waren. Sie entwickelte darin die damals revolutionäre These einer psychischen Bisexualität.

Rosa Mayreder glaubte an die Individualität jedes Einzelnen und empfand extreme Ablehnung gegen jegliche Gleichmacherei. Deshalb war ihr auch ein Engagement in einer Partei unvorstellbar, denn wie sie sagte, jeden Tag Gleiches zu reden, das ginge über ihre Kraft. Auch die Vereinsarbeit, so betonte sie wiederholt im Hinblick auf den „Allgemeinen österreichischen Frauenverein", sei nicht ihre Sache. Ihr Hinweis, Therese Schlesinger-Eckstein sei viel eher dafür geeignet, wird von den anderen Frauen jedoch beiseite geschoben.

Therese Schlesinger-Eckstein war seit 1894 Mitglied im „Allgemeinen Österreichischen Frauenverein" und arbeitete insbesondere im Rahmen der Rechtsschutzstellen mit. Später wechselte sie zum parteipolitischen Engagement für die Sozialdemokratische Partei, da sie sich davon eine effizientere Vertretung der Frauenanliegen erhoffte. Neben dem Frauenwahlrecht, der Mädchenbildung und dem verstärkten Mutterschutz setzte sie sich für die Errichtung von Zentralküchen und -wäschereien mit Personal ein, um so erwerbstätige Frauen zu entlasten. Nach dem Ersten Weltkrieg war Therese Schlesinger-Eckstein eine der ersten sieben Sozialdemokratinnen im österreichischen Parlament für die Konstituierende Nationalversammlung; im Nationalrat war sie bis 1923 tätig, danach im Bundesrat bis 1930. 1939 musste sie, da sie Jüdin war, nach Frankreich fliehen, wo sie im Juni 1940 wenige Tage vor dem Einmarsch der deutschen Truppen in Paris starb. Therese Schlesinger-Ecksteins Frauenbild wird deutlich in nachstehender Aussage:

---

* Publiziert 1902. Otto Weinigers Buch wurde nicht nur wegen seiner frauenfeindlichen Aussprüchen vielfach positiv aufgenommen, sondern auch wegen seines Antisemitismus. Otto Weininger war selbst Jude.

** Erscheint 1904. Hier wird der Frauenhass auf die Spitze getrieben. Ähnliche Schrift aus jener Zeit: E.F.W. Eberhard: „Feminismus und Kulturuntergang" (1927). Eberhard vertritt die These, Ersterer bewirke Letzteres.

„Die Mädchen müssen dazu erzogen werden [...] in der Ehe nicht nur Versorgung zu suchen, [...] sie müssen erzogen werden, um sich dem Manne gleichstehend zu fühlen, nötigenfalls um ihre Würde zu kämpfen [...]. Sie müssen lernen, dass es nichts Kulturfeindlicheres gibt als die Demut des Weibes."[55]

Rosa Mayreder kämpfte mit der Feder. Sie schrieb Vorträge, die in „Recht der Frau", der wöchentlichen Beilage der Volksstimme, abgedruckt wurden, und sie machte sich für die Frauenbildung stark, weil ihr die Gegenargumente der Männer lächerlich erschienen: So argumentierten die Wiener Chirurgen und Universitätsprofessoren allen Ernstes, Frauen könnten nicht zum Medizinstudium zugelassen werden, weil dieses das weibliche Schamgefühl verletze. Das sei Unsinn, antwortete Rosa Mayreder, denn ein Besuch bei einem männlichen Arzt verletze oft das Schamgefühl weitaus mehr.

Gemeinsam mit Mitstreiterinnen sammelte Rosa Mayreder Unterschriften: das Doktorat, das Frauen im Ausland erworben hatten, sollte in Österreich anerkannt werden. Weiters sollten Frauen als ordentliche Hörerinnen – wie ihre Kollegen – an der Universität Medizin studieren können, und sie sollten endlich an Gymnasien aufgenommen werden.

Die Zulassung von Frauen an die Universitäten befürwortete Rosa Mayreder jedoch nicht hundertprozentig, da sie dem gesamten universitären System skeptisch gegenüberstand; diese Bildungsanstalt mache Männer zu „Staatskrüppeln", wie sie es nannte. Rosa Mayreder war überzeugt, eine Volkshochschule wäre viel besser geeignet, da diese praxisbezogener sei und zudem einer großen Anzahl von Frauen berufliche Fortbildung ermögliche, statt wenigen Wohlhabenden eine einseitig intellektuelle Ausbildung. Darüber hinaus forderte Rosa Mayreder die explizite Einbeziehung politischer Studien in alle Bildungskonzepte. Im Jahr 1900 war Rosa Mayreder auch an der Gründung des Frauenbildungsvereins „Athenäum" beteiligt, dessen Ziel es war, „wissenschaftliche Lehrcurse" für Frauen abzuhalten.[56] Der Sitz dieses Vereins war im Jahr 1900 in der Währinger Straße 20 im 9. Wiener Gemeindebezirk, die „Vereinsschullocalitäten" befanden sich jedoch im 7. Bezirk in der Kaiserstraße 117. Obmann des Vereins, der von Anfang an staatlich unterstützt wurde, war ab 1901 der Ehemann Berta Zuckerkandls, der Anatom Emil Zuckerkandl, kurzfristig gab es sogar ein „Zuckerkandl-Stipendium" für eine bedürftige Hörerin der Medizin. Faktisch endete die Tätigkeit dieser Frauenakademie 1918, die insgesamt 443 Kurse mit 14.463 Besucherinnen veranstaltete, die formelle Auflösung des Vereins erfolgte 1921.

Weiters initiierte Rosa Mayreder zudem gemeinsam mit Olga Prager die erste „Kunstschule für Frauen und Mädchen", wie hier unter „Bäckerstraße 1" geschildert.

Als Malerin debütierte Rosa Mayreder 1891 mit ihrer ersten Ausstellung im Wiener „Künstlerhaus"; vier Jahre danach, 1895, als Librettistin der Oper

„Der Corregidor" des Komponisten Hugo Wolf, dessen Freundin und Förderin sie war. Im selben Jahr erschien auch Rosa Mayreders Novellenband „Aus meiner Jugend", in dem sie die Scheinmoral der bürgerlichen Gesellschaft mit ihren dramatischen Folgen für Frauen anprangerte.

Sie stritt für das Frauenwahlrecht, obwohl sie bei der Ausrufung des Frauenwahlrechts 1918 skeptisch war, ob ihre Geschlechtsgenossinnen bereits über ausreichende Kenntnisse politischer Entwicklungen verfügen würden. Sie engagierte sich für die Telegraphinnen, die für einen Hungerlohn unter ausbeuterischen Bedingungen arbeiteten: ohne Krankenversicherung, dafür mit überlangen Arbeitszeiten, Ehe- und Kinderlosigkeit als Grundbedingungen.

Vehement stellte sie sich gegen die Prostitution, die sie durch gesellschaftliche Verhältnisse verursacht sah: junge Männer wurden „zum Lernen" zu Prostituierten geschickt, Polizisten durften jede verdächtige Frau in Gewahrsam nehmen und konnte sich diese nicht ausweisen, so musste sich die „Verdachts-Prostituierte" von einem Polizeiarzt untersuchen lassen. 1894 hielt Rosa Mayreder ihre erste Rede bei einer Frauenversammlung im Wiener Rathaus zum Tabuthema „Prostitution", bei der sie entschieden für die Achtung der Menschenwürde dieser rechtlosen Frauen eintrat. Sie kritisierte, dass Frauen in der Prostitution zuerst zu einer bloßen Sache herabgewürdigt und dann aufgrund ihrer Tätigkeit diskriminiert werden, zu einer Zeit, als die meisten Zeitgenossinnen Mayreders das Wort „Prostitution" nicht einmal in den Mund nehmen wollten, ganz zu schweigen davon, sich damit thematisch auseinanderzusetzen.

Rosa Mayreder sah sich selbst in erster Linie als Schriftstellerin. Ihre Jugenderinnerungen „Das Haus in der Landskrongasse" wurden posthum von ihrer Mitarbeiterin der letzten Jahre, Käthe Braun-Prager, herausgegeben. Käthe Braun-Prager war selbst Autorin und leitete als Rundfunkjournalistin von 1928 bis 1938 die „Literarische Frauenstunde" bei Radio Wien, bevor sie – als Jüdin – nach England fliehen musste. 1951 kehrte Käthe Braun-Prager nach Wien zurück.

Rosa Mayreders Essayband „Zur Kritik der Weiblichkeit" (1905) und der weniger radikale zweite Band „Geschlecht und Kultur" (1923) sind in vieler Hinsicht noch heute aktuell. Im Essayband „Geschlecht und Kultur" änderte sie ihre anfängliche Theorie eines androgynen Menschen zu einem sexualisierten Individuum ab. Sie betrachtete das Geschlecht als emanzipatorische Kraft und beklagte den Untergang der Kultur: diese setze Übereinstimmung von Denken und Sein voraus. Kultur ist für Rosa Mayreder „weiblich" besetzt; dem stehe die gesamte moderne Zivilisation als „Männerwerk" gegenüber, wobei ihre Zuschreibungen von „männlich" (produktiv, aktiv, maßlos) und „weiblich" (rezeptiv, naturgebunden, passiv) heute nicht ohne Kritik hingenommen werden würde. Im Gegensatz zu ihrem ersten Essayband „Kritik der Weiblichkeit" interpretierte sie den Mann in „Geschlecht und Kultur" als Helfer und Gefährten der Frau und kehrte von der zuvor noch geglaubten selbstbestimmten Weiblichkeit ab, da nur in der Liebe der Objektstatus der Frau aufgehoben sei. Ansonsten aber sei im gewöhnlichen Leben der Mann das Subjekt, die Frau das Objekt.[57] Demgemäß wird die monogame Ehe, die *„höchste aller sittlichen Leistungen*"[58] zum wichtigsten Gut, basierend auf dem Willen zur Dauer, in Liebe und Pflicht. Dass Rosa Mayreder während der späteren Ehejahre, als ihr Mann von seiner depressiven Krankheit gezeichnet war, zu dieser Überzeugung kam, ist ein wesentliches Detail. Das Zusammenleben des Paares war zunehmend zu einer unfreien Situation für Rosa Mayreder geworden.

Über das kulturelle Leben der 1920er-Jahre schrieb Rosa Mayreder: Es entwickle sich zu einer *„Kultur des bequemen Genießens*".[59] In dieser *„Welt der Parteileidenschaft, der Kinokunst, des Sports und der Geschlechtsabenteuer*", habe *„ein Dichter höherer Stufe nichts mehr zu sagen*".[60]

Rosa Mayreders Zusammenarbeit mit Marie Lang und Auguste Fickert war von Anfang an nicht unproblematisch, wobei wohl jede Einzelne des Trios dafür verantwortlich war.

Gemeinsam gaben die drei Frauen die Zeitschrift des „Allgemeinen Österreichischen Frauenvereins" heraus, waren somit aufeinander angewiesen. Von 1893 bis 1898 erschien „Das Recht der Frau" als Beiblatt der Zeitschrift „Volksstimme". Danach wechselte dort die Redaktion und das Beiblatt wurde 1899 eingestellt. Bald danach gründete Rosa Mayreder gemeinsam mit Marie Lang und Auguste Fickert die Zeitschrift „Dokumente der Frauen", die Marie Lang vom Oktober 1899 bis zum finanziellen Bankrott im Jahr 1902 allein weiter führte.

Auguste Fickert leitete von 1902 an die Zeitschrift „Neues Frauenleben", die bis 1918 erschien. Rosa Mayreder war Mitherausgeberin.

Rosa Mayreder war eine überzeugte Pazifistin, für sie kam die Kriegsbegeisterung in Österreich zur Zeit des ersten Weltkrieges einem Bankrott der Zivilisation gleich, einem Rückschritt, der ihren Glauben an die Möglichkeit der Evolution erschütterte. Im Gegensatz zu Bertha von Suttner meinten Rosa Mayreder und Auguste Fickert, Frauen wären friedliebender als Männer: *„Theoretisch betrachtet, stellt der Krieg die äußerste Ausgeburt des Mannwesens dar, die letzte und furchtbarste Konsequenz der absoluten männlichen Aktivität.*"[61] Deshalb müssen die Menschen, so Rosa Mayreder, endlich begreifen, dass Krieg nichts mit Ehre und Ruhm zu tun habe, sondern einzig mit Schuld und Unglück ohne Maß. Eine Lösung sah sie in einem Internationalismus, fern von *„chauvinistische*[m] *Nationalbewusstsein*".[62] Das Gemeinschaftsgefühl mit der Menschheit sei über jenes der Familie, des Geschlechts, der Rasse zu stellen. Nur so wäre Friede keine Utopie. Rosa Mayreder verfasste auch eine Schrift mit dem Titel „Muss Krieg sein", die als Unterrichtsmaterial an den Schulen verwendet wurde.

1927 sprach Rosa Mayreder auf der Wiener Konferenz „Über die Gleichberechtigung der Frauen in Österreich". Eine weitere Rednerin war Rosa Mayreders Freundin, die deutsche Feministin Helene Stöcker, in deren Zeitschrift „Die neue Generation" Rosa Mayreder immer wieder publizierte.

Beide Frauen unterzeichneten übrigens auch einen Aufruf des 1897 gegründeten „Wissenschaftlich Humanitäre Komitees" zur Abschaffung des so genannten „Homosexuellen-Paragraphens" § 175 in Deutschland. Österreichische Unterzeichnerinnen der Petitionskampagne neben Rosa Mayreder waren Lou Andreas-Salomé sowie die in Vergessenheit geratene Schriftstellerin Grete Meisel-Hess, die es wagte, über Sexualität zu schreiben und sich in theoretischen Werken wie „Weiberhass und Weiberverachtung" (erschien 1904) mit den Strömungen ihrer Zeit auseinander setzte.[63]

Das österreichische Pendant jenes § 175, das auch die weibliche Homosexualität zum kriminellen Delikt erklärte, war bis 1971 im österreichischen Gesetz verankert. Zu einer Stellungnahme hierzu hatten einzig drei Österreicherinnen den Mut: Neben Rosa Mayreder unterzeichneten die deutsche Schauspielerin Erika Wagner[64] und die Kammersängerin Rosa Papier-Paumgartner[65] Dr. Otto Eksteins Petition vom 19. Mai 1930 um Aufhebung des Paragraphen.

1928 wurde Rosa Mayreder zur Ehrenbürgerin Wiens ernannt. In den 1930er-Jahren fühlte sich Rosa Mayreder zunehmend von den Entwicklungen – Nationalsozialismus, Weltwirtschaftskrise, Bankrott der Banken – überfordert. Sie, deren Großvater mütterlicherseits Jude war, erlebte antisemitische Anfeindungen; vermeintliche „FreundInnen" rückten ab, weil Rosa Mayreder „zu semitisch" sei.

Die Frauenbewegung oder deren Reste kämpften in den 1930er-Jahren ums Überleben, während die katholische Frauenorganisation stetigen Zulauf erfuhr. Die aufkeimende Mütter-Ideologie befremdete Rosa Mayreder noch viel mehr als die Scheinemanzipation mancher junger Frauen in Herrenkleidung, mit Kurzhaarschnitt und Zigarettenspitz, die auch am Glühpunkt des Glimmstängels schon wieder endete. Zunehmend flüchtete Rosa Mayreder in eine innere Welt.

Sie starb 1938 und liegt am Wiener Zentralfriedhof begraben.

Nach ihr ist das „Rosa-Mayreder-College" benannt, das 1999 gegründet wurde. Unter der Leitung von Dr. Ursula Kubes-Hofmanns ist diese erste „Open University" im 9. Wiener Gemeindebezirk in der Türkenstraße 8 beheimatet und erinnert in seinem Bildungskonzept abseits der klassischen Universität sowie im Anspruch einer expliziten Einbindung politischer Bildung an seine Namensgeberin.

Die Stadt Wien gedenkt seit 2005 im Bereich der Treitlstraße im 4. Wiener

Gemeindebezirk mit einem nach Rosa Mayreder benannten „Park" der Autorin und Frauenrechtlerin; derzeit ist von einer Grünfläche rund um die Kunsthalle noch nichts zu sehen.

Tuchlauben 18 bzw. 14: 13

Sitz der „Mädchenmittelschule Luithlen" der Schulreformerin Martha Luithlen (1866–1943).

Die spätere „Mädchenmittelschule Luithlen" kann als gemeinsames Projekt der Lehrerinnen Marie und Martha Luithlen betrachtet werden. Die Mutter, Marie Luithlen, legte ihre Lehrerinnenprüfung in Berlin ab und 1860 die Vorsteherinnenprüfung in Schlesien. 1861 gründete sie in Wien die erste höhere Mädchenschule nach deutschem Muster, „Evangelische Lehr- und Erziehungsanstalt für Töchter gebildeter Stände". Diese leitete sie zuerst gemeinsam mit ihrem Mann, nach seinem Tod 1887 allein. Nachdem Martha Luithlen 1890 die Lehramtsprüfung für Bürgerschulen abgelegt hatte, formten Mutter und Tochter im gleichen Jahr die Schule in ein sechsklassiges Lyzeum um, welches bald hohes Ansehen genoss. Als die Mutter 1893 starb, führte Martha Luithlen die Schule weiter, die sie 1916/17 zum Reformrealgymnasium umwandelte. 1905 übersiedelt die Schule an die Adresse Tuchlauben 14; diese Anschrift behielt sie bis zu ihrer Schließung bei. 1922 wurde der Name der Anstalt modernisiert. Die „Mädchenmittelschule Luithlen" war nunmehr eine staatlich subventionierte Vereinsschule, doch behielt Martha Luithlen weiterhin die administrative Leitung. Nach 77-jährigem Bestehen, 1938, wurde diese Schule durch die NationalsozialistInnen aufgelöst.

Im Rahmen des Projekts „Unbekanntes Wien" wird Martha Luithlen derart vorgestellt:

„[...] [I]m Haus Tuchlauben 18, gründet Martha Luithlens [sic!] ein Mädchenlyceum mit der ,Frauenakademie', einer Kunstschule an der bedeutende – aber wie so oft in der Geschichte vergessene – Malerinnen unterrichtet haben, wie zum Beispiel Tina Blau."[66]

Keine andere Quelle stellt einen Zusammenhang zwischen der „Kunstschule für Frauen und Mädchen" und Martha Luithlen her, sondern sie belegen die „Kunstschule" als Initiative Olga Pragers und Rosa Mayreders. Zur Frage des Ortes: mehrfach wurde die Kunstschule mit Tuchlauben 8 – nicht 18 – angegeben; in der Liste des „Bundes österreichischer Frauenvereine" mit Stand 1913 findet sich eine Verortung im 4. Bezirk in der Plößlgasse 10.[67] Wie aus dem Jahresbericht des Vereins hervorgeht, befand sich dort jedoch keines der Ateliers; diese hatte ihren Sitz vielmehr am Stubenring 12 sowie 16, in der Bäckerstraße 1 und in der Bibergasse 8.

14   Am Graben 29 / „Trattnerhof":

Sitz des ersten „Wiener Frauenklubs": Ein Porträt seiner Vorsitzenden Margarete Jodl (1859–1937).

Der „Trattnerhof" am Graben 29 ist um die Ecke zu betreten. Ein nobles Haus mit altem Kabinenaufzug, links davon ein Paternoster; geht man/ frau die Stufen hinauf, kann man/frau die farbigen Glasbilder bewundern: ein junger Adonis, arbeitende Männer. An die Frauen hier im Haus erinnert einzig ein noch erhaltenes Schild: „*Für Damen*" steht in alten Schriftzügen vermerkt.

Im „Trattnerhof" trafen sich die Frauen des ersten „Wiener Frauenklubs" unter dem Vorsitz Margarete Jodls; die konstituierende Versammlung wird mit 29. Mai 1900[68] in den „Dokumenten der Frauen" angegeben, gegründet sei er am 15. November 1900[69] geworden, besagt eine andere Quelle.

Obgleich er stets als „der Erste" tituliert wird, war der „Wiener Frauenklub" keinesfalls der erste Treffpunkt seiner Art in der Donaumetropole. Seit 1899 gab es bereits den „Frauenklub Aufwärts", zuerst mit einer Adresse im 4. Bezirk, in der Wiedner Hauptstraße 51. 1900 übersiedelte dieser Klub in die damalige Reichrathstraße 15 [heutige Reichsratsstraße] im 1. Bezirk.

„*Der Salon mit den bequemen Divans und Fauteuils, in denen man versinkt wie in Apfelmus, mit den grossen, fragenden Blumenaugen auf allen Möbelstoffen – das Lesezimmer mit seiner imponirenden Reichhaltigkeit an Lectüre, die fast alle modernen Zeitschriften und eine grosse Anzahl Zeitungen umschliesst [...] – das Billard-room mit den famosen Grotesken an den Wänden, – ein zerschnittenes Kinderbilderbuch von Nicolson!! – das Spielzimmer in seiner roth-grünen Freundlichkeit – alle diese Räume athmen anheimelnde Vornehmheit [...]*",[70] schwärmte die Schriftstellerin Grete Meisel Hess nach der Eröffnung des „Wiener Frauenklubs".

Die Vorsitzende Margarete Jodl, die Tochter eines Schriftstellers und einer Kammersängerin, war übrigens mit einem der Mitbegründer der Wiener Volksbildung verheiratet. Das Paar lebte in der Reithlegasse 13[71] im 19. Wiener Gemeindebezirk. Wie so oft ist die Schilderung eines Frauenlebens von den Umständen der Zeit abhängig. Im Wien der Wende vom 19. zum 20. Jahrhundert wird Margarete Jodl als eine dargestellt, die überwiegend ihrem Mann „*auch als Sekretärin treu zur Seite* [stand] *und regen Anteil an seinen wissenschaftlichen und kulturellen Bestrebungen* [nahm]".[72] Blieb ihr dann noch Zeit, so sei sie selbst kreativ tätig gewesen, „[...] *wobei ihr Hauptinteresse zunächst der Malerei galt. Ganz selbständig entwickelte sich dabei ihre schriftstellerische Begabung, die sie in erster Reihe dazu benützte, dem Lebenswerk ihres frühverstorbenen Gatten* [1914] *ein Denkmal zu setzen.*"[73]

Darüber hinaus engagierte sich Margarete Jodl für die Errichtung dieses ersten Frauenklubs in Wien. Im Vorstand desselbigen finden sich bekannte Namen: Marie Lang als Vizepräsidentin, die Übersetzerin Marie Franzos, die auch die anspruchsvolle Bibliothek betreute, sowie Margarete Minor und Dr. Gabriele Possaner. Seinem Ziel, die Klassengegensätze aufzuheben, konnte der erste „Wiener Frauenklub" jedoch nicht nachkommen, er *„besaß unter der Klub-Leiterin Berta Weiss eher elitären Charakter und mußte wohl aus diesem Grund bereits nach einem Jahr, am 31. Juli 1901, aufgelöst werden."*[74]

In den Räumen des „Trattnerhofes"[75] hatte für einige Zeit auch der „Allgemeine österreichische Frauenverein", der 1893 gegründet worden war und insbesondere die Handschrift Rosa Mayreders und Auguste Fickerts trug, seinen Standort. Der Nachfolger des ersten „Wiener Frauenklubs", der Ende Juli 1901 geschlossen werden musste, wurde im Juni 1903 von Fickert im „Neuen Frauenleben" angekündigt, dieses Mal jedoch mit Sitz in den Tuchlauben.

Trattnerhof

Jungferngasse: 15

Wo sich die Gasse verengt.
Oder: Eine Sage rund um ein Stelldichein.

Was die WienerInnen urkundlich seit 1414 „daz lückelin" oder „das Luckel" nannten, wurde zu Beginn des 18. Jahrhunderts als Jungferngasse bezeichnet. Dies ist seit 1862 amtlich. Die Jungferngasse ist ein eher schmaler und kurzer Durchgang vom Graben zum Petersplatz.
Hintergrund für diesen auffallenden Namen bildet – neben der Optik des Weges – folgende Sage[76]: Auf der einen Seite des Gässchens lebte eine Jungfrau namens Frowiza; gegenüber, im Haus des Ratsherrn Knogler, lebte dieser mit seinem Sohn Stephan. Über das Gässchen spannte sich ein Bogen, welchen der junge Mann nützte, um Frowiza, die ihm gefiel, zu besuchen. Eines Nachts nun, vermutlich war Stephan Knogler auch nicht mehr ganz nüchtern, erwischte der Vater den jungen Mann bei seinem Balanceakt. Als dieser ihn erbost fragte, was der Sohn denn da oben treibe, erschrak Stephan Knogler so sehr, dass er das Gleichgewicht verlor, abstürzte und sich das Genick brach.

16   Tuchlauben 11:

Wo der „Neue Frauenklub" beheimatet war: Zwei ebenda engagierte, doch konträre Frauen mit einem Ziel: die Gärtnerin Yella Hertzka (1873–1948) und die Schriftstellerin Dora von Stockert-Meynert (1870–1947).

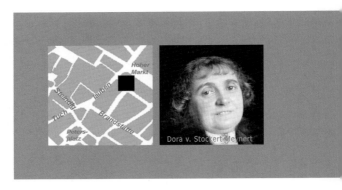

Dora v. Stockert-Meynert

Was mag eine Gärtnerin mit einer Schriftstellerin gemein haben? Vieles. Nicht nur im Bereich der Kreativität. Yella Hertzka und Dora von Stockert-Meynert waren beide im „Neuen Frauenklub" in der Tuchlauben 11 engagiert, denn dort entstand 1903 der ehedem im „Trattnerhof" am Graben 29 beheimatete erste „Wiener Frauenklub" neu.

Unter den Gründerinnen des „Neuen Frauenklubs" finden sich Helene Forsmann, Ernestine von Fürth, Editha Mautner von Markhof, Caroline Gronemann, Clara Wittgenstein und Yella Hertzka sowie Dora von Stockert-Meynert.

Der „Neue Frauenklub" bestand aus einem Salon, einem Speisezimmer und einem Lesezimmer mit Bibliothek. „[V]*iele der Klubmitglieder lebten mit einer Freundin oder mit der Schwester, blieben unverheiratet, verdienten ihren Lebensunterhalt selbst und engagierten sich in vielfältiger Weise für Frauen.*"[77] Nicht nur deshalb griffen sie gerne auf die sozialen und gesellschaftlichen Angebote des „Frauenklubs" zurück: neben der Möglichkeit eines Mittagstischs wurden auch diverse Veranstaltungen wie Ausstellungen, Vorträge, Kurse, Musikveranstaltungen oder literarische Gruppen und diverse Ausflüge organisiert.

Zudem hielten „[...] *einzelne Frauenvereine* [...] *im Klub Beratungsnachmittage ab*";[78] so befand sich hier auch eine so genannte „Auskunftsstelle für Fraueninteressen". Diese informierte über „*Fragen der Berufswahl der Frauen, über Erwerbsmöglichkeiten der Frauen und alle Auskünfte über Vereinswesen, sowohl im Inland als im Ausland.*"[79]

Die Erzählerin und Lyrikerin Dora von Stockert-Meynert, die in der Mariahilfer Straße 5 im 6. Wiener Gemeindebezirk wohnte, erhielt für ihr Drama „Die

Blinde" (1908) den niederösterreichischen Landespreis. 1926 wurde sie mit dem Ebner-Eschenbach-Preis ausgezeichnet. Dora von Stockert-Meynert verfasste 1930 die für die österreichische Kulturgeschichte aufschlussreiche Biographie ihres Vaters „Theodor Meynert und seine Zeit". Sie war Mitglied des P.E.N.-Clubs und nach dem Ersten Weltkrieg Präsidentin des „Vereines der Schriftstellerinnen und Künstlerinnen", der damals in der Rathausstraße 5 im 1. Wiener Gemeindebezirk beheimatet war.

Zu den Gründungsmitgliedern jenes Vereines im Jahr 1885 zählten so bekannte Frauen wie Betty Paoli und Ada Christen; letztere erregte mit ihren erotischen und sozialkritischen Gedichten Aufsehen. Im Vorstand des „Vereins für Schriftstellerinnen und Künstlerinnen" engagierten sich Dora von Stockert-Meynerts Vorgängerin Marie von Ebner-Eschenbach sowie die Lyrikerin Marie von Najmájer.

Yella Hertzka war ein weiteres Gründungsmitglied des „Neuen Frauenklubs". Sie hatte an der höheren Gartenbauschule in Bad Godesberg im Rheinland eine gehobene gärtnerische Ausbildung erhalten und initiierte 1913 im 19. Wiener Gemeindebezirk die erste höhere zweijährige Gartenbauschule für Mädchen, die sie bis zu ihrer Emigration 1938 leitete. Dem „Neuen Wiener Frauenklub" stand sie von 1909 an als Präsidentin vor; unter ihrer Leitung stieg seine Beliebtheit auffallend. Als sie diese Position 1933 aufgab, blieb sie dem Klub dennoch als Ehrenpräsidentin verbunden.

1919 entstand eine österreichische Sektion der 1915 in Den Haag gegründeten „Internationalen Frauenliga für Frieden und Freiheit" (IFFF) unter dem Vorsitz Rosa Mayreders. Yella Hertzka stand dem österreichischen Zweig von 1921 bis zu seiner Auflösung 1938 als Präsidentin vor. Sie organisierte in Wien 1921 den dritten Internationalen Kongress der Liga sowie 1929 die Minoritäten-Konferenz und setzte sich besonders für die Rückführung Kriegsgefangener sowie für internationale Wirtschaftsfragen ein.

Yella Hertzka war es, die Josef Hoffmann zur 1912 bis 1913 entstandenen „Villenkolonie Kaasgraben" in der Kaasgrabengasse, Ecke Suttingergasse, im 19. Wiener Gemeindebezirk anregte. Ebenso unterstützte sie die Gründung eines Cottage-Lyzeums (1903) durch Dr. Salome Goldman. Diese Privatschule, die sich in der Gymnasiumstraße 79 im 19. Bezirk befand, erhielt 1905 das Öffentlichkeitsrecht und wurde ab 1913/14 als Realgymnasium geführt, bis die Schule 1921 wegen finanzieller Schwierigkeiten geschlossen werden musste.

Villenkolonie Kaasgraben

Villenkolonie Kaasgraben

Hierbei handelt es sich auch um jenes Cottage-Lyzeum, das Anna Freud von 1905 bis 1911 als Schülerin besuchte und wohin sie nach ihrem Examen als Volksschullehrerin sowie ihrem Kandidatinnenjahr zurückkehrte. Fünf Jahre war Anna Freud dort als überaus beliebte Lehrerin und baldige Assistentin und Sekretärin Dr. Goldmans tätig.

An Yella Hertzkas Gartenbauschule war ein Park angeschlossen, in dem sie Feste veranstaltete, an denen viele führende Persönlichkeiten des Wiener Musiklebens und international bekannte Komponisten teilnahmen*. Wie eine Gärtnerin um 1900 zu Kontakten zur Musikszene kam? Yella Hertzka heiratete 1897 den Musikverleger Emil Hertzka und gehörte nach seinem Tod dem Aufsichtsrat seiner „Universal-Edition" an. Die 1901 gegründete „Universal-Edition" war der führende Verlag für zeitgenössische Musik zu Beginn des 20. Jahrhunderts. Yella Hertzka förderte insbesondere auch junge Talente wie zum Beispiel Gottfried von Einem.

Über die Jahre der Emigration Yella Hertzkas ließ sich einzig in Erfahrung bringen, dass sie aufgrund ihrer beruflichen Kenntnisse als Gärtnerin überlebte. Die „Universal-Edition" war 1938 durch Arisierung enteignet und von 1940 bis 1945 mit dem Leipziger Peters-Verlag fusioniert worden. 1946 kehrte Yella Hertzka nach Wien zurück und bemühte sich um den Wiederaufbau des Musikverlages ihres verstorbenen Mannes. Dieser hat heute seinen Firmensitz am Karlsplatz 6.[80]

17 Kleeblattgasse 7:

Redaktion der „AUF!": Eine Bewegung und ihre Zeitschrift.

Hier, in dieser Quergasse zur Tuchlauben, befinden sich die Redaktionsräume der ältesten deutschsprachigen Frauenzeitschrift „AUF", die in mehr als einer Ansicht Anstoß erregte. Davon zeugen auch die rotumrandeten Schaufenster, hinter deren Glasscheiben dokumentiert ist, was hier geschah und geschieht: Im Jahr 1972 sammelten sich in Österreich Frauen, um die Gesellschaft in Bewegung zu bringen; „Aktion Unabhängiger Frauen", so nannten sie sich. Die Zeitschrift „AUF!", die seit 1974 viermal jährlich erscheint, wurde zu ihrem Sprachrohr und Diskussionsforum.

In der ersten Nummer der Zeitschrift, welche die thematische Bandbreite „Familie-WG-Fristenlösung-Hausfrauenlohn-Familienrechtsreform" behandelte, gaben sie eine Grundsatzerklärung unter dem Titel „Was will die Frauenbewegung?" ab.

Die „AUF"-Frauen prägten den Slogan „Das Private ist politisch", weil sie in dem vermeintlichen Gegensatz die Wurzel der Ungleichheit sahen und sehen; dem gemäß sind auch Probleme und Erfahrungen der Frauen nicht als individuelle und persönliche zu werten, sondern im Zusammenhang mit den Strukturen der Gesellschaft.

Auslagengestaltung

Redaktionssitz der „AUF"

„[Ich] *komme* [...] *zu dem erstaunlichen Schluß, dass die AUF nur funktioniert*[,] *weil und obwohl sie eigentlich nicht funktioniert. Oder das ist die Stärke und gleichzeitig die Schwäche der AUF, dass sie nicht funktioniert. Jedenfalls nicht so funktioniert*[,] *wie es sich für eine anständige politische Organisation gehört. Aber gerade dann, wenn wir am Rande der Verzweiflung stehen und feststellen, was für ein chaotischer Sauhaufen wir eigentlich sind, klappt dann immer wieder doch noch alles ... Denn die AUF funktioniert, weil sie eine Frauenbewegung ist, weil die Frauen, die in der AUF sind, eine Entwicklung und dadurch eine Befreiung mitmachen und weil diese Befreiung, die sich zunächst nach Innen richtet, innerhalb der Gruppe, innerhalb der AUF, unsere wichtigste politische Arbeit ist. Und weil dieser Befreiungsakt im Widerspruch zu jeder hierarchischen Organisation und Ordnung steht.*"[81]

Am Hof 11 / „Sesam-Verlag": 18

Hier befand sich der „Sesam-Verlag", der von der Schriftstellerin Helene Scheu-Riesz (1880–1970) gegründet wurde.

1934 (andere Quellen geben 1937 an) musste Helene Scheu-Riesz in die USA emigrieren, was sich in einem Zeitungsartikel vom 15. September 1950, zum 70. Geburtstag Helene Scheu-Riesz', wie folgt liest: „*1880 als Angehörige der Familie Scheu, die in der Wiener Arbeiterbewegung eine führende Rolle gespielt hat, geboren, wirkte sie in Wien als freie Schriftstellerin, Pädagogin und Verlagsleiterin und übersiedelte im Jahre 1934 nach Amerika, wo sie in New York als Inhaberin eines Verlagshauses und als Übersetzerin tätig ist.*"[82]

So freiwillig wie dies hier dargestellt ist, war der Ortswechsel jedoch nicht.

Auch wenn es Helene Scheu-Riesz nicht gelungen sein mag, die Idee einer eigenen Universalbibliothek für Kinder in der von ihr erdachten Form umzusetzen, so seien doch ihre Leistungen als Schriftstellerin sowie als Übersetzerin und Herausgeberin betont. Zu Beginn des 20. Jahrhunderts zählten „Gerlachs Jugendbücherei" und „Konegens Kinderbücher" zu den führenden Kinder- und Jugendbuchserien hierzulande; letztere wurde seit 1910 von der Verlags- und Kommissionsbuchhandlung Carl Konegen in Wien herausgegeben. Für diese arbeitete Helene Scheu-Riesz damals bereits;[83] sie gab den jungen GästInnen in den Leseräumen Milch und Kakao aus und bezeichnete die Lesesäle nach dem Motto des Märchens „Ali Baba und die vierzig Räuber" als „Sesam-Leseräume".

Als im Spätherbst 1923 in Wien der Verlag gegründet wurde, nannte sie ihn analog hierzu „Sesam-Verlag"; Geschäftsführer waren zwar zwei Männer, unter anderem Emil Hertzka, Gatte Yella Hertzkas, der Gründerin der ersten höheren zweijährigen Gartenbauschule für Mädchen in Wien. Emil Hertzka war Eigentümer des bekannten Musikverlages „Universal-Edition"; dies mag auch Ursache dafür sein, dass die inhaltliche Linie des Verlagsprogramms des „Sesam-Verlages" von Anfang an von der Herausgeberin und Schriftstellerin Helene Scheu-Riesz bestimmt wurde. Sie führte auch die Reihe „Konegens Kinderbücher" fort, die bereits 115 Nummern umfasste, änderte jedoch den Titel in „Bunte Sesam-Bücher" ab.

Helene Scheu-Riesz' sozialer Haltung entsprach auch die Zielsetzung des „Sesam-Verlages", Schund und Kitsch einzudämmen und die besten Werke der Weltliteratur preiswert zu veröffentlichen. Die „Kleinen Sesam-Bücher" umfassten ca. 20 Seiten, waren künstlerisch wertvoll gestaltet und wurden sowohl als Schul- wie auch als Geschenkausgabe konzipiert.

Helene Scheu-Riesz, die sich in erster Linie als Autorin sah, hatte – nach dem Besuch der ersten gymnasialen Mädchenschule des „Vereins für erweiterte Frauenbildung" – Englisch und Philosophie an der Universität Wien studiert. 1904 heiratete sie einen Juristen, der auch sozialdemokratischer Stadtrat der Ersten Republik war, jedoch bereits 1935 starb. Um ihre beiden Kinder und den Haushalt kümmerte sich eine Hausangestellte.[84]

Helene Scheu-Riesz' enge Freundschaft mit Eugenie Schwarzwald förderte ihre Auseinandersetzung mit Fragen der Sozialreform, der Erziehung, der Pädagogik und der Schulbildung; so trat Helene Scheu-Riesz in zahlreichen Artikeln für eine Reform des Schulsystems ein. Eine Sammlung ihrer Essays erschien 1921 unter dem bezeichnenden Titel „Wege zur Menschenerziehung" in der Reihe „Bücher für Frieden und Freiheit" des Verlags „Frisch & Co".[85]

Helene Scheu-Riesz beteiligte sich an den Aktivitäten des „Wiener Frauenklubs", schloss sich später den sozialdemokratischen Frauenorganisationen an und stand der „Internationalen Frauenliga für Frieden und Freiheit" (IFFF) nahe, in der sich auch Yella Hertzka engagierte.

Als Schriftstellerin debütierte Helene Scheu-Riesz bereits 1904 mit dem Roman „Werden", zwei Lyrikbände folgten.

Es gelang Helene Scheu-Riesz nach ihrer Emigration in die USA im Jahr 1934 (oder 1937), den „Sesam-Verlag" weiterzuführen und zudem die „Island Workshop Press" zu gründen; diese wurde danach in „Island Press" umbenannt (in manchen Quellen auch als „Island-Edition" oder „Island Pres" bezeichnet). 1952 folgte der „Verlag Helene Scheu-Riesz", der zwei Jahre danach seine Tätigkeit bereits wieder einstellte.

Helene Scheu-Riesz organisierte auch Hilfsleistungen für die Nachkriegsjugend in Österreich. 1954 kehrte Helene Scheu-Riesz nach Wien zurück, setzte sich erneut mit Schulfragen auseinander, schuf Nacherzählungen von Märchen und übersetzte Kinderliteratur aus dem Englischen. Bis zu ihrem Tod am 8. Jänner 1970 lebte sie im „Scheu-Haus" in der Larochegasse 3 in Hietzing, welches sie von 1914 an bewohnt hatte. Dieses Haus gilt als erstes modernes Terrassenhaus (1912 – 1913) in Mitteleuropa, dessen Architekt Adolf Loos war. Helene Scheu-Riesz ist auf dem Wiener Zentralfriedhof begraben.

Am Hof 11: **19**

Sitz der „Vereinigung der arbeitenden Frauen": Porträts zu Caroline (Karoline) Gronemanns (1869–1911), Vorkämpferin für die Frauenberufsbildung, der Pionierin der Berufsberatung Olly Schwarz (1877–1960), der Schriftstellerin Anna Hottner-Grefe (1867–1946) und der Journalistin Maria Leopoldine Klausberger (1888–1944).

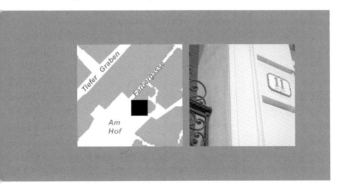

„Oder sollte vielleicht die Frauenbewegung, die ja zu Anfang wohl nur von ein paar Frauen hie und da verfochten wurde, die Köpfe so vieler erhitzt haben, daß sie unter allen Umständen und um jeden Preis selbständig werden wollten? Nichts von alledem! Die Frauen sind weder abenteuerlustig geworden, noch ist der Frauenerwerb eine Folge der Emanzipationsbestrebungen Einzelner. Die Wurzel sitzt ganz wo anders.

Wir müssen den Umschwung der wirtschaftlichen Verhältnisse ins Auge fassen, die Umwälzung, die die veränderte Produktionsweise in unserem Wirtschaftsleben herbeiführte, die die Hausarbeit und die Hausindustrie im früheren Sinne, überflüssig machte. Eine Menge von Menschenkräften auf allen Gebieten wurde frei und nicht mehr verwendet. Die Menschen selber aber hatten die gleichen, wenn nicht gesteigerten Lebensbedürfnisse. Dieser Überfluß und Überschuß an Kraft und Material verbilligte noch außerdem die Leistung des [E]inzelnen, es trat eine Verschiebung der Werte der Arbeit und des Geldes ein. Die Deckung der Lebensbedingungen des Einzelnen und seiner Familie wurde dadurch immer schwieriger, es wurde die Kaufkraft des Einzelnen geschwächt und durch die fortschreitende Teuerung ganz unzulänglich."[86]

1911 schreibt Caroline Gronemann dies in einer Rede. Sie gründete die „Vereinigung der arbeitenden Frauen" als Interessensvertretung der Privatangestellten mit dem Ziel, die wirtschaftliche wie auch die soziale Lage berufstätiger Mittelstandsfrauen zu erleichtern.

Die Vereinigung forderte *„gleiche Rechte bei gleicher Leistung"*; dennoch grenzten sich die Vereinsmitglieder mehrheitlich – gemäß der Wortwahl Olga Fleischners – gegen *„die Sektiererinnen"*[87] ab. Was der gemäßigtere Flügel der Frauenbewegung dem progressiveren in erster Linie vorwarf, liest sich wie folgt:

„Der Befreiung der Frau war ihre [Gronemanns] *Schöpferkraft geweiht. Nicht der Befreiung in dem vulgären Sinn, wie ihn damals die extrem gerichteten, sektiererhaft auftretenden Frauenrechtlerinnen als Befreiung vom Manne verstanden, sondern der ganz realen Befreiung von Unterdrückung im kulturellen und wirtschaftlichen Leben der ‚arbeitenden Frau'.*"[88]

Ein Disput, der uns Jahrzehnte später noch immer begegnen wird – hier soll kurz auf Hertha Firnberg und Johanna Dohnal verwiesen sein, wobei Letztere die Auffassung vertrat, *„mit den Frauen, nicht für die Frauen"* und Erstere ein Eintreten für bessere Arbeitsbedingungen aller zur Maxime erklärte, denn „gegen den Mann" zu sein, helfe gar nichts.[89]

Caroline Gronemann, die bereits mit sechzehn Jahren für die Wiener Südbahndirektion zu arbeiten begann, war der Überzeugung, das „Standesgefühl" der Frauen (berufliches Wissen und Selbstbewusstsein also) sei mittels fortgesetzter Ausbildung zu heben. Deshalb solle die „Vereinigung" kostengünstige Abendkurse zur Weiterbildung in Hauswirtschaft und im Berufsleben anbieten, welche inhaltlich folgende Bereiche umfassten: Handelsschule, Frauengewerbeschule, Koch- und Haushaltungsschule, Erzieherinnen- und Bonnekurse, Schneidereiunterricht sowie eigene Kurse für die Jugend, *„[...] um sie zu stählen für den Kampf im Leben und Beruf.*"[90] Aufgrund der zahlreichen Seminar-Angebote – im Jahr 1911 waren es über 50 – wurde die „Vereinigung" zu einem wichtigen Bestandteil des Mädchenschulwesens. Abgesehen von den Bildungsangeboten organisierte frau auch einen Mittagstisch für Mitglieder sowie diverse Unternehmungen in Form von Vorträgen, Ausflügen, musikalischen oder literarischen Darbietungen, damit *„die Geselligkeit nicht zu kurz käme"*.[91] Sogar Urlaubsheime wurden errichtet. Caroline Gronemann plante – ähnlich Auguste Fickert – ein Heim für allein stehende erwerbstätige Mädchen und Frauen. Es sei ihr *„letzter Lebensgedanke"*[92] gewesen, den geplanten Bau dieses Heimes noch zu sehen, was ihr aber nicht vergönnt war; ein Schicksal, das sie übrigens mit Auguste Fickert teilte, denn auch diese erlebte die Eröffnung des realisierten Wohnprojektes „Heimhof" in der Peter-Jordan-Straße 32–34 nicht mehr.

Marianne Hainischs Idee einer Berufsberatungsstelle nahm Caroline Gronemann begeistert auf. Olly Schwarz oblag es, die Beratungsstellen der „Vereinigung" auszubauen.

Schon als Jugendliche hatte diese Frau großes Interesse für soziale Fragen entwickelt, erste frauenemanzipatorische Ideen entstanden unter dem Einfluss der Dramen Henrik Ibsens. Olly Schwarz lernte Prof. Ludo Hartmann, den Gründer des „Universitäts-Dozenten-Vereins" kennen, der außerdem die Bestrebungen um höhere Frauenbildung unterstützte. Er war einer der Mitbegründer der „Vereinigung österreichischer Hochschuldozenten", aus der heraus das „Athenäum" mit seinen Bildungsangeboten für Frauen entstand. Olly Schwarz wurde bald in den Arbeitsausschuss dieser Vereinigung gewählt.

Olly Schwarz

Auch im „Neuen Wiener Frauenklub" engagierte sich Olly Schwarz und betreute die Musikabteilung. Doch ihr eigentliches Interesse galt der Frauenbildung: Gemeinsam mit der Physikerin Olga Steindler entwickelte Olly Schwarz die Idee einer Handelsschule für Mädchen. 1906 wurde der „Verein für höhere kommerzielle Frauenbildung" gegründet, bereits mit Herbst 1907 konnte eine Schule in der Stephaniestraße 16 (ab 1919 Hollandstraße genannt) im 2. Wiener Gemeindebezirk mit einer großen Schülerinnenzahl eröffnen. Auch ein Abiturientinnenkurs wurde angefügt. Olga Steindler wurde Direktorin, Olly Schwarz Kuratorin der Schule.

Olly Schwarz erkannte bald, dass Berufsberatung ein wichtiges Anliegen war, sollten die Frauen nicht alle in einige wenige Berufszweige strömen wollen. Da diese vorerst in der „Vereinigung der arbeitenden Frauen" eher marginal betrieben wurde, beschloss Olly Schwarz, sich darin zu schulen und einen vierwöchigen Kurs für Berufsberaterinnen in Berlin zu absolvieren. Den „Bund österreichischer Frauenvereine" gewann Olly Schwarz 1916 für die Idee, eine „Zentralstelle für weibliche Berufsberatung" zu errichten. Fortan stritt sie für eine Übernahme der bislang privaten Beratungsstellen durch die Gemeinde: Nach dem Ersten Weltkrieg wurden beim „Arbeitsnachweis der Stadt Wien" erste Kurse für BeamtInnen eingerichtet und Olly Schwarz hielt dort Einführungen in die Praxis der Berufsberatung. Erst 1917 wurde das Berufsberatungsamt von der Gemeinde übernommen. Im Laufe der Jahre wurde dieses zu einem Vorzeigeprojekt Wiens. Die Beratungsstellen der „Zentralstelle" wurden 1922 eingegliedert. Doch Erfolg weckte zu allen Zeiten auch Neid, hinzu kam der zunehmende Austrofaschismus. Das Gemeindebudget wurde gekürzt, die Berufsberatung konnte nur durch die Angliederung an das Landesarbeitsamt für Wien gerettet werden. Olly Schwarz wurde in Pension geschickt. Trotzdem blieb sie weiterhin Vorsitzende der „Zentralstelle" und organisierte berufskundliche Führungen und Vorträge. Darüber hinaus engagierte sich Olly Schwarz auch parteipolitisch: Als erstmals Frauen die Teilnahme an der Wahl zum konstituierenden Nationalrat gestattet wurde, ließ sie sich für die – chancenlose – Demokratische Partei des Dr. Julius Ofner als Wahlkandidatin aufstellen. Nachfolgender Bericht verdeutlicht gut das Empfinden an Politik interessierter Frauen ihrer Generation:

„Der Wahltag rückte heran. Mit klopfendem Herzen betrat ich das Wahllokal. Der Andrang war sehr groß und ich hatte Zeit, mir durch den Kopf gehen zu lassen, was wir Frauen gelitten, erkämpft und erreicht hatten. Jetzt gab es keine Wahlvorschrift mehr: ‚Minderjährige, Schwachsinnige und Frauen haben kein Wahlrecht.' Mit zitternder Hand warf ich den Wahlzettel in die [U]rne, aber mit erhobenem Haupt verließ ich die Zelle, politisch großjährig, mit gleichen Bürgerrechten."[93]

Der Wahlausgang war eine Niederlage beider demokratischer Parteien, die aufgrund ihrer Zersplitterung keinen einzigen Kandidaten durchbrachten. Nach dieser Erfahrung schloss sich Olly Schwarz der Sozialdemokratie an und engagierte sich ab 1933 auch in der Flüchtlingsfürsorge der „Liga für Menschenrechte".

So wie sich Olly Schwarz' Vorhaben mit Eigendynamik entwickelte, erging es auch Caroline Gronemanns Initiative, der „Vereinigung der arbeitenden Frauen". Als Caroline Gronemann 1911 starb, waren aus einigen an Abendkursen Interessierten bereits 1.300 Schülerinnen geworden und die „Vereinigung" hatte Zweigstellen in anderen Städten. Nicht nur den anfänglich angemieteten Räumen in Eugenie Schwarzwalds Schule am Franziskanerplatz 5, sondern auch den Räumlichkeiten des „Neuen Frauenklubs" in den Tuchlauben 11 war frau mittlerweile entwachsen, weshalb ab 1907 eigene Räumlichkeiten in Am Hof 11 als Vereinssitz dienten.

Die „Vereinigung" verfügte über ein eigenes Blatt, welches zuerst in eher einfacher Aufmachung und ebenso schlicht „Mitteilungen" hieß. Als diese Zeitschrift „zu klein" wurde, entstand daraus die Zeitung „Österreichische Frauenrundschau" (erschien bis 1915), deren Redaktion damals bereits

Maria Leopoldine Klausberger übernahm, die später auch Caroline Gronemanns Nachfolgerin als Leiterin der „Vereinigung" wurde.

Maria Leopoldine Klausberger begann nach einer Ausbildung am Mädchenlyzeum und dem Unterricht als außerordentliche Hörerin an der juristischen Fakultät der Universität Wien als Journalistin beim „Österreichischen Volkswirt", den sie von 1934 bis 1938 allein herausgab und verlegte. Neben ihrer Tätigkeit in der „Vereinigung der arbeitenden Frauen" engagierte sie sich auch als Vizepräsidentin in der „Zentralstelle für weibliche Berufsberatung".

1918, als zahlreiche Frauen nach dem Ersten Weltkrieg erneut in ihr Heim gedrängt werden sollten, wurde Maria Leopoldine Klausberger in einer eigens gebildeten Kommission für Frauenarbeit im Sozialministerium tätig. Auch das Frauenwahlrecht war ihr ein Anliegen, und da dieses endlich erreicht war, setzte sie sich für eine staatsbürgerliche Schulung der Wählerinnen ein.

Offiziell geehrt wurde Maria Leopoldine Klausberger 1930 mit dem Goldenen Ehrenzeichen für Verdienste um die Republik Österreich – doch nicht für all ihre Tätigkeiten in Kommissionen, Vereinigungen und Vereinen, sondern speziell für ihre ausländische Berichterstattung.

Von Anfang an waren in der „Vereinigung der arbeitenden Frauen" auch Marie Hauptig sowie die Schriftstellerin Anna Hottner-Grefe tätig, welche im 5. Bezirk, in der Ramperstorffergasse 48 wohnte.[94]

Anna Hottner-Grefe, die als Kind noch Zuhause unterrichtet wurde, interessierte sich bereits als Jugendliche besonders für Literatur. Ihre ersten literarischen Versuche, die sie 1888 im „Wiener Tageblatt" veröffentlichte, wurden positiv aufgenommen; dennoch wandte sie sich fortan dem Feuilleton zu, schrieb für die „Neue Freie Presse", das „Neue Wiener Tageblatt", die „Sonn- und Montags-Zeitung", das „Neue Wiener Journal" u.s.w. Auch in verschiedenen Zeitschriften wie die „Jugendschriften", die „Österreichische Jugend-Zeitung", die „Jugendheimat" und die „Jugendlaube" erschienen Artikel für ein jüngeres Publikum. Eine längere Erzählung für junge Mädchen mit dem Titel „Aus der Jugendzeit" sowie „Männer eigener Kraft" und 1896 die Märchensammlung „Der Jugend Wunderborn" stammen von ihr. Darüber hinaus war sie Autorin einiger Schriften, die in der Reihe „Frauen der Liebe. Eine Sammlung interessanter Frauenschicksale" herausgegeben wurden und so bezeichnende Titel wie z. B. „Prinzessin Elisabeth Tarakanow, die Rivalin der Zarin" tragen. Als selbstständige Redakteurin leitete sie von 1894 bis 1896 die Monatsschrift „Frauenleben" und schrieb für diese und manch andere Frauenzeitung Feuilletons, Novelletten und Fach-Aufsätze wie „Der Concurrenzkampf der Frau", „Der k. k. Central-Spitzencurs in Wien" oder „Aus der Tanzstunde". 1895 heiratete Anna Hottner-Grefe einen Magistratsbeamten. Als Nachfolgerinnen der verstorbenen Caroline Gronemann wurden Maria Leopoldine Klausberger, die Gewerbeinspektorin Alice Ritter und Ida Mauthner ernannt.

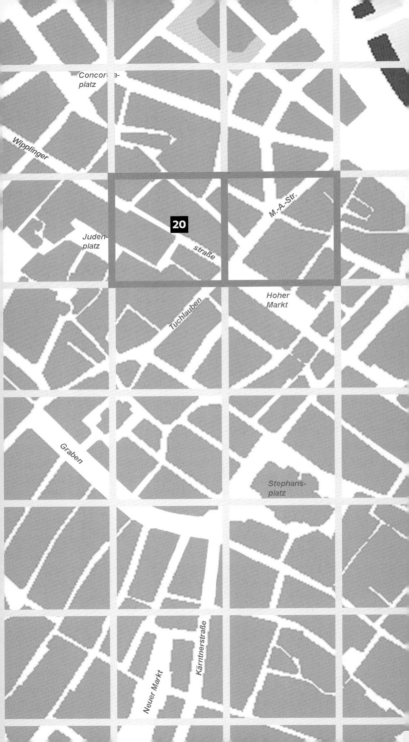

Wipplingerstraße 6–8 / Altes Rathaus **20**

Wo die Gründungsversammlung des „Allgemeinen Österreichischen Frauenvereins" stattfand: Ein Porträt seiner streitbaren Vorsitzenden Auguste Fickert (1855–1910) sowie deren Freundin Ida Baumann (1845–1913) und der „anderen Frauen".

„*Wie können Sie nur den leichtesten Zweifel hegen, ob ich hier bleiben will, wenn Sie kommen? Bliebe ich doch wahrscheinlich auch, wenn Sie wo anders hingehen, und nun gar, wenn ich erwarten könnte, Sie hier zu sehen!!*"[95]

Schon zu Beginn der Schulferien war der Abschied tränenreich geworden, zumindest für Ida Baumann, die sich selbst als klein und zierlich beschreibt, was Auguste Fickert, den „*langen Engel*",[96] wie Ida Baumann sie nannte, dazu brachte, zu spaßen, es werde, dort, wo Ida Baumann sei, sicher wieder regnen, da sie ja so leicht weine: „*Bedauern Sie mich, es regnet, trotzdem ich so wenig wie möglich Thränen vergossen habe. Da ich weiß, daß Sie poetische Gaben lieben, lege ich Ihnen in Ermangelung eines 4 blättrigen 2 dreiblättrige Kleeblätter ein, gedenken Sie dabei in Liebe Ihrer Ida.*"[97]

Wer Auguste Fickert über Ida Baumann kennen lernt, erhält nicht nur einen völlig anderen Eindruck dieser Vorkämpferin für Frauenrechte, sondern auch einen realistischeren:

Sie zeigte „*in ihrem Charakter Widersprüche eigentümlicher Art. Opferfähig im höchsten Grade, von einer Güte, die sie an sich selbst vergessen ließ, hilfsbereit, wo sich nur eine Gelegenheit bot, liebenswürdig, daß man ihr nicht widerstehen konnte, konnte sie doch die ihr Nahestehenden mitunter schmerzlich verletzen. Manchmal, ich will es gestehen, fühlte ich mich deshalb gedemütigt. Allein wir versöhnten uns immer wieder, denn sie* [!] *war eine großangelegte Natur.*"[98]

Als Vorsitzende des von ihr gegründeten „Allgemeinen österreichischen Frauenvereins" galt sie als streng und unnachgiebig, sie war „*kompromisslos aktiv, wenn es g*[a]*lt, ein Unrecht aufzudecken*"[99] und forderte absolute Loyalität ein:

„Der Tod hat eine Kämpferin für Frauenrecht und -Bildung vom Kampfplatze gerufen, auf dem die Stelle, die sie einnahm, wohl leer bleiben wird. Auguste Fickert war mit ihren grossen Vorzügen und kleinen Schwächen eine so eigenartige Individualität, dass sie keine Nachfolgerin ihrer Art haben wird."[100]

Diese Zeitzeugin beschreibt weiters, wie rührend sich Auguste Fickert um ihre kranke Mutter gekümmert hat, die zudem „so anders" lebte als die Tochter; Gründe hierfür gibt die Biographin nicht an, doch liegt die Vermutung nahe, dass es sich dabei um eine Anspielung auf Auguste Fickerts Homosexualität handelt.

„Wir glauben", fährt die Verfasserin des Nachrufs fort, *„dass der Hinweis auf Auguste Fickerts Familienleben nötig ist, weil deren sozialpolitische Gegner sich vor den persönlichsten Angriffen nicht scheuten. Hier soll sogleich gesagt werden, dass die Heimgegangene eine Lebensführung hatte, die der Frauenbewegung zur Ehre gereicht. Erinnert man sich der Anschuldigungen, die gegen sie seinerzeit erhoben wurden, so kann man daraus den Grad des Hasses ermessen, der gegen sie agitierte. Viel Feind viel Ehr konnte sie diesen finstern Widersachern gegenüber denken. Allerdings fehlte es auch an Disharmonien mit ihren Gesinnungsgenossinnen nicht*[; ...] *eine selbständige, mit scharfem Verstand begabte Denkerin*[, ...] *eine tatkräftige, unerschrockene, selbstlose Frau.*"[101]

Weshalb Auguste Fickert derart polarisierte, erklärt sich unter anderem aus der Biographie dieser streitbaren Frau heraus, die heute kaum noch jemand kennt, obgleich eine Gasse im 19. Wiener Gemeindebezirk nach ihr benannt ist.

1855 (oder 1845[102]) wurde Auguste Fickert in Wien geboren; ihr Vater Wilhelm war ein deutscher Protestant, Werkmeister der k. k. Hof- und Staatsdruckerei, ihre Mutter Louise eine katholische Wienerin, die aus einer kleinbürgerlichen Vorstadtfamilie stammte und eine „Herrenmodewaren- und Wäschehandlung" führte.

Auguste Fickert war ein wildes Kind; alles, was sie tat, tat sie mit Leidenschaft. Sie war intelligent, besuchte eine „[...] *bayrisch*[e] *Klosterschule, in der ,sie sich an einzelne* [...] *Klosterschwestern innig angeschlossen hatte – es sind Briefanfänge aus diesen Jahren erhalten* [...]";[103] so „*wurde* [sie] *theils im Institute der englischen Fräulein zu Burghausen, theils zu Hause privat ausgebildet*".[104]

Als Kind nahm sie die in der Klosterschule herrschenden Prinzipien eiserner Strenge und Disziplin sowie die religiöse Lebenshaltung unhinterfragt auf. Jahre später trat Auguste Fickert aus der Kirche aus, weil ihr diese in der Frauenfrage zu restriktiv war, sie ihre Argumentationen als scheinheilig und heuchlerisch brandmarkte. Hinzu kam noch der Antisemitismus der Christlichsozialen unter Bürgermeister Karl Lueger. Auguste Fickerts Kirchenaustritt hatte auch negative berufliche Konsequenzen für sie als Lehrerin, denn sie griff – alle Warnungen Ida Baumanns in den Wind

schlagend – die Schulpolitik der Christlichsozialen vehement an. Ein Diszi-
plinarverfahren war die Folge und Auguste Fickert wurde an eine andere
Schule versetzt.

In Jugendjahren war Auguste Fickerts Berufstraum nicht Lehrerin, son-
dern Schauspielerin gewesen, aber sie entschied sich dagegen. Ihre
Beweggründe – abgesehen vom Wunsch, finanziell baldmöglichst vom
Elternhaus unabhängig zu sein – sind nicht dokumentiert. Vier Jahre lang
besuchte Auguste Fickert die Lehrerinnen-Bildungsanstalt St. Anna in
Wien, wo sie sich auch *„gediegene Kenntnisse der englischen und franzö-
sischen Sprache"*[105] aneignen konnte. Hier lernte sie zudem die ältere Ida
Baumann kennen.

Ida Baumann war die Tochter eines jüdischen Lehrers aus einem kleinen
Ort des Fürstentums Schwarzburg-Sondershausen. Nachdem sie zuerst
Kindergärtnerin geworden war, beschloss sie 1872 nach Wien zu gehen,
um sich hier als bereits 27-Jährige zur Lehrerin ausbilden zu lassen.
Obgleich Auguste Fickert um zehn Jahre jünger war, freundeten sich die
beiden an, wenn auch anfangs noch distanziert, was Ida Baumann ihrer
eigenen Schüchternheit zuschrieb:

*„Sie näherte sich mir, weil, wie sie sagte, ich eine große Anziehung auf sie
ausübe, da mein Aeußeres und mein ganzes Wesen sie an eine Lehrerin
in einem Kloster erinnere, die sie sehr geliebt hatte. Ich war und bin
noch jetzt sehr scheu Fremden gegenüber und es brauchte lange, bis ich
das warme, herzliche, liebenswürdige Entgegenkommen, das mir Auguste
Fickert bot, mit derselben Wärme erwiderte. Dann aber schloß ich mich
ihr mit der ganzen Anhänglichkeit, deren ich fähig bin, an. Hatte ich mich
doch die ganzen Jahre her, seitdem ich von meiner Lehrerin, Fräulein
Naveau, fortgekommen, nach einem gleichgesinnten Wesen gesehnt,
das Verständnis für mein Denken und Fühlen hätte und nur durch die
viele, viele Arbeit und die steten Sorgen war diese Sehnsucht etwas zum
Schweigen gebracht worden. Nun hatte ich ein solches Wesen gefunden.
Wohl bat ich Auguste, mir nicht so lieb entgegenzukommen, wenn sie nicht
glaube, daß sie wirklich freundschaftliche Gefühle für mich hege; denn es
werde mir entsetzlich schwer, mich loszulösen, wo ich mich einmal angeschlossen; sie aber lachte und meinte, ich solle nicht tragisch sein."*[106]

Ida Baumann selbst wurde von Zeitgenossinnen wie folgt beschrieben:

*„Das war vor allem eine strenge Wahrheitsliebe, die sie trieb, den Dingen,
Verhältnissen und Charakteren auf den Grund zu schauen und, wenn es
erforderlich war, ihre Meinung darüber zu äußern, ihren Erkenntnissen und
Ueberzeugungen auch unter Gefahren und Opfern treu zu bleiben. [...]
Selbstlos und opferwillig, wenn es am Platze war, war sie ebenso schwer
zu gewinnen wie zu verlieren."*[107]

Beide erhielten eine Anstellung als Volksschullehrerinnen in Wien. Während
Auguste Fickert sich politisch zu engagieren begann, war dies nur bedingt
Ida Baumanns Sache. Auguste Fickert trat wie auch Stephanie Nauheimer

dem 1869 von Marianne Hainisch gegründeten „Verein der Lehrerinnen und Erzieherinnen in Österreich" bei. Gemeinsam mit Stephanie Nauheimer, Leopoldine Glöckel, Maria Schwarz und anderen war Auguste Fickert eine der führenden Persönlichkeiten im Kampf um das Reichsvolksschulgesetz von 1867,[108] der vor allem um eine dienstrechtliche Gleichberechtigung der Lehrerinnen geführt wurde.[109] Insbesondere Stefanie Nauheimer war im Kreis um den Lehrer und späteren Unterstaatssekretär für Unterricht sowie zweiten Präsidenten des Wiener Stadtschulrats Otto Glöckel tätig, der wie sie eine Schule abseits des Drills anstrebte.

1876 wandte sich Auguste Fickert an Ida Baumann mit der Bitte, ob diese nicht ihren minderjährigen Geschwistern zusätzlichen Unterricht erteilen könnte. Ida Baumann lehnte ab:

„Wie nimmt sich das? Sie deren Zeugnis das liebliche Wort ‚Auszeichnung' trägt, bitten mich um Unterricht für Ihre Geschwiste[r]? Das ist pure Faulheit, und fern sei es [nachträglich eingefügt: von] *mir, Sie in dieser Faulheit zu unterstützen. Doch Spaß bei Seite, Sie trauen sich zu wenig zu [...]. Werden Sie die ganze Ferienzeit in Wien bleiben? In diesem Falle könnten Sie mich doch einmal besuchen, es ist ja gar nicht weit und wie Sie wissen werden, gibt es hier sehr schöne Spaziergänge."[110]*

Ob Auguste Fickert sich an Ida Baumanns Rat bezüglich der Einteilung zusätzlicher Unterrichtseinheiten hielt, ist nicht zu belegen, wohl aber, dass die beiden Frauen alsbald manche Wanderung gemeinsam unternahmen und der Kontakt ein engerer wurde, bis dahin, dass Ida Baumann sich im Scherz als *„treuer Gemal"*[111] bezeichnete: *„Wir kamen in immer näheren Verkehr, machten während der Ferien Reisen zusammen. Ich"*, schrieb Ida Baumann, *„hatte sie so lieb, wie vor- und nachher keinen Menschen mehr, sodaß ich mir oft Vorwürfe machte, weil ich Auguste viel mehr liebte als alle meine Verwandten."[112]*

Postkarte Ida Baumanns an Auguste Fickert

Vorerst wohnten Auguste Fickert und Ida Baumann noch getrennt, doch die Idee, sich ein Zuhause zu teilen, nahm mehr und mehr Raum ein, zumindest als Wunsch Ida Baumanns. Auch Auguste Fickert beschäftigte dieses Thema, das einen wiederkehrenden Streitpunkt zwischen den beiden darstellte. Ein Untermietzimmer hatte kaum garantierte Privatsphäre; vermeintlich „lesbische" Frauen wurden häufig von ihren VermieterInnen angezeigt, die „etwas Verdächtiges" beobachtet hatten; ob der Verdacht nun Tatsachen oder Neid, Rache oder anderen Motiven entsprach, sei dahingestellt, doch muss diese Gefahr Auguste Fickert wie auch Ida Baumann bekannt gewesen sein. Obendrein belastete Ida Baumann das häufige Alleinsein.

„Nun denke noch einmal nach, bin ich dir wirklich so zuwider, wie du es jetzt sagst, dann nützt eben alles nichts, u. es heißt von meiner Seite mich damit abfinden; das werde ich mir natürlich dadurch zu erleichtern suchen, daß ich allem aus dem Wege gehe, das mich wieder aufregen könnte, indem es auch an dich erinnert, auch mit d[er] S[.] will ich aus demselben Gründen nicht mehr zusammen kommen, du siehst ja, ich kann es nicht ertragen, es bereitet mir zu viel Schmerz, ich kann gegen diese abscheuliche Anhänglichkeit eben auch nichts thun. Glaubst du aber, daß wir doch wieder zusammen auskommen könnten, dann schau, daß wir zusammen wohnen, auf diese Weise geht es am leichtesten, [nachträglich eingefügt: selbst wenn wir manchmal streiten,] *meine Wohnung könnte ja gesondert sein, vielleicht nur im halben Hause, sodaß wir uns bei den Mahlzeiten u. nach Bedürfnis hin u. w[e]der träfen. Glaubst du, daß das möglich ist, dann schreib u. komm. Ist es dir aber lieber, wir kommen ganz auseinander, dann bleib auch dabei, Mitleid will ich nicht [...]."*[113]

Dass die Idee der Einküchehäuser für Auguste Fickert derartig wichtig wurde, lässt sich aus all diesen Aspekten leicht verstehen. Auguste Fickert entwickelte daraus ein Konzept und gründete die Genossenschaft „Heimhof". Das Grundprinzip besticht durch Arbeitserleichterung mittels Ausgliederung der Hausarbeit für aushäusig Berufstätige und gemeinschaftliche Angebote für Alleinstehende. Die Eröffnung des ersten Einküchehauses für allein stehende Frauen 1911 in Wien, Währing, in der Peter-Jordan Straße 32–34 erlebte Auguste Fickert nicht mehr. Treibende Kraft nach Auguste Fickerts Tod war hierbei Therese Schlesinger-Eckstein, die gleichfalls für eine Sozialisierung der Hauswirtschaft und gegen den „Zwergenhaushalt" eingestellt war. In der zeitgenössischen Presse hieß es damals: *„Ein gemeinnütziger Verein hat hier die Lieblingsidee der im Vorjahr verstorbenen Frauenführerin Auguste Fickert in der generösesten Form zur Verwirklichung gebracht."*[114]

Heute erinnert an diesem Haus in der Peter-Jordan Straße Nr. 32–34 nichts mehr an Auguste Fickerts „Heimhof". Es ist ein Wohnhaus wie so viele andere auch in dieser Straße.

1923 wurde ein zweiter „Heimhof" in der Pilgerimgasse 22–24 im 15. Wiener Gemeindebezirk eröffnet; nach finanziellen Schwierigkeiten der Genossenschaft übernahm die Gemeinde Wien 1925/26 den weiteren Ausbau: Zentralheizung, eine Wäscherei, eine Staubsauganlage, ein Müllschacht, eine Zentralküche, ein Speiseaufzug – wahlweise konnten die BewohnerInnen im Speisesaal, der auch als Versammlungsraum diente, oder in der eigenen Wohnung essen; die häuslichen Arbeiten wie Aufräumen, Kochen und Wäschewaschen wurden von Angestellten verrichtet und von den MieterInnen bezahlt. In diesem „großflächigen" „Heimhof", in den auch Ehepaare und Familien ziehen konnten, war ein Kindergarten untergebracht. Alljährlich wurden HausbewohnerInnen gewählt, die für die Verwaltung und die Führung der Zentralküche verantwortlich waren. Sie beriefen regelmäßig Hausversammlungen ein, in denen Anregungen und Beschwerden der HausbewohnerInnen besprochen wurden. Die Kommentare der bürgerlichen Presse sowie diverser Politiker dazu?

„Gemeinsame Küchen in Miethäusern sind abzulehnen, alles ist abzulehnen, was die seelischen Kräfte der Familie zerstört."[115]

„Es ist ein Unsinn, wenn eine Familie in einem solchen Einküchenhaus wohnt. Es ist auch aus sittlichen Gründen nicht anzuraten, der Hausfrau alle Sorgen für den Haushalt abzunehmen. Die junge Hausfrau soll sich nur sorgen, sie soll wirtschaften und sparen lernen, das wird ihr für die Zukunft nur von Nutzen sein."[116]

Bereits zu Beginn des Austrofaschismus (1934), spätestens aber mit der Machtübernahme durch die NationalsozialistInnen 1938 wurde das Einküchenhaus vehement abgelehnt, Speisesaal und Zentralküche mussten geschlossen werden, weshalb nachträglich in die Wohnungen Küchen eingebaut wurden: Jeder Frau ihren Herd, an dem sie für Mann und Kinder werkeln darf.

In den 1990er-Jahren wurde der „Heimhof" in der Pilgerimgasse renoviert; Wohnungen wurden zusammengelegt, Aufzüge eingebaut, der Kindergarten erweitert. Von dem ursprünglichen Projekt existiert heute nur noch der Name: *„Erbaut in den Jahren 1921 & 1922 mit Kredithilfe von Staat und Gemeinde von der Baugenossenschaft Heimhof durch die Universale Bau-AG. Nach den Plänen von Architekt Polak-Hellwig"*, steht auf einer Tafel im Haus vermerkt. Kein Wort über Auguste Fickert.

Ida Baumann und Auguste Fickert flirteten und stritten und flirteten erneut, wie alle Paare wohl – und dies nicht nur wegen der leidigen Wohnangelegenheit …

Auguste Fickert begann sich mehr und mehr für die so genannte „Frauenfrage" zu interessieren: die Stellung der Frau in der Gesellschaft, das ungerechte Verhältnis zwischen Männern und Frauen. Sie war überzeugt von der Möglichkeit einer besseren Welt, eines freien Menschen, einer „neuen" Frau; diese, so dachte Auguste Fickert, wäre *„die sicherste Schutzwehr gegen die Begierden der Bestie Mensch"*[117], durch die Frau würden die Menschen zum zweiten Mal erlöst werden, aber nicht für ein

Jenseits, sondern für das Diesseits. Ihre „befreite, neue" Frau war eine, die sich politisch engagierte und die Gesellschaft mitgestaltete; deshalb nahm sie auch die gleichen Rechte für sich in Anspruch, wie sie Männern zustanden. Im Jahre 1888 engagierte sich Auguste Fickert bei den Aktionen des „Vereins der Lehrerinnen und Erzieherinnen", um gegen den Beschluss des Niederösterreichischen Landtags zu protestieren, der Frauen das aktive Wahlrecht, das sie 27 Jahre besessen hatten, mit dem Argument, es gebe keine einheitliche Regelung in Österreich, erneut zu entziehen plante.

1881 war Auguste Fickerts Vater gestorben und die jüngeren Geschwister sowie die Mutter waren unversorgt zurück geblieben, weshalb Auguste Fickert die Aufgabe übernommen hatte, für diese zu sorgen. Und Ida Baumann?

„Ich zog zu ihrer Familie, es machte mich ja glücklich, ihre Lage ein wenig [zu] erleichtern und mit ihr immer beisammen sein zu können. Aber, aber, es ging wie immer, wenn wir ganz beisammen waren, so gern wir uns hatten, so gut wir uns verstanden, ganz ohne Mißhelligkeiten ging es nicht ab. Mit der Zeit entdeckte ich nun auch, daß Auguste die Freundschaft, wie ich sie ihr gegenüber fühlte und so gern erwidert gesehen hätte, nicht geben konnte; ich hätte mit ihr genug gehabt und wäre glücklich gewesen, wenn sie auch so empfunden hätte. Ihr aber genügte das nicht, und sie bedauerte oft selbst, daß sie sich nicht e i n e m Menschen so hingeben könne. [...] So wurde Auguste Fickert die Begründerin der österreichischen Frauenbewegung und was in dieser Edles und Ideales liegt, das hat vor allem s i e hineingebracht. Leidenschaftlich, wie sie alles angriff, war sie auch hier [...]."[118]

Hierbei scheint es sich um jene Wohnung mit der Adresse „Neuegasse 15"* zu handeln; in „Lehmann's Adreßbuch" findet sich Ida Baumanns Name erst mit dem Jahr 1890 als ebenda wohnhaft vermerkt. Mehrere Umzüge folgten danach: 1892 zogen beide Frauen in die Feldgasse 27. Dann wohnten sie erneut getrennt, bis sie 1898 eine gemeinsame Wohnung in der Haizingergasse 6 wählten, danach in der Schulgasse 41 und 1905 in der Eckpergasse 21; alsdann lebten sie wieder getrennt bis sie 1909 in eine Wohnung in der „Rieglergasse 5"** im 18. Bezirk zogen. Interessant ist auch, dass „Lehmann's Adreßbuch" ab dem Jahr 1900 unter der Adresse Auguste Fickerts Sprechstunden anführt: zuerst Mittwoch und Samstag von 13.00 bis 14.00 Uhr, ab 1905 nur noch Mittwoch von 13.00 bis 15.00 Uhr. Am 18. Januar 1893 gründete Auguste Fickert den „Allgemeinen Österreichischen Frauenverein" gemeinsam mit Rosa Mayreder, Marie Lang, Maria Schwarz und Marianne Hainisch. Die Gründungsversammlung fand im Sitzungssaal des alten Wiener Rathauses in der Wipplingerstraße statt; bis Auguste Fickert und Rosa Mayreder das Amt der Vereinspräsidentinnen

---

* Die Neuegasse bzw. Neue Gasse entspricht der jetzigen Michelbeuerngasse im 9. Bezirk.
** Die Verortung ist ungewiss. Eventuell entspricht diese Gasse der heutigen Riglergasse im 18. Bezirk.

übernahmen, hatten die Lehrerin Marie Mussil und Ottilie Turnau* diese Position inne.

Von 1894 an wird der Vereinssitz mit Währingerstraße 43 angegeben, ab dem Jahr 1900 analog zur jeweiligen Wohnadresse Auguste Fickerts.

Versammlungsfoto des AÖF in Wien 1904

Zu jener Zeit war der „Allgemeine Österreichische Frauenverein" in Österreich nicht der einzige seiner Art – jedoch der politisch linkere und radikalere, wenn auch bürgerliche unter ihnen. Im Gegensatz dazu hatten sich in Deutschland vergleichbare Vereine wie zum Beispiel der 1866 gegründete „Allgemeine deutsche Frauenverein" Louise Otto-Peters bereits viel früher gebildet. Der „Allgemeine Österreichische Frauenverein" war ursprünglich als „Politischer Frauenverein" geplant. Aufgrund des § 30 des Vereinsgesetzes, das erst 1918 aufgehoben wurde und bis dahin Frauen jede Beteiligung an politischen Vereinen verbot, hatte er in „Allgemein" umbenannt zu werden und Auguste Fickert musste sich „ausdrücklich verpflichten [...], politische Ziele auszuschließen".[119] Daneben gab es auch einen gemäßigteren Flügel der Frauenbewegung, der sich um Marianne Hainisch bildete; diese gab dem Motto „gleich, aber anders" den Vorzug vor den kämpferischen Tönen einer „neuen" Frau. Und am konservativen Ende der Skala wäre die katholische Frauenbewegung anzusiedeln, welche auf Karl Luegers Initiative hin von Männern gegründet worden war und dementsprechend andere Ziele verfolgte: die katholische Frauenbewegung war vehement gegen Frauenstudium und Frauenstimmrecht und betonte die Heiligkeit der Ehe. In der Anfangszeit des „Allgemeinen Österreichischen Frauenvereins" hatte dieser 5 Vorstandsmitglieder, 208 ordentliche Mitglieder sowie 12 unterstützende, männliche Mitglieder. Zum Vergleich: Der christlich orientierte „Frauenbund" hatte in kürzester Zeit eine Mitgliederzahl von 14.000. Olly Schwarz, ebenfalls Frauenrechtlerin dieser ersten Zeit, schrieb in

---

* Sie wohnte im 9. Bezirk in der Porzellangasse 26.

ihrem Artikel, der in den Mitteilungen der „Vereinigung der arbeitenden Frauen" Ende der 1920er-Jahre erschien: Der „Allgemeine österreichische Frauenverein" „[...] *war der erste Frauenverein, der über die
Bildungsbestrebungen hinausgehend, politische Forderungen aufstellte
und unbeirrt um die herrschende öffentliche Meinung, die der Frauenfrage
teils mit Empörung, teils mit Spott und Hohn begegnete, für die gleichen
politischen Rechte der Frauen eintrat. Heute ers[c]heint uns das als etwas
selbstverständliches, damals aber waren die Verfechterinnen dieser Ideen
als ‚radikal' verschrien, ebenso wie großer Mut und Unerschrockenheit dazu
gehörte, daß Frauen in der Öffentlichkeit die Frage der Prostitution behan-
delten. Diesen Mut brachten Auguste Fickert und ihre Mitarbeiterinnen auf,
unbekümmert um den Sturm der Entrüstung, der sich danach erhob.*"[120]
Auguste Fickert engagierte sich für das allgemeine Wahlrecht, für die
Abschaffung des § 30 des Vereinsgesetzes, der Frauen die Mitgliedschaft
in politischen Organisationen verbot; für einen freien und kostenlosen
Zugang für Frauen zu höheren Schulen und Universitäten sowie für die
Erweiterung der beruflichen Möglichkeiten von Frauen samt einem gerech-
ten Lohn für deren Arbeit. Diskussionsabende wurden eingerichtet, damit
Frauen lernten, sich im öffentlichen Leben sprachlich zu behaupten.
Auguste Fickert machte sich für eine Bekämpfung der Prostitution, für
eine bessere Stellung der Dienstbotinnen und für ein Ende des berufsge-
bundenen „Zölibats" stark. Sie hatte wesentlichen Anteil an der Gründung
der Rechtsschutzstellen 1895, einer unentgeltlichen Informationsdienstleis-
tung für jene Frauen, die sich eine herkömmliche Rechtsberatung nicht
leisten konnten. Hier war auch Ida Baumann als Beraterin tätig. Diese
Rechtsschutzstelle befand sich im Jahr 1900 im 10. Bezirk, am Keplerplatz
5 und war jeden Freitag von 17.00 bis 19.00 Uhr geöffnet.
Auguste Fickert beklagte von Anfang an den 1902 gegründeten „Bund
österreichischer Frauenvereine" Marianne Hainischs und sein zielloses
Handeln, da dies den Frauen keinesfalls nützlich sei. Anlässlich der zweiten Generalversammlung schrieb sie 1903:

*„In dem kurzen Zeitraum von etwas mehr als einem Jahrzehnt haben die
Frauen in Österreich erreicht, was die amerikanischen, englischen und
deutschen Frauen sich in zähen, jahrzehntelangen, heissen Kämpfen
erringen mussten. Solche leichte Erfolge wirken jedoch keineswegs
segensreich. Während die Errungenschaften der Frauenbewegung den
Amerikanerinnen, Engländerinnen und Deutschen geistiges und morali-
sches Besitztum geworden sind, stehen unsere Frauen vor denselben wie
Kinder vor einer allzureichen Christbescherung: sie wissen nicht, was sie
damit anfangen sollen und gebrauchen die kostbarsten und vortrefflichs-
ten Werkzeuge zum Zeitvertreib als Spiel und Tand. Diesem Eindruck kann
sich leider heute auch der wohlwollendste Beobachter nicht entziehen,
wenn er das oberflächliche Treiben der Jourdamen verfolgt, wie sie mit
recht bescheidenen Mitteln an die grossen sozialen Probleme herantreten*

und sie zu lösen glauben, wenn sie nur einen neuen Verein mit hochtönen-
dem Namen und unerreichbaren Zielen, der oft nicht mehr Mitglieder als
Vorstandsdamen zählt, ins Leben gerufen haben."[121]
Im „Allgemeinen Österreichischen Frauenverein" spitzte sich nach dem
Eintritt in den „Bund Österreichischer Frauenvereine" die Situation zu;
am 28. April 1906 traten 24 Mitglieder protestierend aus, weil ihnen
die kritische Haltung gegenüber dem „Bund" nicht behagte, darunter so
Prominente wie Marie Franzos, Leopoldine Glöckel, Marianne Hainisch,
Henriette Herzfelder, Margarete Minor und Stefanie Nauheimer.[122] Oder
von der anderen Seite betrachtet: Der „Bund" befürwortete die Gründung
des „Zentralvereins der staatlichen Vertragsbeamtinnen", einem Verein,
den der „Allgemeine Österreichische Frauenverein" als zersplitternde
Konkurrenz interpretierte.[123]
Das Engagement Auguste Fickerts im „Allgemeinen Österreichischen
Frauenverein" kostete viel Zeit und Kraft – wie Ida Baumann oft beklagte.
Ebenso, dass Auguste Fickert sich verbrauche, zu wenig auf ihre Gesund-
heit achte und Raubbau an sich betreibe, statt sich immer wieder auch
Freiräume zu schaffen, wie Ida Baumann dies tat.
Insbesondere ab Mitte der 1890er-Jahre – sie wohnten erstmals wieder
getrennt – zog sich Ida Baumann zurück. Und Auguste Fickert? Sie war
beschäftigt mit Schule und Verein, mit ihrer Tätigkeit im Arbeiterinnen-
Bildungsverein, *„wo sie ab 1890 prominente spätere Sozialdemokratinnen*
wie Anna Boschek und Adelheid Popp-Dworak unterrichtete".[124] Obgleich
Auguste Fickert nicht der sozialdemokratischen Partei angehörte, verband
sie mit manchen Leitfiguren der Arbeiterbewegung jener Zeit eine enge
Freundschaft. Dass sie keiner Partei beitrat, mag auch mit dem Wunsch
zusammenhängen für den „Allgemeinen Österreichischen Frauenverein"
parteipolitisch unabhängig zu bleiben.
Neben dem zeitlichen Mangel gab es noch einen weiteren Streitgrund, der
in Ida Baumanns Briefen anklingt: Immer wieder waren da auch andere
Frauen, mit denen Auguste Fickert viel Zeit verbrachte; zu viele Stunden,
zumindest in Ida Baumanns Augen, die sich an den Rand gedrängt fühlte
und ihre Beziehung in Frage stellte:
„Ich mache dir keinen Vorwurf aus all dem, denn schließlich kannst du
dich ja nicht dazu zwingen, warm und anhänglich zu sein, daß meine
Natur anders beschaffen, ist auch nicht deine Schuld; nur das will ich
dir noch sagen, will man einen treuen Menschen haben, der nicht nur in
Vereinssachen, sondern in Freude u. Leid Anteil nimmt, u. das war ich dir
doch, dann muss man einiges Entgegenkommen zeigen. Das Trennende
zwischen uns ist jetzt, dass du Menschen gefunden, die dich mehr inter-
essieren, als ich und du deshalb, wie ich dir schon geschrieben, meiner
nicht bedarfst. Wozu sollte ich mich aber noch mehr quälen und immer von
neuem aufregen, indem ich mit dir zusammenkomme? Mit der Zeit werde
ich mich beruhigen, dem Alleinsein weiche ich möglichst aus [...]."[125]

Dennoch blieb Auguste Fickert der Mittelpunkt in Ida Baumanns Leben. Seit 1905 war Auguste Fickert kränkelnd; Ida Baumann machte hierfür die ständige Überarbeitung der Freundin verantwortlich. Trotzdem reiste Auguste Fickert 1909 nach Finnland, ein Land, das sie faszinierte. Nach ihrer Rückkehr wurde eine Lungenentzündung festgestellt. Endlich bereit, sich in ein Sanatorium zu begeben, erholte sie sich jedoch nicht mehr und starb am 9. Juni 1910. Sie wurde in Neustift am Walde begraben.

Ihre Nachfolgerinnen im „Allgemeinen Österreichischen Frauenverein" wurden in einer außerordentlichen Generalversammlung am 11. November 1910 bestimmt: 1. Vizepräsidentin wurde Sofie Regen, 2. Vizepräsidentin Mathilde Hanzel-Hübner; die Präsidentinnen-Stelle blieb im Trauerjahr unbesetzt; durch Kooptierung zweier Mitglieder, Dr. Christine Touaillon und Dr. Marianne Zycha, wurde der Vorstand ergänzt.

Die weitere Herausgabe der Zeitschrift „Neues Frauenleben" übernahmen Leopoldine Kulka, Dr. Christine Touaillon und Auguste Fickerts Bruder, Emil Fickert, ein Bankdirektor, Cellist und Musikhistoriker. Für die Redaktion blieb Adele Gerber verantwortlich.

„Die heftigen Anfeindungen, welche die gesinnungstreue Lehrerin, namentlich wegen ihrer Konfessionslosigkeit, von ihren vorgesetzten Behörden zu erdulden hatte, wurden im Reichsrate und in der Presse von dieser Gruppe energisch zurückgewiesen. [...] An ihrem Grabe sprach der jetzige Bürgermeister von Wien, Reichsratsabgeordneter Karl Seitz, in Vertretung des Zentral-Lehrervereines. Er nannte sie den ,mutigsten Mann', ein erhebendes, nur zu wenig nachgeahmtes Beispiel für die ganze Lehrerschaft, für die ihr Tod einen unersetzlichen Verlust bedeute. Sie habe keine eigenen Kinder gehabt, aber wenige Frauen, die Kinder besitzen, sind Mütter in so wahrem Sinn."[126]

Das Bild der „mutigen Frau" war ihm wohl nicht tapfer genug, um dies derart betont ins Absurde zu verkehren, indem er sie zum Mann machte.

Sechzehn Jahre nach ihrem Tod wird aus Anlass des bereits dargestellten Ausbaus des zweiten „Heimhofes" in der Pilgerimgasse 22–24 auf Initiative Rosa Mayreders, Therese Schlesinger-Ecksteins, Adelheid Popps und Marianne Hainischs eine Auguste-Fickert-Skulptur im Türkenschanzpark aufgestellt. Wer vom türkischen Pavillon kommt und den verschlungenen Weg abwärts Richtung Café nimmt, wird sie sehen: Schlank und weiß leuchtet sie unter dem Grün des Baumes hervor. Streng sieht sie aus, ernst. Sie ist die einzige nicht-königliche Frau, der in jenem Park ein Denkmal gewidmet ist.

Leopoldine Kulka, die Nachrufverfasserin für das Zentralblatt des „Bundes österreichischer Frauenvereine" erwartete:

„Gewiss wird der Name Auguste Fickert, wenn dereinst der Lärm des Kampfes, den sie entfachte, verklungen ist und der kühle Rasen alle Kämpfer deckt, ein unbestritten leuchtender in der österreichischen Frauenbewegung sein."[127]

Auf Rosa Mayreder trifft dies dank den Bemühungen der so genannten Zweiten Frauenbewegung zu, Auguste Fickert hingegen wurde vergessen. Und Ida Baumann, *„die durch mehr als dreißig Jahre in inniger, edler Lebensgemeinschaft mit der Begründerin der österreichischen Frauenbewegung Seite an Seite lebte und an Auguste Fickerts Person mit jeder Faser ihres Herzens hing"*,[128] die früh erkannte, welchen Raubbau Auguste Fickert an sich betrieb, kam über den Tod der Freundin nicht hinweg. Auch Schuldgefühle mögen dabei eine Rolle gespielt haben: *„Warum half i c h nicht* [bei der Vereinsarbeit] *? Ja, weil ich nicht konnte, das Vereinswesen widerspricht durchaus meiner Natur. Auch war ich schon viel zu abgearbeitet, um neben der Schule noch andere Arbeit leisten zu können. Dies war der Hauptgrund zu unserer gegenseitigen Entfremdung, wir fühlten uns wohl immer zu einander hingezogen, denn unser beider Charaktereigenschaften beruhten im Grunde auf demselben Streben nach Wahrem und* [G]*utem, aber einen Punkt gab es, in dem wir uns nicht einigen konnten: die Oeffentlichkeit, in der Auguste sich jetzt herumtummelte, wie ein Fisch in seinem Element. Vielleicht hätte ich mich leichter drein gefunden, wenn ich nicht mit Kummer und Schrecken gesehen hätte, wie Auguste ihre Kraft aufrieb, wie sie von Jahr zu Jahr schwächer wurde. Mag ja sein, daß dieser Kummer, diese Angst, meine Freundin zu verlieren, engherzig war, wenn man die Liebe zu einer Freundin, wie ich sie für Auguste hegte, engherzig nennen will. Jetzt frage ich mich oft, ob es nicht besser gewesen wäre, alles, was sie tat, gut zu heißen, mich in allem und jedem unterzuordnen? Das konnte ich eben nicht über mich gewinnen, sie stand mir zu nahe, ich hatte sie zu lieb, um nicht zu warnen und zu widersprechen, wenn sie ihre Gesundheit untergrub. Wie bat ich sie, e i n Jahr, nur e i n Jahr, sich vollständig Ruhe zu gönnen, um ihren Organismus wieder zu kräftigen. [...] Wohl rieten ihr die Aerzte, sich auszuruhen, aber ein energisches Veto legten sie nicht ein. Und ich, die ich sie so liebte, predigte tauben Ohren. Monate später fühlte sie endlich selbst, daß es nicht mehr weiter gehe, und entschloß sich, in ein Sanatorium zu gehen. Das begrüßte ich mit Freude; denn ich glaubte, in einer solchen Anstalt werde sie bei Ruhe und guter Pflege sich bald erholen, da sie ja ursprünglich von ganz kräftiger Konstitution war. Aber ihr Zustand wurde immer bedenklicher und nach fünfwöchentlichem Krankenlager verschied sie. Dem Alter nach hätte sie noch Jahrzehnte leben können, sie hatte ja kaum das fünfundfünfzigste Jahr erreicht; ihr ist wohl. Und ich? In den zwei Jahren, die seit ihrem Tode dahin, ist kein Tag vergangen, an dem ich nicht mit Tränen der Sehnsucht ihrer gedacht hätte. Und nur den einen Wunsch habe ich noch, meiner geliebten Freundin bald zu folgen."*[129]

Ida Baumann rang mit sich und *„entschloß* [...] *sich. Ruhig und fest, das Kleinste beachtend, ordnete sie ihre Angelegenheiten. Am 12. März fuhr sie nach Greifenstein und – ging in die Donau. Ihre Leiche wurde in Höflein aufgefangen und am 21. März in Zittau verbrannt. Treu, tapfer und still, wie sie lebte, ist sie gestorben."*[130]

Judenplatz / Rahel Whitereads Mahnmal: **21**

An das jähe Ende oder auf der Flucht, ein Leben im Exil: Miriam Rose Silberer (1873–1942), Alma Johanna König (1887–1942), Gina Kaus (1893/1894–1985; F, USA).

1988 wurde Alfred Hrdlickas Mahnmal gegen Krieg und Faschismus in Form eines „Straßenwaschenden Juden" am Albertinaplatz enthüllt und entfachte eine Debatte über das Gedenken, da jene Skulptur von vielen als verewigte Erniedrigung empfunden wird. Im Zuge dieser Diskussion machte Simon Wiesenthal 1994 dem Wiener Bürgermeister Michael Häupl den Vorschlag, ein eigenes Mahnmal für die 65.000 österreichischen Juden, die Opfer des Holocausts wurden, zu errichten.

Nach einem international ausgeschriebenen Wettbewerb entschied sich die Jury für das Projekt der britischen Künstlerin Rachel Whiteread. Ihr Mahnmal, eine von Bodenfriesen umgebene Stahlbetonkonstruktion – mit einer Grundfläche von zehn mal sieben Metern und einer Höhe von 3,8 Metern – stellt eine nach außen gekehrte Bibliothek dar, zum einen ein Symbol für das jüdische Volk als ein „Volk des Buches", zum anderen auch in Assoziation zu den Memorbüchern (Jiskor-Büchern[131]), in denen an das Leben wichtiger Gemeindemitglieder erinnert wird und die somit auch Mahnung vor Zerstörung und Vertreibung sind.

Im benachbarten Misrachi-Haus befindet sich ein multimediales Museum mit einem Holocaust-Archiv, in dem Fakten zum nationalsozialistischen Rassenwahn dokumentiert sind. Zudem lassen sich dort Namen und Daten ermordeter JüdInnen recherchieren. Eine digitale Schau führt ins alte jüdische Wien; über einen unterirdischen Gang gelangen die BesucherInnen zu den Ausgrabungen unter dem Judenplatz, wo die Reste der ältesten Wiener Synagoge aus dem Mittelalter freigelegt wurden; diese wurde übrigens erst im Laufe der Arbeiten zum Mahnmal entdeckt.

Für all die namenlosen Ermordeten seien hier einige Frauen porträtiert, deren Lebenserzählung durch den Faschismus wesentlich verändert wurde oder jäh endete.

„Der Charakter eines Landes ist immer schwer zu beurteilen und zu bestimmen, und gar erst die österreichische Vielfältigkeit. Kennt man jemals Österreich! Es scheint sich oft selbst nicht zu verstehen",[132] schrieb Rose Silberer in „Österreich. Charakterstudien eines Landes" – ein schmaler Band, der erstmals Ende der 1920er-Jahre erschienen ist.

Rose Silberer war Librettistin, Essayistin, Lyrikerin, Dramatikerin und Bildhauerin. Vor dem Ersten Weltkrieg machte sie sich insbesondere als Bildhauerin einen Namen. Sie war 1904 bei der Ausstellung „Acht Künstlerinnen" vertreten, die im „Salon Pisko" stattfand. Der „Salon Pisko" hatte zuerst seinen Sitz in der Inneren Stadt am Parkring 2, ab 1906 im 3. Bezirk in der Lothringerstraße 14. *„Rodinsche Kraft"* sagten KritikerInnen den Skulpturen Rose Silberers nach.[133]

In Rom nahm sie u. a. mit ihrer Skulptur „An die Materie gefesselt" an der Internationalen Kunstausstellung der Künstlervereinigung „Secession" (1914) teil. Als Bildhauerin entwarf sie Grabdenkmäler, die auf dem Döblinger Friedhof ausgeführt wurden.

Nach dem Ersten Weltkrieg jedoch gelang es Rose Silberer nicht mehr an ihre Erfolge anzuschließen; aus wirtschaftlichen Gründen wandte sie sich daher der Schriftstellerei zu. In den 1920er- und 1930er-Jahren war sie als Feuilletonistin und Literaturkritikerin der „Neuen Freien Presse" tätig; sie konzentrierte sich auf so genannte Frauenfragen sowie auf die Stellung der Frau in der Kunst.

1920 verfasste sie den Text zur Oper „Der türkisblaue Garten". Im gleichen Jahr publizierte sie die Essaysammlung „Stimmen aus der Wüste", ein Jahr später veröffentlichte sie den Lyrikband „Gedichte einer Bildhauerin".

Nach dem Anschluss durfte sie als Künstlerin nicht mehr arbeiten. 1942 wurde sie ins KZ Theresienstadt deportiert und dort vermutlich ermordet.

„Österreich scheint sich selbst nicht zu kennen, noch um seine Besonderheit zu wissen, und sich über seine Eigenschaften im Klaren zu sein. Es war gewohnt, einen großartigen Staatshaushalt zu führen, unbekümmert um die Mittel, die eben zu Gebote stehen mussten, wie mancher Erbe, der sorglos mit dem ihm zugefallenen ungeheuren Besitz wirtschaftet. Österreich ist alter, historischer Boden, in dem viele Generationen Samen ihres Fleißes gesät haben, ein Boden, der ebenso vom Glück, wie vom Missgeschick bearbeitet wurde und nun so schwer befruchtet ist, dass die Saat reifen kann. [...] Österreich ist verkleinert auf eine höhere Stufe gehoben worden durch die schönste Mission, die ihm zufiel. Es soll ein Reich des Geistes werden ohne Grenzen. Das ist das Fundamentale seiner Existenz."[134]

Alma Johanna König (1887–1942)

Sonett XV[135]

Frauen! Matronen! Seid von mir beschworen,
lügt mir nicht wie dem Feind, dem Manne, sprecht:
ist eure Würde des Entsagens echt?
Wonach mich dürstet – gabt Ihr's leicht verloren?

O Frauen, Schwestern, dünkt es Euch gerecht,
daß uns allen zwiefacher Tod erkoren?
Denn vor dem Tod, der würgt was da geboren,
droht furchtbar uns das Sterben im Geschlecht.

Ihr Mütter hingebeugt von eurem Los,
fühlt etwa Ihr Euch minder als Beraubte,
weil Jugend Ihr gebart aus stillem Schoß?

Ich, die wie Jovis nur gebar im Haupte,
vor mir ragt das Verlangen himmelsgroß
und Weisheit liegt zerscherbt, an die ich glaubte.

Im 23. Bezirk befindet sich der Alma-König-Weg, benannt nach der Autorin Alma Johanna König, eine gebürtige Pragerin, die 1888 nach Wien kam. Sie war ein spätes Kind, der Vater *„ein enttäuschter, früh pensionierter k. u. k. Hauptmann, die Mutter zwar überdurchschnittlich intelligent, aber vergrämt und zudem in steigendem Maße herzleidend [...].“*[136] Daher sollte die Tochter, dem Wunsch der Eltern entsprechend, die Pflegerin der Mutter sein; Alma Johanna Königs Leben beschränkte sich folglich auf Sich-Kümmern; daneben das Lesen und – ab und an – ein Besuch im Theater. Als die Mutter starb, war Alma Johanna König 26 und galt als „alte Jungfer".

Nach einigen heimlich und unter dem männlichem Pseudonym Johannes Herdan (nach dem Mädchennamen ihrer Mutter) in Zeitschriften veröffentlichten Texten, erscheint 1918 die erste eigenständige Publikation mit ihrem Namen unterzeichnet.

Dies war der Beginn einer in den 1920er- und 1930er-Jahren sehr erfolgreichen schriftstellerischen Karriere: König schrieb Erzählungen, Lyrik und die Romane „Der heilige Palast" (1922), „Die Geschichte von Half dem Weibe" (1924, ein Wikingerroman), „Leidenschaft in Algier" (1932) und „Der jugendliche Gott" (1947, ein verschlüsselter Kommentar zum Nationalsozialismus). Sie übersetzte auch Edgar Wallaces Kriminalromane ins Deutsche.

1921 heiratete sie. Er war schön, jünger als sie und ein Habenichts; sie war für ihn bald nur noch die Alte, die Jüdin. Er wurde immer mehr zum Weiberheld, Hochstapler und Geschäftemacher, der von ihrem Namen lebte.[137] 1930 ging die zerrüttete Ehe endgültig in die Brüche. Aus Algier, wo sie seit 1925 gemeinsam gelebt hatten, kehrte sie allein nach Wien zurück. Bezüglich jener Ehe sollte Alma Johanna König später noch öfter Mme de Staël zitieren: Einzig der Beginn zähle.[138]

Am 24. Oktober 1933 kam es zur ersten Begegnung mit Oskar Jan Tauschinski. Er war damals 19, sie 46. Eine Bekannte aus Danzig hatte ihm Grüße an Alma aufgetragen ... Zu diesem Zeitpunkt durfte Alma Johanna Königs Werk in Deutschland nicht mehr verkauft werden und wurde daher auch in Österreich nicht mehr verlegt. Nur eine der vielen Tageszeitungen, für die sie zuvor geschrieben hatte, war ihr noch als Einkommensquelle und Publikationsort geblieben.

1938 verschärfte sich ihre Lage noch; „[v]*on einem Tag auf den anderen war die Koenig zur Paria gestempelt* [...]."[139] Im gleichen Jahr erhielt Oskar Jan Tauschinski, der selbst polnischer Staatsbürger war, den Stellungsbefehl; bald schon war er als Kriegsgefangener in Westfalen interniert.

Und Alma Johanna König? Sie wurde acht Mal aus ihren immer jämmerlicheren Quartieren ausgewiesen; dennoch war sie es, die ihre FreundInnen ermutigte. Monat um Monat gelang es ihr zu überleben. Wie viele andere wurde auch Alma Johanna König im Winter 1940 zu Zwangseinsätzen im Schneeschaufeln herangezogen; „*Wintersport*"[140], so schilderte sie es verschlüsselt ihren FreundInnen. Ihre finanzielle Situation – als Jüdin – war miserabel, ihr Lebensraum wurde täglich mehr und mehr eingeengt, doch sie schrieb weiter, hielt sich und die anderen mit Scherzen in einer unerträglichen Lage bei Laune. Tauschinski ist es zu verdanken, dass er die in jener Zeit entstandenen Schriften über das Dritte Reich hinweg rettete. An die gemeinsame Freundin Helene Lahr schrieb Alma Johanna König am 16. Dezember 1940:

„Findest Du mich wirklich zu strahlend, zu nah vom Übermut? Zu ‚entduckt'? Na, ich nicht. Ich habe eher Momente, in denen ich auf- und abtrabend und brüllend alles um die Erd' hauen möchte', wie eben Aggripina. Aber ich begreife es SEHR, wenn Dir alles das an mir zu laut, zu schrill, zu anstrengend, zu unangenehm vorkommt – mir auch! – Merkwürdig und pervers, daß ich bloß Dir so spanisch komme. Sonst bin ich immer das Beruhigungsmittel für alle [...]."[141]

1942 wurde sie verhaftet: „*Überfallartig und stets bei Nacht drangen SA-Trupps in die Wohnungen der ‚Staatsbürger zweiter Klasse' ein und verschleppten ihre Opfer in die Vernichtungslager im Osten.*"[142] In jenen fünf Tagen zwischen Verhaftung und Abtransport gelang es Alma Johanna König dennoch, Briefchen an den Gefährten hinauszuschmuggeln. Sie wurde in eines der Sammellager verschleppt, die sich in der Castellezgasse 35 oder der Kleinen Sperlgasse 2a befanden. Danach wurden die Menschen am Aspangfriedhof in Viehwaggons gesperrt und mussten die Fahrt ins KZ ohne Wasser und Nahrung antreten. 1942 fand die letzte dieser so genannten „Aussiedelungsaktionen" statt – nach Theresienstadt, was zumeist einen Weitertransport nach Auschwitz-Birkenau bedeutete. Seit ihrer Verschleppung ins Sammellager gilt Alma Johanna König als verschollen; vermutlich wurde sie in Maly Trostinec, das nahe dem Ghetto von Minsk lag, ermordet.

Ihr Freund und literarischer Nachlassverwalter Oskar Jan Tauschinski, der spätere Lebensgefährte und Nachlassverwalter Helene Lahrs sowie Freund und Nachlassverwalter Marlen Haushofers, bezeichnete die Jahre, die er mit Alma Johanna König verbrachte, als *„die Blütezeit seines Lebens"*.[143] Er porträtierte die Freundin in der Figur der Künstlerin Aglaia in seinem 1963 erschienen Roman „Talmi". Auch die österreichische Autorin Marie-Thérèse Kerschbaumer setzte der Ermordeten in „Der weibliche Name des Widerstands" im Abschnitt „Alma" ein Denkmal:

„Aber du sagst, sie sei wiedergekommen, Alma Johanna zurück von einer langen Reise, sagst du, sei Alma Johanna wiedergekommen, ich sah Licht in der Wohnung, die Vorhänge in der Küche ließen den Lichtschimmer frei, durch das Fenster zum Gang, dahinter das Bad, in diesen alten Häusern waren Bad und Küche selten getrennt, Alma Johanna, diese dreißig Jahre dazwischen, Alma, Johanna, beim Frühstück (sagte O.) hat man sie fortgeholt, einfach vom Frühstück im Sommer. Im Frühsommer. Nein, Winter wars, ein kalter grauer Wintermorgen, Johanna im Bade (es klopft), horch, Schritte, nein, draußen stand Anna, die Alte – [...]."[144]

Alma Johanna König ist eine jener Autorinnen, deren Werk eine Renaissance zu wünschen ist.

Neben Rose Silberer und Alma Johanna König sei auch all jener gedacht, denen die Flucht gelang, denn ihre Lebensgeschichte wurde durch das Exil – selbst wenn dies zumeist Überleben bedeutete – umgeschrieben und entscheidend verändert. Manchen gelang es – besser oder schlechter, doch immerhin – in anderen Ländern Fuß zu fassen: der Bildhauerin und Keramikerin Irma Rothstein, der Kinderbuchillustratorin und Textildesignerin Bettina Ehrlich, der Portraitmalerin Enit Kaufmann. Auch Gina Kaus konnte im Exil ihren Beruf fortführen: Sie verfasste Drehbücher für Hollywood, die mit großen Stars wie Lilli Palmer (z.B. „Teufel in Seide"), Joan Crawford, Rosalind Russell u. a. verfilmt wurden. Doch im heutigen Österreich ist diese faszinierende Frau des Wiener literarischen und gesellschaftlichen Lebens der 1920er-Jahre als Autorin eine Unbekannte. Erst seit 1999 werden ihre Werke, die 1933 bei den Bücherverbrennungen in Flammen aufgingen, wieder aufgelegt. Bis 1938 konnte Gina Kaus noch als Journalistin für die „Arbeiter-Zeitung" und als Korrespondentin der „Voss'schen Zeitung" in Wien arbeiten. Neben ihren Romanen „Die Verliebten" (1928 – 1999 neu aufgelegt), „Die Unwiderstehlichen. Kleine Prosa" (1929, Neuauflage 2000), „Die Überfahrt" (1931), „Die Schwestern Kleh" (1933) und „Luxusdampfer" (1937) schrieb sie bereits zu jener Zeit Theaterstücke; alsbald Drehbücher.

Ihre Autobiographie „Ein Mädchen aus Wien – Und was für ein Leben", die 1979 erschien, wurde erstaunlich wenig beachtet. Margit Schreiner bezeichnet Gina Kaus als „österreichische Dorothy Parker".[145]

Auch jener, die uns nicht aufgrund eines künstlerischen Werkes bekannt sind, sei hier gedacht: den Hausfrauen und Müttern, den Arbeiterinnen und Angestellten, den Studentinnen und Schülerinnen, deren Leben endete, weil ihre MitbürgerInnen danach trachteten, ihre AhnInnen und sie selbst in „Rassen" einzuteilen und diese mit Wertigkeitsetiketten zu versehen – Preisschildern nicht unähnlich.

22 Marienstiege:

Benannt nach der Kirche Maria am Gestade.

Was früher „An unserer Frauen Stiege", „An der Gstätten" oder „Am Gestade" hieß, wird seit ca. 1827 „Stiege zur Kirche Maria am Gestade" bzw. „Marienstiege" genannt.

23 Gonzagagasse 11 / Sitz der „Wiener Psychoanalytischen Vereinigung":

Die Grandes Dames der Psychoanalyse: Dr. Helene Deutsch (1884–1982) und Anna Freud (1895–1982) sowie deren Lebensgefährtin Dorothy Burlingham-Tiffany (1891–1979).

In der Gonzagagasse 11 ist heute die „Wiener Psychoanalytische Vereinigung" beheimatet. Diesem Dachverband trat die Ärztin Helene Deutsch 1918 bei. Sie leitete deren neu gegründetes Ausbildungsinstitut von 1924 bis zu ihrer Vertreibung aus Österreich. Im Rahmen der Geschichtsdarstellung der „Wiener Psychoanalytischen Vereinigung"[146] wird Helene Deutsch dennoch – was, gelinde gesagt, erstaunlich ist – mit keiner Silbe erwähnt.

Helene Deutsch studierte Medizin und Psychiatrie in Wien und München, bevor sie sich der Psychoanalyse widmete. Damit drang sie in eine

Männerdomäne ein. Bald wurde sie Sigmund Freuds Schülerin, Assistentin, Mitarbeiterin und Kollegin. 1912 heiratete sie einen Wiener Internisten; dennoch blieb sie weiterhin berufstätig. Um ihre Ausbildung als Analytikerin in Berlin fortzusetzen, verließ sie Ehemann und Sohn für ein Jahr. Aus dieser Zeit stammt auch ihr Ausspruch: *„Einsam ist, wer für niemanden die Nummer Eins ist.“*[147]

Helene Deutsch prägte den Begriff der „als ob"-Persönlichkeit: Diese spielen sich selbst sowie ihrer Umgebung verschiedenste Rollen vor, wodurch eine wirkliche Kontaktaufnahme unmöglich wird. Machen sie sich dies bewusst, entsteht ein Gefühl großer Leere sowie die Sehnsucht nach Empfindungen, die von chronischer Langeweile begleitet wird. Einen „Ausweg" vermeint die „als ob"-Persönlichkeit in der Sucht nach Aufregung, in Form von Tätigkeiten oder auch Drogen, zu erkennen.

Da Freud abgesehen von jenem ratlosen „Was will das Weib?" zu keiner Antwort auf die Forderungen der Frauen und der Frauenbewegung im Stande war, ist es nicht verwunderlich, dass sich Helene Deutsch vorwiegend mit der „Psychologie der Frau" auseinander zu setzen begann: Sie analysierte die Bedeutung von Schwangerschaft und Mutterschaft, den Konflikt zwischen Arbeit-Mutterschaft-Erotik sowie die weibliche Sexualität allgemein; 1944/45 erscheint „The Psychology of Women" in zwei Bänden. Auf Englisch, da sie als Jüdin 1935 mit ihrer Familie nach Boston emigrieren musste. Im Gegensatz zu manch anderer Exilantin gelang es ihr, auch in den USA beruflich Fuß zu fassen, und so war sie dort bis zu ihrem Tod 1982 als anerkannte Analytikerin tätig.

Die Richtigkeit der Ansichten Freuds über „die Frau" stellte Helene Deutsch nie in Zweifel, doch interpretierte sie die angeblichen Wesensmerkmale Passivität und Narzissmus positiv und milderte sie ab. Die „weibliche" Passivität sei eine nach innen gerichtete Aktivität, welche „die Frau" zu größerer intuitiver Erfahrung befähige, der Narzissmus ein notwendiger Schutz vor der Destruktivität „ihres" Masochismus. Weibliche Homosexualität bezeichnet sie unhinterfragt als *„Perversion"*[148] und führt sie auf eine schwierige Mutterbeziehung zurück: *„Nur wenn diese Liebe mit einem Übermaß von infantilen regressiven Elementen oder Haßkomponenten verbunden ist, entsteht die Gefahr einer pathologischen Verzerrung der Liebe zur Mutter in Homosexualität. Sonst ist sie ein Segen im Leben einer Frau.“*[149]

Für Freud gehörte Helene Deutsch zu jener Gruppe von Frauen, die er wohlwollend als „Feministinnen" bezeichnete.

Im Gegensatz zu Helene Deutsch, welche sich der Psyche „der Frau" widmete, übernahm Anna Freud, die oft zur Assistentin ihres Vaters reduziert wird, die Erforschung der Psychologie „des Kindes". Die Zuschreibung der Assistentin greift auf jeden Fall zu kurz und lässt Anna Freuds eigenständiges Werk außer Acht. Ihren Probevortrag, aufgrund dessen Anna Freud am 13. Juni 1922 in die „Wiener Psychoanalytische Vereinigung" aufgenommen wurde, hielt sie über „Schlagphantasien und Tagtraum". Außerdem beschäftigte sich die ausgebildete Lehrerin intensiv mit Lernkonzepten. Nach ihrer eigenen Schullaufbahn von 1905 bis 1911 am Wiener Cottage-Lyzeum im 19. Bezirk in der Gymnasiumstraße 79, geleitet von Dr. Salome Goldman, bereitete sich Anna Freud von 1914 bis 1917 im Privatunterricht auf das Examen als Volksschullehrerin vor. Bereits zu ihrem Kandidatinnenjahr wie auch für die folgenden fünf Jahre kehrte sie an Dr. Goldmans Lyzeum zurück, wo sie bis zu dessen Schließung aus finanziellen Gründen 1921 als beliebte Lehrerin sowie bald auch als Assistentin und Sekretärin Dr. Goldmans blieb. 1927 gründete Anna Freud gemeinsam mit Eva Rosenfeld und Dorothy Burlingham-Tiffany ihre eigene „Hietzinger Schule" in der Wattmanngasse 11 im 13. Wiener Gemeindebezirk, um dort unterschiedliche und an Maria Montessori angelehnte Unterrichtskonzepte umzusetzen: In dieser von Adolf Loos eingerichteten Privatschule wurden Kinder ohne Klasseneinteilung von analytisch geschulten LehrerInnen in Form themenzentrierter Projekte unterrichtet. 1937 eröffneten Anna Freud und Dorothy Burlingham-Tiffany auch einen psychoanalytischen Kindergarten samt Krabbelstube.

Nach der Machtübernahme der NationalsozialistInnen floh Anna Freud mit ihrer Familie über Paris nach London. Dort gründete sie die bekannten Hampstead Nurseries – später Hampstead-Klinik genannt, wo sie bis zu ihrem Tod tätig war. Trotz allem konnte sie 1972 sagen: *„Ich für meinen Teil bin vom Schicksal gut behandelt worden und habe mehr empfangen, als ich verdiente.*"[150]

Dabei klang sie 1927 noch anders; ständig überarbeitete sie sich, der Wunsch nach einem eigenen Landhaus als Refugium tauchte immer wieder auf, jeder Mensch wolle *„etwas ganz Bestimmtes*"[151] von ihr und so werde man/frau sich selbst stückweise bei Tag weggenommen: *„Für das Unbrauchbare, das dann übrig bleibt, interessiert sich niemand mehr recht. Aber merkwürdigerweise ist gerade dieses Unbrauchbare erst wirklich man selber.*"[152]

Erst in Dorothy Burlingham-Tiffany fand sie jene Frau, die sich gerade für dieses „Unbrauchbare" zu begeistern begann. Der Vater kommentierte diese Beziehung mit *„Gottlob, Anna ist versorgt!*"[153]

Dorothy Burlingham-Tiffany, Tochter des Glaskünstlers und Juweliers Tiffany, hörte drei Jahre nach ihrer Scheidung 1921 in New York einen Vortrag über die Psychoanalyse und beschloss, diese könne ihren Kindern helfen, mit der Vergangenheit an der Seite eines manisch-depressiven Vaters fertig zu werden. So kam Dorothy Burlingham-Tiffany nach Wien, unterzog sich selbst einer Analyse und ließ ihre Kinder von Anna Freud behandeln.

An ihren Freund Max Eitingon schrieb Anna Freud 1926:

„Ich glaube manchmal, ich will sie [Dorothys Kinder] *gar nicht nur gesundmachen, ich will sie gleichzeitig auch haben. Das kommt zwar vorläufig*

der Arbeit zugute, aber irgendeinmal muss es sie eigentlich stören und im Ganzen kann man es wirklich nicht gut anders als ‚dumm' nennen. Auch der Mutter der Kinder gegenüber geht es mir nicht viel anders. Merkwürdigerweise aber schäme ich mich für alle diese Dinge sehr und besonders vor Papa und erzähle ihm deshalb auch gar nichts davon."[154]

Anna Freud war es auch, welche die Idee entwickelte, die Angst vor der Außenwelt könne so mächtig sein wie die Angst vor internalisierten Instanzen. Wie auch immer man/frau Anna Freuds Beziehung mit Dorothy Burlingham-Tiffany deuten mag, fest steht auf jeden Fall, diese beiden Frauen lebten und arbeiteten bis zu Dorothy Burlingham-Tiffanys Tod zusammen, auch wenn beide eine Interpretation als gelebte lesbische Beziehung bestritten haben. Anna Freud selbst verglich diese Verbindung mit jener eineiiger Zwillinge, die einander in einer idealen Freundschaft zugetan sind. Dorothy Burlingham-Tiffany sah in ihrer Freundschaft *„die kostbarste Beziehung"*,[155] die sie jemals hatte. Anna Freuds Sicht auf Homosexualität korrelierte stets mit dem Klima um sie; 1950 sah sie darin noch eine therapiewürdige *„Perversion"*,[156] 1967 sprach sie von einer *„angeborene Bisexualität"*,[157] es sei die Umwelt, welche die Wünsche in die eine oder andere Richtung lenke, und die Frauenliebe sei eine *„Fixierung an die pflegende Mutter"*; eine Frau wähle sich eine Frau, die das eigene verlorene Weibliche repräsentiere, und männliche Freunde als Repräsentant der eigenen ehrgeizigen Pläne.[158]

Jahre später, als Dorothy Burlingham-Tiffany im Sterben lag, sagte Anna Freud, das Fallen der Herbstblätter erinnere sie an „Cyrano de Bergerac", ein Stück, das sie erstmals während ihrer eigenen Analyse bei ihrem Vater gelesen und das sie tief bewegte hatte.

Cyrano zieht in den Krieg, ohne der angebeteten Roxanne seine Liebe mitzuteilen, weil er die Ablehnung aufgrund seiner übergroßen Nase fürchtet. Durch dies Zögern vergibt er sich jedoch die Möglichkeit einer Erfüllung und verpasst, was er hätte erleben können:

„Die Mutter selbst fand mich nicht hübsch, und Schwestern
besaß ich nicht. Vor jedem Liebestraum
ließ mich die Furcht vor Spott erbeben.
Dir dank ich's, dir allein, dass durch mein Leben gestreift ist eines
Frauenkleides Saum."[159]

Nach Dorothy Burlingham-Tiffanys Tod im November 1979 trug Anna Freud den Pullover der Freundin und streichelte ihn stellvertretend für die Frau, die sie nicht mehr berühren konnte. Drei Jahre danach, am 9. Oktober 1982, starb Anna Freud.

Maria-Theresien-Straße: 24

Benannt nach Maria Theresia (1717–1780).

Siehe: Maria-Theresien-Platz. Seite 127f.

25   Wipplingerstraße 24:

Zu Besuch im ehemaligen Atelier der Mme d'Ora (1881–1963).
Oder: *„Kampf, Leidenschaft, Chaos, Grauen und Entartung"*
im Tanz Gertrud Bodenwiesers (1890–1959).

Mme d'Ora war die erste Fotografin, die in Wien ein eigenes Atelier eröffnete, dennoch ist heute ihr Name nur noch begeisterten BetrachterInnen
alter Fotografien ein Begriff. Mme d'Oras bürgerlicher Name war eine Spur
weniger golden, sie hieß Dora Philippine Kallmus und war die Tochter
eines Notars. Bereits 1900 beschloss sie, Fotografin zu werden. Diese
Lehre war Frauen aber verwehrt, genauso die Ausbildung an der „k. k.
Lehr- und Versuchsanstalt für Fotografie und Reproduktionsverfahren" in
Wien. 1905 gelang es Mme d'Ora, einen Gesellschaftsfotografen in seinem
Sommeratelier bei der Arbeit zu begleiten. Sie erhielt eine Sondererlaubnis
und die k.k. Fotografische Gesellschaft nahm sie im gleichen Jahr als erstes
weibliches Mitglied auf. Dort erlernte sie die Praxis in der Dunkelkammer.
In Berlin setzte sie ihre Ausbildung bei Nicola Perscheid fort, da er – wie
Mme d'Ora – die Fotografie als Kunstform interpretierte.
1907 kehrte sie nach Wien zurück und eröffnete ihr eigenes Atelier, das
bis 1927 bestand. 1916 folgten wichtige offizielle Aufträge: Sie fotografierte die Krönung Kaiser Karls zum König von Ungarn und verfertigte 1917
eine Portraitserie der kaiserlichen Familie. Mme d'Oras KundInnen kamen
aus der jüdischen Wiener Intelligenz, aus dem Adel, der Wissenschaft,
der Presse oder der Kunst: Alma Mahler-Werfel, Berta Zuckerkandl-Szeps,
Anna Sacher, die Modeschöpferin Emilie Flöge, die Tänzerin Anna Pawlowa
und die Schwestern Grete, Else und Berta Wiesenthal, Tina Blau und die
Primadonna Maria Jeritza zählten zu ihren AuftraggeberInnen.[160]
Ab 1917 ist Mme d'Ora mit großem Erfolg in der inländischen und internationalen Modefotografie tätig, so auch für die „Wiener Werkstätte".
In den Jahren 1921 bis 1926 zog Mme d'Ora in den Sommermonaten ihr
Sommeratelier in Karlsbad vor. Nach mehrfachen Aufenthalten in Paris

erstand sie dort 1925 gleichfalls ein Atelier, 1927 übersiedelte sie gänzlich dorthin und verkaufte ihr Wiener Atelier an ihren Kollegen.

Mme d'Ora galt als geschäftstüchtig, selbstbewusst und von sich selbst sowie der künstlerischen Qualität ihrer Arbeit überzeugt. Sie war es, die bei den Aufnahmen Regie führte, diese szenisch arrangierte und neue Bildlösungen fand; den Auslöser betätigte jemand anderer. Mme d'Ora vereinte in ihrem Stil repräsentative und individuelle Charakterisierung des Menschen durch eine geschickte Regieführung. Ihre Aufnahmen wirken zufällig, mit hoher Aussagekraft. Sie folgen Kompositionsprinzipien ähnlich jenen der Malerei. Im Laufe der Zeit wird ihr Stil immer expressiver.[161] Von 1940 an bis zum Kriegsende zog sie sich nach Südfrankreich zurück, wo sie versteckt überlebte. Wie so viele kehrte Mme d'Ora zuerst einzig zu einem kurzen Besuch 1946/47 nach Österreich zurück, um hier Aufnahmen in Flüchtlingslagern zu machen. Erstmals fotografierte sie nicht im Atelier, sondern begab sich hinaus, um das Elend und die Resignation der Flüchtlinge fest zu halten. 1950 bis 1958 entstanden in Paris schockierende Schlachthaus-Bilder, bei denen sie die Grausamkeit des industrialisierten Tötens zum Thema machte.

1961 zog sie nach Frohnleiten, in die Steiermark, wo es einem Freund gelungen war, das von den Nazis konfiszierte Haus zurückzugewinnen.

Seit 1915 beschäftigte sich Mme d'Ora mit dem Thema Tanz und der fotografischen Darstellung von Tänzern und Tänzerinnen. Sie verfertigte 16 Fotos für Anita Berbers Veröffentlichung zu „Die Tänze des Lasters, des Grauens und der Ekstase" (Wien 1922) und auch eine Bildserie für Gertrud Bodenwieser, die nach einem klassischen Ballettstudium 1919 debütierte. Mme d'Ora und ihrem Atelier ist es zu verdanken, dass eine Serie der eindrucksvollsten Tanzposen aufgenommen wurde und uns so erhalten blieb.[162]

Gertrud Bodenwieser versuchte mit ihrem expressionistischen Ansatz u. a. maschinelle Bewegungen in künstlerische Form zu übertragen. Ihre Choreographie „Dämon Maschine" (1924) ist bis heute legendär.

Dass Tanz sehr wohl revolutionäres Potential haben kann, zeigte Gertrud Bodenwieser mit ihrem Konzept des Ausdruckstanzes:

„Im Tanz manifestieren sich Einklang und Ausdruck gleichermaßen; wer damit gegen ein totalitäres Regime aufsprang oder in einer rassistischen Ideologie durch Herkunft bzw. Kultur ‚aus der Reihe tanzte', war mit physischer Verfolgung bedroht und zur Flucht gezwungen."[163]

Wie Mme d'Ora setzte sich Gertrud Bodenwieser auch theoretisch damit auseinander, was sie künstlerisch schuf. Gemäß Auguste Rodin war Schönheit für sie Charakter und Ausdruck: *„Mein Streben geht dahin, daß meine Schüler den Tanz als Bekenntnis, als letzten Ausdruck ihres Ichs erfassen möchten [...]."*[164]

Gertrud Bodenwieser lehrte ab 1921 Tanz und Gymnastik am Konservatorium in Wien, von 1926 bis 1938 an der Akademie für Musik und darstellende Kunst.

Aus ihrer Schule gingen Tänzerinnen wie Gertrud Kraus und Hilde Holger, die bald mit eigenen Auftritten für Aufsehen sorgten. Bei Gertrud Kraus zirkulierten die Choreographien immer wieder um jüdische Themen; die Tanzpionierin Hilde Holger hingegen wechselte vom Roboterhelm zum javanischen Kostüm, war Harlekin, Vamp oder wie bei ihrem Solodebüt – Schuberts „Die Forelle" – eine Frau am Boden im langen silbernen Schuppenkleid.

Gertrud Bodenwieser gelang 1938 die Emigration über Kolumbien. Sie folgte der Tänzerin Shona Dunlop nach Neuseeland. Von dort zog sie weiter nach Australien, wo sie in Sydney eine Schule gründete und bis zu ihrem Tod lebte.

26 Dr.-Karl-Lueger-Ring / Nike:

Wo Frauen nicht nur am Frauentag (8. März) protestierten.
Und: die Siegesgöttin Nike.

Die Ringstraße, die 1865 eröffnet wurde, ersetzte im Zuge der Stadterweiterung die alten Befestigungs- und Verteidigungsanlagen; sie ist 6,5 km lang und teilweise als Allee gestaltet. Ihre Monumentalbauten, deren historisierende Form als Ringstraßen-Stil bezeichnet wird, wurden erst zwischen 1869 und 1888 fertiggestellt. Seit der Wende vom 19. zum 20. Jahrhundert wird der Abschnitt der Ringstraße zwischen Rathaus und Parlament gerne für Festzüge und Demonstrationen genützt:

„Ihr Männer, stehet uns zur Seite,
Heraus, wer Sozialist sich nennt!
Wir helfen Euch in eurem Streite,
Wenn er auch noch so heiß entbrennt,
Nun müßt Ihr eure Hilf' uns leih'n,
Soll uns der Preis gewonnen sein!" [173]

So sangen demonstrierende Frauen im Frauenwahlrechtslied aus Anlass des Ersten Internationalen Frauentages am 19. März 1911.

Eine eindeutige Entstehungsgeschichte des Internationalen Frauentags lässt sich nicht rekonstruieren, dafür ranken sich zahlreiche Mythen und Legenden darum herum. Sozialistische Ursprungserzählungen zum Frauentag gibt es mehrfach: die deutsche Sozialistin Clara Zetkin habe 1910 auf der „Zweiten Internationalen Sozialistischen Frauenkonferenz" in Kopenhagen die Errichtung eines „Internationalen Frauentages" vorgeschlagen – noch ohne Festlegung auf ein konkretes Datum; nordamerikanische SozialistInnen deklarierten bereits 1909 den letzten Sonntag im Februar zum „Nationalen Tag der Frau". Oder: 1921 habe Wladimir I. Lenin in Gedenken an den St. Petersburger Frauenaufstand vom 23. Februar 1917, der als Auslöser für die Februarrevolution galt (nach Julianischem Kalender 8. März), den 8. März zum „Internationalen Frauentag" erklärt. [174]

Ein Frauentag war jedoch bereits um 1910 nicht wirklich eine neue Idee, denn die Einführung eines österreichischen Frauentages wurde schon 1892 im Kreis um Rosa Mayreder und Auguste Fickert diskutiert, und obgleich sie damals ein Datum „um Pfingsten" anvisierten, fand er letztlich dennoch nicht statt: Mancher Frau erschien die Idee zu radikal, anderen war „ein Tag" zu wenig.

Erst für den 19. März 1911 ist belegt, dass in Wien – wie auch in Dänemark, Deutschland, der Schweiz und den USA – zehntausend Frauen in Richtung Parlament marschierten, um ihr Recht auf politische Mündigkeit einzufordern. Viele Demonstrantinnen sahen in diesem Marsch auch ein Bekenntnis zum Sozialismus, von dem sie glaubten, er werde die Befreiung der Frau mit sich bringen.

Eine Einstellung, die sich bis in die 1980er-Jahre findet – so irgendwie und nebenher werde dies geschehen, wie ZynikerInnen nicht zu Unrecht kritisierten. Dabei erkannte Rosa Jochmann schon 1958:

„Ich bin überzeugt, dass auf der Konferenz der Sozialistischen Internationalen für die Frauenfrage nicht mehr als eine halbe Stunde Zeit bleiben wird. Ebenso bin ich überzeugt, dass bei Themen, die über unsere Frauentage und Muttertage hinausgehen, die männlichen Delegierten das Gefühl haben, dass wir Frauen eigentlich unberechtigt mitreden. [...] Es wird noch viel Wasser in die verschiedenen Flüsse fließen, ehe sich diese Dinge ändern werden."[175]

Die spätere Staatssekretärin für allgemeine Frauenfragen Johanna Dohnal hierzu: *„Auch sozialistische Männer sind Männer und wollen jemanden, der Zuhause den Dreck weg räumt, und betrügen ihre Frauen nach Strich und Faden. Außerdem wollen sie die Ordnung bewahren, die wir gerade umkrempeln wollen."*[176] Manche führen den „Internationalen Frauentag" auf einen spontanen Streik New Yorker Textilarbeiterinnen am 8. März 1857 gegen niedrige Löhne oder auf eine Feier im KZ Ravensbrück im Jahr 1945 zurück.[177] Andere brachten sogar die Muttertagsfeierlichkeiten ins Spiel:

„Der Erfolg des bürgerlichen Muttertages veranlasste die SP-Frauen, sich ebenfalls um die Mütter als Zielgruppe zu kümmern und ähnliche Feiern zu veranstalten. Das Zentralsekretariat der SPÖ schlug vor, den Frauentag mit dem Muttertag zusammen zu legen und den gemeinsamen Feiertag in den Herbst zu verschieben. Damit sollte die Konkurrenz des Frauentages zu den Maifeiern geschwächt und der 1. Mai als alleiniger festlicher Höhepunkt des Frühjahres gesetzt werden. Zwar befürworteten viele Mitglieder des Frauenzentralkomitees die gemeinsamen Feiern, doch sprach sich die Mehrheit des Frauenzentralkomitees gegen eine Verlegung in den Herbst aus. Muttertag und Frauentag wurden weiterhin getrennt gefeiert."[178]

Ob die Siegesgöttin Nike, die vis-à-vis der Universität einem Wiener Bürgermeister aus dem 17. Jahrhundert, Johann Andreas von Liebenberg, der die Verteidigung der Stadt gegen einfallende Türken vorbereitete, einen Lorbeerkranz überreicht, jemals auch den demonstrierenden Frauen Mut machte, sei dahin gestellt. Ein Kranz wurde ihnen wohl nie gewun-

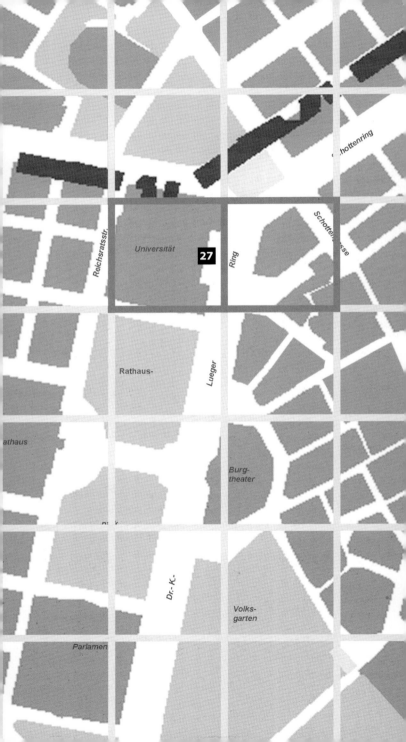

Dr.-Karl-Lueger-Ring:

27

Die Hauptuniversität Wien und die Frauen: Ein Ehrendoktor für die Autorin Marie von Ebner-Eschenbach (1830–1916). Dr. Christine Touaillon (1878–1928), eine der ersten weiblichen akademischen Lehrerinnen an der Universität Wien, und die Kernphysikerin Dr. Lise Meitner (1878–1968).

„Bei Acht und Aberacht verbiete man den Leuten, sich ins Wasser zu wagen, und spricht ihnen dann die Fähigkeit ab, schwimmen zu lernen.“[165]

Was Betty Paoli hier auf den Punkt bringt, ist eine Debatte, die zu Ende des 19. Jahrhunderts die Gemüter erhitzte: jene der angeblichen „cerebralen Minderwertigkeit" der Frau – nachdem Mädchenbildung über Jahrhunderte kein Thema war. Seit dem 8. Jahrhundert wurden Novizinnen im Kloster unterrichtet; an diesem Unterricht konnten auch Töchter des Adels – und später Töchter wohlhabender BürgerInnen – teilnehmen. Im Hochmittelalter entstanden in den Städten auch weltliche Mädchenschulen. Martin Luther forderte erstmals Schulen für das Volk – wobei sich seine Zielsetzung für die Mädchenbildung im Lesen der Bibel erschöpfte. Bis zum Ende des 18. Jahrhunderts war Bildung weitestgehend den oberen Gesellschaftsschichten vorbehalten.

Erst Maria Theresia führte 1774 mit der „Allgemeinen Schulordnung für die deutschen Normal-, Haupt- und Trivialschulen in sämmtlichen Kayserlichen Königlichen Erbländern" die allgemeine Schulpflicht ein, denn sie sah darin eine Möglichkeit, die Machtstellung ihres Landes in Europa zu behaupten.

Für Mädchen bedeutete dies, (relativ) unabhängig von der sozialen Schicht aus der sie kamen, den Besuch einer sechsjährigen Volksschule, wobei eingeräumt werden muss, dass Mädchenbildung vor allem Handarbeiten bedeutete.

Ende des 18. Jahrhunderts entstanden die so genannten k. k. Offiziers-Töchter-Erziehungs-Institute – zum Beispiel im 17. Wiener Gemeindebezirk

in der Kalvarienberggasse 28; hier erhielten Offiziers- und Beamtentöchter eine Ausbildung zur Gouvernante. Wer darüber hinaus lernen wollte, war all die Jahrhunderte über auf reiche, aufgeschlossene Eltern angewiesen, die PrivatlehrerInnen engagierten; und dieser Unterricht war obendrein mehr oder weniger darauf ausgerichtet, aus den Töchtern eine „bessere Partie" zu machen: Sie sollten sich gepflegt unterhalten, nette Briefe schreiben und Mann wie auch Gäste durch ihre musikalischen Talente unterhalten können. Etwa die Hälfte der Unterrichtszeit war dem Handarbeiten gewidmet. Besaß die Tochter Begabung für Malerei, so durfte sie Stillleben und Landschaften aquarellieren – sicher keine Porträts oder Aktbilder malen. Sollte sich eine Tochter jedoch für anderes begeistern, für Mathematik, Chemie oder Physik, für Philosophie oder Griechisch, dann bekam sie zumeist diese Antwort: „Ja, wenn du ein Junge wärst ...!"
Manche hatten Glück und Eltern, die sie am Unterricht ihrer Brüder teilnehmen ließen. Andere hatten zwar keine Brüder, aber dennoch Unterricht in den Naturwissenschaften. Ohne Kenntnisse in diesen Fächern war an das Bestehen einer externen Matura nicht zu denken. Dies wurde ab 1872 möglich, die Maturazeugnisse enthielten jedoch vorerst keine „Reifeklausel", was somit auch keinen Zugang zur Universität bedeutete.
Seit 1867 hieß es im Staatsgrundgesetz der österreichisch-ungarischen Monarchie in Artikel 18: *„Es steht Jedermann frei, seinen Beruf zu wählen und sich für denselben auszubilden, wie und wo er will."*[166] Zur Erinnerung: „Jedermann" heißt nicht „Jederfrau".
1868 wurde eine erste Mittelschule für Mädchen in Form einer Handelsakademie eröffnet, 1869 trat das Reichsvolksschulgesetz in Kraft, das Österreichs ehemalige Vorreiterrolle im staatlichen Bildungswesen nur dahingehend ausbaute, dass die Unterrichtspflicht für Knaben auf acht Jahre erhöht wurde und Mädchen die Möglichkeit erhielten, nach einer fünfjährigen Volksschule eine dreijährige Bürgerschule zu besuchen. Weiters begrenzte man die Klassengröße auf maximal 80 SchülerInnen.
1891 wurde das erste Lyzeum mit Öffentlichkeitsrecht für Mädchen eröffnet, im folgenden Jahr, 1892*, eine private gymnasiale Mädchenschule, die aufgrund einer Initiative des „Vereins für erweiterte Frauenbildung" entstand, dessen Vorstandsmitglied Marianne Hainisch war.
Der Unterschied zwischen Lyzeum und gymnasialer Mädchenschule? Der Lehrplan des Lyzeums folgte eher der traditionellen Mädchenbildung, der Unterricht war an die „weibliche Eigenart angepasst". Wer vom Lyzeum kam, konnte also trotz Reifeprüfung die Universität nur als außerordentliche Hörerin besuchen und danach das Lehramt an einem Lyzeum übernehmen. Der Lehrplan der gymnasialen Mädchenschulen war weniger auf die so genannte „Mädchenbildung" reduziert; diese Schulen wurden jedoch

---

* In Prag gab es bereits 1890 ein Mädchengymnasium.

staatlich nicht anerkannt, was auch bedeutete, dass sie nicht gefördert wurden und daher teuer waren. Ihren Abschluss mussten die Schülerinnen der gymnasialen Mädchenschulen trotzdem noch extern und nach dem 18. Geburtstag an einem Knabengymnasium machen. Nochmals vergingen neun Jahre (1901), bis der Vermerk „Reif zum Besuch einer Universität" – zumindest für einige Fakultäten – ein mögliches Studium bedeutete.

Ein Wechsel vom Lyzeum zur gymnasialen Mädchenschule wurde erst 1912 möglich: Nach vier Jahren Lyzeum konnten Mädchen nun in die Oberstufe eines Realgymnasiums wechseln, um dort die Reifeprüfung abzulegen. Die staatliche Unterstützung der Mädchen-Realgymnasien entsprach zu dieser Zeit aber nach wie vor einem minimalen Prozentsatz jener Summe, welche die Jungen-Gymnasien erhielten. Übrigens gab es 1892, als die erste gymnasiale Mädchenschule gegründet wurde, bereits 77 Knabengymnasien.

Anfragen von Frauen, die an der Universität studieren wollten, gab es schon seit 1870, doch wurden diese Anträge stets abgelehnt. 1878 wurden erstmals so genannte Hospitantinnen zugelassen, denen es jedoch nicht gestattet war, Prüfungen bzw. einen Abschluss zu machen.

Zum Vergleich: Ein Studium war Frauen in der Schweiz bereits ab 1863 möglich.

In Österreich wurden zudem im Ausland erworbene medizinische Doktorate erst ab März 1896 anerkannt, wenn die Doktorinnen bereit waren, alle Rigorosen nochmals abzulegen und den Beweis eines moralisch einwandfreien Vorlebens erbrachten. Dr. Gabriele Possanner machte dies und eröffnete als erste Ärztin im Mai 1897 in Wien ihre Praxis.

Vorurteile – nicht nur um 1900 – gegenüber der Frauenbildung waren: Frauen wären aufgrund des weiblichen Schamgefühls nicht zum Medizinstudium geeignet, Ärztinnen wären per se „eine Gefahr", der Wunsch der Frauen zu studieren sei „hysterischer Natur", aufgrund des geringeren Gewichts des Frauengehirns sei es zum Studieren ungeeignet, Menstruation mache Bildung unmöglich, Frauen drohe unter anderem Haarausfall, unreiner Teint, Abmagerung, der Verlust der „wichtigen" weiblichen Rundungen, mehr noch: sie würde zum „Mannweib", zur Lesbe „verkommen" usw.

Die erste Fakultät, die in Österreich Frauen offen stand, war die Philosophische (ab März 1897; im WS 1897/98 inskribierten drei Studentinnen). Ab 1900 wurden Frauen in Österreich zum Medizinstudium zugelassen; erst 19 Jahre später zur juristischen Fakultät. 1923 durfte frau evangelische Theologie studieren; katholische Theologie erst 1939.

Im Studienjahr 1904/05 wurden an Österreichs Universitäten 1.224 Studentinnen unterrichtet, davon 288 ordentliche, 512 außerordentliche Hörerinnen und 424 Hospitantinnen.

Mit Erlass von 1907 konnten Frauen auch – rein theoretisch – zu Assistentinnen bestellt und zur Habilitation zugelassen werden, doch wurden Männer weiterhin bevorzugt. Um 1910 teilte der Dekan der Romanistin

Elise Richter als Antwort auf ihr Ansuchen um eine Dozentur mit, ob ihr nicht klar wäre, wie grundsätzlich unmöglich es sei, dass Männer sich von einer Frau unterrichten ließen.

Dementsprechend übten etwa im Wintersemester 1929/30 erst sechs Frauen an der Wiener Universität den Beruf einer Hochschullehrerin aus. In der Hochschulstatistik von 1991 waren es „bereits" 10 ordentliche Professorinnen.

Anfang des 19. Jahrhunderts wurde die Ausübung des Lehrberufs als Durchgangsphase bis zur Verehelichung gewertet. Ende des 19. Jahrhunderts war in den so genannten „Zölibatsklauseln" von einer „freiwilligen Dienstentsagung bei Verehelichung" die Rede, doch konnte eine Ehe-Erlaubnis vom jeweiligen Landesschulrat erteilt werden. Auguste Fickert „befürwortet[e] anfangs das Heiratsverbot für Lehrerinnen, weil ‚ihr die Ehe [...] zu zeitraubend für die Berufstätige vorkam".[167] Doch bereits um 1900 engagierte sie sich für das Ende des „Lehrerinnen-Zölibats". In der Wiener „Zeitschrift für Frauen-Stimmrecht" (Ausgabe vom Oktober 1911) fand sich der Vermerk, man habe im niederösterreichischen Landtag am 29. September 1911 nach einer heftigen Debatte den Beschluss gefasst, im Wiener Gemeindegebiet das „Zölibat" aufzuheben, nicht jedoch in Niederösterreich.

Während des Ersten Weltkrieges war es Lehrerinnen auch erlaubt, gemischte oder reine Buben-Klassen zu unterrichten, da es an männlichem Lehrpersonal mangelte. Zudem wurde in diesen Jahren die „Zölibatsregel" weniger streng gehandhabt. Mit der Rückkehr der Männer nach Kriegsende sah man die „Zölibatsklausel" wieder wesentlich restriktiver – ein Phänomen, das übrigens nicht nur auf den Beruf „Lehrerin" zutrifft. Ab 1933/34 verschärfte sich die Situation: Verdiente ein Ehemann, der im Bundesdienst tätig war, mehr als 340 Schilling verlor die Lehrerin ihre Anstellung; verheiratete Lehrerinnen erhielten keine neuen Dienstverträge.

Endgültig abgeschafft wurde die „Zölibatsbestimmung" erst nach 1945; da sie kein Gesetz mehr darstellte, ist eine exakte Datierung des Endes dieser Klausel schwierig. Das Risiko, die Arbeit zu verlieren, wenn eine Lehrerin an eine Verehelichung dachte, bestand lange Zeit. Denn nur die unverheiratete Frau, die somit nicht durch einen Mann „versorgt" war, hatte in den Augen ihrer Zeitgenossen ein Recht auf Arbeit. Anfang der 1960er-Jahre war auf jeden Fall noch die Zustimmung des Dienstgebers (Landesschulrat oder Stadtschulrat) zur Heirat notwendig. Im „Schulgesetzwerk" ist erst 1962 nicht mehr von einem „Zölibat" oder Ähnlichem die Rede.

Ab 1910 konnten Mädchen an Knabengymnasien aufgenommen werden; doch war ihr Anteil auf 5% der GesamtschülerInnenzahl beschränkt und sie durften weder aktiv am Unterricht teilnehmen, noch geprüft werden. Erst 1918 reformierte Otto Glöckel, angeregt durch die Pädagoginnen Eugenie Schwarzwald, Auguste Fickert und Stefanie Nauheimer, das Schulsystem: Jedes Kind sollte unabhängig von Geschlecht und sozialer Lage eine optimale Bildung erhalten.

Ab 1919 wurden Mädchen ohne prozentuelle Einschränkung auch an Knabenschulen aufgenommen. 1927 wird die Hauptschule als Pflichtschule für zehn- bis vierzehnjährige Kinder eingeführt und ersetzt die Bürgerschule. Im Ständestaat, 1934 bis 1938, wurden die Bildungsmöglichkeiten für Mädchen reduziert. Zur Zeit des Nationalsozialismus unterschied man erneut strikt zwischen Mädchen- und Knabenbildung, und Ersterer wurde als oberstes Ziel wieder einmal die Mutterschaft verpasst. Mädchen waren zur höheren Bildung nur noch an Oberschulen zugelassen; zum Besuch einer anderen Schulform war eine ministerielle Genehmigung nötig. Die Schulbildung wurde streng an das nationalsozialistische Weltbild angepasst; andere Schulen wie zum Beispiel die Schwarzwaldschen Reformschulen werden geschlossen.

Erst 1962 erfolgte eine grundlegende Schulnovelle, die insbesondere die LehrerInnenausbildung betraf. 1974 entstand das auch heute noch gültige Schulunterrichtsgesetz. Im Jahr danach wurde die heute wieder viel diskutierte Koedukation eingeführt.

In den 1970er Jahren reformierte Dr. Hertha Firnberg, Bundesministerin für Wissenschaft und Forschung, die Bildung als Menschenrecht ansah, die Universitäten: Einführung der Gebührenbefreiung an allen Universitäten sowie Kunsthochschulen (Hochschul-Taxengesetz 1972), das Universitäts-organisations-Gesetz (UOG) mit verstärkter Mitbestimmung des universitären Mittelbaus, um demokratische Entscheidungsabläufe zu sichern und eine Reform des Stipendienwesens. Im Herbst 1973 wurde das UOG nach langen Protesten der Professoren im Parlament vorgelegt und 1975 mit den Stimmen der SPÖ gegen die Opposition verabschiedet; mit 1. Oktober 1975 trat es in Kraft. Dr. Hertha Firnberg wurde übrigens im 10. Wiener Gemeindebezirk die Hertha-Firnberg-Straße gewidmet.

Im Arkadengang der Universität Wien stehen 154 Büsten und Gedenktafeln bedeutender WissenschafterInnen der Universität Wien der Jahre 1700 bis 2005, nur eine davon ist einer Frau gewidmet. Dabei könnte hier auch folgender anderer Frauen gedacht werden:

- Gabriele Gräfin Wartensleben (Klassische Philologie): Erste Doktorin der Philosophie am 3. Mai 1900.
- Dr. Berta Karlik (Physikerin): Erste weibliche Ordinaria 1956.
- Dr. Dora Winkler-Hermann (Evangelische Theologie): Erste Promotion an der Wiener evangelisch-theologischen Fakultät 1937. Sie wurde als erste Frau 1945 mit einer Ausnahmeregelung in der Diözese Tirol zum Geistlichen Amt ordiniert.
- Dr. jur. Charlotte Leitmeier (Juristin, katholische Theologin): Nach Abschluss ihres Jusstudiums (1933) war sie erste ordentliche Hörerin an der katholisch-theologischen Fakultät in Wien 1933 bis 1936 (mit einer Sonderbewilligung des Wiener Erzbischofs Kardinal Theodor Innitzer). Der Zugang zu einem Doktoratsstudium blieb ihr jedoch verwehrt. 1968 wurde sie trotzdem Ordinaria für Kirchenrecht.

- Dr. Gabriele Possanner von Ehrenthal (Ärztin): Erste Frau mit dem Titel Medizinalrat.
- Dr. jur. Marianne Beth (Rechtsanwältin, Eherecht[168]): Erste Juristin, die am 13. Juni 1921 in Wien promovierte.
- Dr. jur. Sybille Bolla-Kotek (römisches Recht und seine Geschichte): Eine der ersten Universitätsprofessorinnen für Juristik.

Im Arkadengang der Hauptuniversität wurden einzig zwei Frauen verewigt: die eine sitzt mittig, ein namenloses Standbild, zu ihren Füßen windet sich eine Schlange; die andere erhielt als erste Frau im Jahr 1900 das Ehrendoktorat der Universität Wien sowie als erste Frau das österreichische Ehrenzeichen für Kunst und ist heute für ihre Aphorismen bekannt: *„Als eine Frau lesen lernte, trat die Frauenfrage in die Welt"*,[169] erklärte die Autorin Marie von Ebner-Eschenbach, die zum Missfallen ihrer Familie zu schreiben begann: *„Dem großen Publikum ist ein Buch nicht leicht zu schlecht, sehr leicht aber zu gut."*[170] „Das Gemeindekind" sowie die Sammlung der „Dorf- und Schlossgeschichten" (darin enthalten ist auch der bekannte Text „Krambambuli") zählen heute noch zur Schullektüre.

Weitere Ehrendoktorinnen der Universität Wien sind Helen Taussig (Medizinische Fakultät) und Enrica Malcovati (Philologische Fakultät) sowie Elise Richter (Philosophische Fakultät).

Erwähnt sei hier auch noch eine der ersten Dozentinnen der Universität Wien, die Literaturwissenschafterin Dr. Christine Touaillon. Sie erhielt 1897 die Lehrbefugnis zum Unterricht an der öffentlichen Volksschule. Neben ihrer Unterrichtätigkeit als Lehrerin inskribierte sie sich im WS 1897/98 als außerordentliche Hörerin, daneben nahm sie Privatunterricht, um „das Gymnasialstudium nachzuholen". Im Sommer 1902 maturierte Christine Touaillon am Staatsgymnasium in Salzburg. Nunmehr galt sie als ordentliche Hörerin. Im Herbst 1910 begann sie, an der ersten Gesamtdarstellung des deutschen Frauenromans des 18. Jahrhunderts zu arbeiten, die 1919 im Verlag Wilhelm Braumüller erschien und die sie im gleichen Jahr an der philosophischen Fakultät in Graz als Habilitationsschrift vorlegte. In Wien war sie neben ihrer Lehrtätigkeit an der Universität nach Auguste Fickerts Tod auch für das „Neue Frauenleben" tätig, dessen belletristischen Teil sie herausgab.

Auch die 2006 verstorbene Autorin Inge Merkel, die nach ihrer Promotion 1944 als wissenschaftliche Assistentin am Seminar für Klassische Philologie lehrte, bevor sie an ein Wiener Gymnasium als Latein-Professorin wechselte, kann an der Universität Wien verortet werden. Als 1982 ihr erster Roman, „Das andere Gesicht", erschien, war Inge Merkel 60 Jahre alt. Sie verfasste einen Erzählband und fünf weitere Romane, für die sie zahlreiche Ehrungen erhielt.

Wie schwierig es war, an der Universität Fuß zu fassen, zeigte sich auch bei Lise Meitner: In der Heinestraße 27 – ehedem Kaiser-Josef-Straße Nr. 27 – im 2. Wiener Gemeindebezirk befindet sich eine kleine Tafel links der Eingangstür, die auf das Geburtshaus der Kernphysikerin hinweist.

Lise Meitner studierte in Wien; ihr Hauptrigorosum, den mündlichen Teil ihrer Doktorprüfung, bestand sie am 11. Dezember 1905 – einstimmig und mit Auszeichnung als zweite Frau, die in Wien im Hauptfach Physik promovierte. Zudem war Lise Meitner erst die vierte Doktorin an der Wiener Uni. 1907 zog sie nach Berlin, forschte in Zusammenarbeit mit dem Chemiker Otto Hahn:

„Manchmal bin ich kleinmütig, und mein Leben mit seiner großen Unsicherheit, die ewig sich wiederholenden Sorgen und dem Gefühl meiner Ausnahmestellung, des absoluten Alleinseins, erscheint mir dann kaum erträglich. Und was mich am meisten drückt, ist der schreckliche Egoismus, der in meiner jetzigen Lebensweise liegt. Alles, was ich tue, nützt im besten Falle mir allein, meinem Ehrgeiz und meiner Freude am wissenschaftlichen Arbeiten [...], aber irgendwie müsste unser Leben mit dem der anderen verknüpft sein. Ich aber bin vogelfrei[,] weil ich niemandem nütze. Vielleicht ist das die schlimmste Einsamkeit, der man verfallen kann."[171]

Lise Meitner (Mitte) mit Frau Planck (links) u. E. Schiemann bei einem Ausflug 1908

Anfang der 1920er-Jahre wurde sie als Professorin für Physik zugelassen: Ihre Antrittsvorlesung hielt sie im Oktober 1922 an der Berliner Universität zum Thema „Die Bedeutung der Radioaktivität für kosmische Prozesse". Ein Journalist, der über ihren Vortrag eine Meldung schrieb, hielt wohl die Tatsache, dass eine Frau über den Kosmos spreche, für derartig unmöglich, dass er die „kosmischen Prozesse" kurzerhand zu „kosmetischen" erklärte.

Wichtig für Lise Meitner wurde insbesondere auch die lebenslange Freundschaft mit der Biologin Elisabeth Schiemann, von der noch heute ein mehr als 50 Jahre dauernder Briefwechsel zeugt.

Nach der Machtergreifung der NationalsozialistInnen in Österreich wurde
die Situation für die österreichische Jüdin in Berlin zusehends schwieriger.
FreundInnen verhalfen ihr zur Flucht. 1938 erreichte sie über Holland
und Dänemark Schweden. In (brieflicher) Zusammenarbeit mit Otto Hahn
entdeckte sie die Kernspaltung; er erhielt für ihre gemeinsamen Arbeiten
1946 den Nobelpreis. Mit Ende des Zweiten Weltkrieges kehrte Lise
Meitner weder nach Deutschland noch nach Österreich zurück, da sie die
Art und Weise, wie man/frau der eigenen Vergangenheit in diesen Ländern
begegnete, bestürzte. Es war ihr unbegreiflich, wie die FreundInnen nicht
bemerken konnten, was in Hitlers Reich für Gräulichkeiten vor sich gingen. So zitierte sie Max Planck, den sie 1943 getroffen hatte und der
ihr damals schon sagte: *„Uns müssen schreckliche Dinge geschehen, wir
haben schreckliche Dinge getan."*[172]
Nach ihrer Pensionierung zog Lise Meitner zu ihrem Neffen nach Cambridge.
Dort starb sie am 27. Oktober 1968.

28 Dr.-Karl-Lueger-Ring 4 / Oppolzergasse 6:

Wo Berta Zuckerkandl-Szeps (1864–1945) Salon hielt. Oder:
Porträt einer Journalistin und 50 Jahre Weltgeschichte.

Heute erinnert eine kleine Tafel rechts vom Eingang des Cafés „Landtmann"
an Berta Zuckerkandl-Szeps, die in jenem Haus, dem Palais Lieben-Auspitz,
von 1917 bis 1938 wohnte.
Wie ihr Vater, Eigentümer des „Neuen Wiener Tagblatts", beschloss
sie, Journalistin zu werden. Er ließ beide Töchter, Berta und ihre ältere
Schwester Sofie, durch Privatunterricht ausbilden, für den er Spezialisten
des jeweiligen Faches engagierte.
Berta Zuckerkandl-Szeps wurde bald zur Sekretärin und Vertrauten des
Vaters; bereits als 17-Jährige schrieb sie für die Kunstkolumne der „Wiener
Allgemeinen Zeitung". In der Nachfolge Felix Saltens übernahm sie später
das Verfassen der Burgtheaterkritiken des Blattes. Zudem interessierte
sie Bildende Kunst und sie setzte sich als *„temperamentvolle Streiterin für
moderne Kunst"*[179] auch für die „Wiener Secession" sowie für die „Wiener
Werkstätte" ein, was dazu führte, dass sich Karl Kraus, der sie *„Sage-
femme-Hebamme"*[180] nannte, immer wieder heftig ironisch-kritisch über
sie äußerte.
Bekannt ist Berta Zuckerkandl-Szeps heute weniger als Journalistin denn
als Zeitzeugin sowie als Förderin bedeutender Männer. In der Tradition ihrer
Mutter führte auch sie in ihrem Haus einen Salon; zuerst im 19. Bezirk in
der Nußwaldgasse 22, dann von 1917 bis 1938, in der Wiener Innenstadt.
In Zuckerkandls Salon verkehrten zahlreiche bekannte KünstlerInnen und
WissenschafterInnen ihrer Zeit: Lina Loos war hier zu Gast, Alma Schindler

lernte hier ihren späteren, ersten Mann Gustav Mahler kennen. In diesem Salon las Hugo von Hofmannsthal seinen „Jedermann" erstmals öffentlich. Berta Zuckerkandl-Szeps war es auch, die sich gemeinsam mit Max Reinhardt vehement für die Idee der Salzburger Festspiele einsetzte.

1908 veröffentliche Berta Zuckerkandl-Szeps „Zeitkunst 1901 – 1907", eine Sammlung ihrer wichtigsten Artikel zu kulturellen und kulturpolitischen Ereignissen.

Über den Mann ihrer Schwester lernt sie dessen Bruder, den französischen Premierminister Georges Clemenceau kennen, eine Verbindung, die beide dem Pazifismus verpflichteten Schwestern für Europa zu nützen bestrebt waren. Vor dem Ersten Weltkrieg war Berta Zuckerkandl-Szeps von der Idee eines friedlichen Europas, das von der Vielfalt der Kulturen der einzelnen Länder belebt wird, überzeugt gewesen. Bei Kriegsausbruch setzte sie sich auf diplomatischem Wege für einen Separatfrieden zwischen Österreich und den westlichen Alliierten ein und traf ihre Schwester Sofie 1917 zweimal in geheimer Mission in Genf, damit diese Georges Clemenceau sowie den französischen Kriegsminister Paul Painlevé über Österreichs Verhandlungsbereitschaft informiere. Diese Versuche konnten zwar den Verlauf des Krieges nicht ändern, doch gelang es Berta Zuckerkandl-Szeps nach Kriegsende, die Alliierten zu überzeugen, dem besiegten Österreich Unterstützung zu gewähren.

1934 stellte sich Berta Zuckerkandl-Szeps gegen den Kanzler Engelbert Dollfuß, da sie erneut Frieden und Völkerverständigung gefährdet sah. Nach dem Ausbruch des Bürgerkrieges am 12. Februar 1934 schrieb sie an ihre Schwester:

„Liebste! Ein blutiger Tag! Der latente Konflikt, der zwischen Regierung und Sozialisten herrschte, wurde nun auf die Straße getragen. Die irreguläre Heimwehrarmee [...] hat mit Maschinengewehren die Arbeiterhäuser beschossen, wehrlose Frauen und Kinder angegriffen. Es ist die zynischste Aktion gegen die Freiheit, die man sich vorstellen kann. Einmal muß ja der Tag kommen, der alle Österreicher zur Abwehr Hitlers herausfordern wird. Das in seiner Existenz bedrohte Vaterland kann nur ein einiges Volk schützen. Dollfuß ist von Mussolini und von dem Machttaumel seiner Partei auf einen Weg gedrängt worden, der zum Unheil führen muß. Mein lieber Freund Charles Rist hat mich angerufen [...] ‚Ich bin in der Französischen Botschaft', sagt er, ‚und es ist mir unmöglich, zu Ihnen zu kommen. Auf der Straße wird geschossen. Mir kommt es vor, als müsse ich dem Selbstmord eines Freundes zuschauen, ohne ihn davon abhalten zu können. Dies ist der Selbstmord Österreichs.' Er hat recht. Von nun an werden Faschismus und Nationalsozialismus die letzten Enklaven der Geistigkeit vernichten. Der Weg ist frei für Hitler."[181]

1938 konnte sie – obendrein gefährdet, da sie Jüdin war – durch ihre Verbindung zur Familie Clemenceau nach Paris fliehen und sie begann, an ihren Memoiren „Ich erlebte 50 Jahre Weltgeschichte" zu schreiben.

Da 1940 die deutschen Truppen in Frankreich einmarschierten, floh Berta Zuckerkandl-Szeps weiter nach Algier. Erst 1945 kehrte sie nach Paris zurück, wo sie das Ende des „Tausendjährigen Reiches" noch erlebte; wenige Monate danach starb sie. Berta Zuckerkandl-Szeps liegt auf dem Pariser Friedhof Père Lachaise begraben. Posthum erschien das zeitgeschichtliche Dokument „Österreich intim", ihre Lebenserinnerung an die Jahre von 1892 bis 1942 und an all die Persönlichkeiten, denen sie begegnete.

29   Bankgasse 8:

Sitz des Österreichische P.E.N.-Clubs: Ein Porträt dessen erster Generalsekretärin Grete von Urbanitzky (1893–1974).

Grete von Urbanitzky verbrachte ihre Kindheit und Jugend in Linz, studierte in Zürich, übersiedelte dann nach Wien.

1923 konstituierte sich der österreichische P.E.N., erster Ehrenpräsident war Arthur Schnitzler, erste Generalsekretärin Grete von Urbanitzky. In einem Filmdokument[182] des Schriftstellerkongresses in Wien datiert mit 1928 – 1934 wird sie als *„die Gründerin des Wiener Penclubs"*[183] bezeichnet. Erstaunlich, wenn man/frau die zeitlichen Umstände und das Lebenskonzept dieser Autorin bedenkt:

„Bereits 1913 positioniert sie sich als ‚Dichterin und Denkerin mit männlichem Kunstsinn'. Männlichkeit zog sie der Weiblichkeit vor, und dem entsprechend definierte und schätzte sie weibliche Homosexualität als ‚natürlichen Ausdruck des hohen Anteils von Männlichkeit in der Frau'. Gleichzeitig verteidigte sie in ihren Romanen Homosexualität als Ausdruck von Zuneigung und Liebe."[184]

Weibliche wie auch männliche Homosexualität wurde in Österreich bis 1971 kriminalisiert und ein öffentliches Sich-Bekennen brachte, je nach sozialer Stellung einerseits und andererseits nach Jahrzehnt, Konsequenzen mit sich.

Im Roman „Der wilde Garten" (1927) porträtierte Grete von Urbanitzky eine lesbische Beziehung zwischen „Gert" und Alexandra, die einen hoffnungsvollen Verlauf nimmt und gegen alle Vorwürfe einer heterosexuellen Moral verteidigt wird. „Der wilde Garten" ist auch ein gutes Beispiel für die codierte Sprache lesbischer Autorinnen: wenn *„sattes Violett immer siegreicher in das Blau des Meeres"*[185] fließt, so ist dies wohl ein sehr deutliches Bild für leidenschaftliches, sexuelles Verlangen, das satt (gleichzusetzen mit „erfüllt") wird, obgleich es violett (also: lesbisch) ist; auf die Formulierung „immer siegreicher" muss wohl nicht näher eingegangen werden.

Eine umfassende Untersuchung zu diesen sprachlichen Codes legte Dr. Hanna Hacker im Rahmen ihrer Dissertation mit dem Titel „Die Ordnung der Frauen und Freundinnen"[186] vor. Weitere Werke Grete von Urbanitzkys sind „Himmel und Hölle" (1932) und „Karin und die Welt der Männer" (1933).

Weder Grete von Urbanitzkys Position zu „weiblich-männlich" noch ihre Erfolge als Autorin machen sie zu einer Identifikationsfigur für nachfolgende Schriftstellerinnnen, da sich Grete von Urbanitzky in ihrer Deutschtümelei verrannte: Schreiben, so erklärte sie, sei *„Arbeit für deutsches Volkstum und die Rasse der Edlinge"*.[187] Leider war es unmöglich, herauszufinden, wann sie dies von sich gegeben hat, was einen nicht unwesentlichen Faktor der Interpretation darstellt. Belegt ist jedoch, dass sie sich 1933 als Vertreterin des österreichischen P.E.N.-Clubs in einem Brief an den Londoner P.E.N.-Club gegen die *„wüste Greuelhetze gegen Deutschland"*[188] wandte; auf einer internationalen Versammlung, als die deutsche Delegation sich eine Einmischung in punkto Bücherverbrennungen verwehrte und deshalb abmarschierte, unterstützten Grete von Urbanitzky sowie Felix Salten (Präsident des P.E.N. von 1927 bis 1933) die deutschen KollegInnen. Als in der Folge der österreichische P.E.N. eine antideutsche Resolution verabschiedete, trat Grete von Urbanitzky aus dem österreichischen P.E.N. aus und in den deutschen ein, der im November 1933 aus dem internationalen Verband ausgeschlossen wurde.[189]

Eine Akzeptanz seitens nationalsozialistisch gesinnter KollegInnen wäre jedoch erstaunlich gewesen, denn Grete von Urbanitzky, die bekennende Lesbe, passte nicht ins nationalsozialistische Welt- und Frauenbild. Ihre Werke wurden in Deutschland mit dem Vorwurf der Pornographie untersagt; diese Ächtung lässt sich nicht datieren, fest steht jedoch, dass ihr Gesamtwerk 1941 bereits verboten war.

1938 ging Grete von Urbanitzky nach Frankreich, wo sie für deutschsprachige Zeitungen, die in Paris erschienen, schrieb; 1939 übersiedelte sie endgültig in die Schweiz. Während der Kriegsjahre soll sich ihre Haltung zum Nationalsozialismus mehreren Quellen zufolge geändert haben. Ihr Roman „Der Mann Alexander" (1943) weist eine *„eindeutige*

Anti-Kriegstendenz"[190] auf. *„Ihr Versuch, sich nach dem Krieg als verfolgte Schriftstellerin zu* rehabilitieren [...]"[191] misslang jedoch.

Heute findet sich Grete von Urbanitzkys Name noch immer (oder wieder?) im Mitgliederverzeichnis des österreichischen P.E.N.[192]

30 Dr.-Karl-Lueger-Ring 2 / Burgtheater :

Kult und Kunst im Burgtheater: Ein Porträt der Schauspielerinnen Charlotte Wolter (1834–1897), Stella Hohenfels-Berger (1857/1858–1920), Paula Wessely (1907–2000), Lilly Karoly (1885–1971), Sophie Schröder (1781–1868) und Hedwig Bleibtreu (1868–1958).

Wer sich einen groben Überblick über all jene Straßen, die nach einer Frau benannt wurden, verschafft hat, wird feststellen, dass es eine auffallende Dominanz der Bühne in jeder Form gibt, was wohl auch dem Burgtheaterkult der WienerInnen entspricht. Mit einer Wertschätzung der Künstlerin als solcher hat und hatte das oftmals wenig zu tun; man/frau umgab sich (damals wie heute) mit Künstlerinnen und Künstlern, um Bildung und Weltgewandtheit zu beweisen, man/frau hofierte sie – solange sie einem das boten, was man/frau brauchte: in der Gründerzeit *„Repräsentationsprunk und Nervenreiz, letzteres zumeist in Form von historisch verbrämtem erotischem Stimulans"*.[193] Und heute? Die Vorzeichen haben sich wohl geändert, doch ansonsten wenig ...

Damals war die Schauspielerei eine der wenigen Möglichkeiten für Frauen, *„aus ihrer dienenden Zuträgerrolle als Mutter, Schwester oder Gattin heraus*[zu]*treten und zur Protagonistin von Gründerzeitideologie* [zu] *werden"*,[194] sich so neben den Männern zu behaupten, diese vielleicht sogar zu übertreffen.

Das „Königliche Theater nächst der Burg" wurde 1741 von Maria Theresia im Ballhaus auf dem Michaelerplatz als ein Haus für Sprechtheater sowie Oper gegründet. Maria Theresia selbst hatte kein Interesse am Theater, doch meinte sie, „Spectacel müssen halt sein".[195] Erst 1810 folgte die Trennung der Sprechbühne von der Oper, das „k. k. Hofoperntheater nächst dem Kärntnerthor" spielte nun Opern sowie Ballettstücke, 1821 wurde das „Königliche Theater nächst der Burg" in „Hofburgtheater" umbenannt. Am 12. Oktober 1888 fand ebenda die letzte Aufführung statt: Goethes „Iphigenie auf Tauris" – mit Charlotte Wolter, von der sogleich noch die Rede sein wird. Zwei Tage danach wurde das Neue Burgtheater, das am Ring liegt, eröffnet.

Doch zurück zum Theaterkult; dieser scheint auch für Bühnen-Wunsch- und -Sehnen gegolten zu haben: *„Wenn man hierzulande mit einer jungen Dame spricht, einerlei, ob sie Millionärstochter, Probiermamsell oder Doktorin der Philosophie ist* [...] *immer wird zum Schluß herauskommen, daß sie ,eigentlich' zum Theater will",*[196] erklärte Egon Friedell zu Beginn des 20. Jahrhunderts. Mag dies auch überspitzt sein, die Bewunderung für Schauspielerinnen ist zumindest bei den meisten Monarchen sicher: Für Kaiser Franz Joseph war das Burgtheater der Olymp und die Darstellerinnen erhielten Beinamen verschiedenster Göttinnen. So war beispielsweise die selbstbewusste Charlotte Wolter „die Juno". Einmal *„als* [Heinrich] *Laube mit der Feststellung vor die Wolter trat: ,Ich kenne nur zwei wirklich große Tragödinnen', da antwortete sie* [...]*: ,Und wer ist die andere?'"*[197] Charlotte Wolter spielte zumeist Heroinnen, prägte wie keine andere den Stil des Burgtheaters jener Zeit und war berühmt für ihren „Wolter-Schrei" (eine sich steigernde Melodie des Vortrags) sowie für ihre Todesdarstellungen. Die Bezeichnung „Juno" mutet eigen an. In der römischen Mythologie war Juno die Göttin der Geburt und Ehe; Ersteres wegen des Schreis? Letzteres wegen des heldenhaften Muts?

Charlotte Wolter selbst heiratete als über 40-Jährige einen Grafen, eine Wendung, die im Schauspielerinnenleben der Gründerzeit nicht so selten war, auch wenn derartige Verbindungen ab und an skeptisch beäugt wurden: *„*[...] [V]*on jeher steht die Schauspielerin in dem Ruf, auch im Privatleben eine allzu freizügige Moral zu praktizieren. Zwar ist eine Burgschauspielerin, die mit wahrlich fürstlichen Gagen entlohnt wird, die als Arbiter elegantiarum der Gesellschaft gilt, die uneingeschränkt gesellschaftsfähig, weil durch den alljährlichen Empfang des Ensembles beim Kaiser hoffähig ist, sicher über alle Zweifel erhaben. Doch niemand beginnt seine Karriere als Burgschauspielerin – auch Charlotte Wolter nicht."*[198] Andererseits aber kam „[d]*ie Wolter* [...] *dem Zeitgeschmack sehr entgegen. Einem Geschmack eines prunkenden, farbentiefen Historismus. ,Entsprochen' hat aber auch ihre Lebensgeschichte, ihr Aufstieg aus einfachen Berliner Verhältnissen zur Gräfin O´Sullivan de Gras sowie ihr glanzvoller schauspielerischer Erfolg."*[199]

Charlotte Wolter spielte in den „Skandalstücken" Sappho und Messalina; in der Rolle der Letzteren verewigte sie auch Hans Makart:

„Tatsächlich ist der Maler Hans Makart „erst durch sie und an ihr lebendig geworden', wie ein Kritiker der Zeit feststellte, der weiter ausführt, dass „sie (die Wolter) zum Kleiderschmuck und zu der Farbe erst den atmenden bewegten Leib und die Seele hinzufügte.' Ihre Messalina soll ein Makart gewesen sein, „den es nicht mehr zwischen den Rahmen duldete'. Was gibt es letztendlich Verehrungswürdigeres über eine Künstlerin zu sagen, als daß sie seine (Makarts) Malerei genialer fortsetzte, als er selbst es gekonnt hatte.'" [200]

Über ein Gastspiel als Messalina in Berlin schrieb Charlotte Wolter an ihre Freundin Caesarine Kupfer-Gomansky: *„Ganz Berlin rennt hinein, weil's gar so unanständig und ich so großartig als Messalina bin."* [201]

Charlotte Wolter reüssierte aber auch in der Rolle der Iphigenie, eine Figur, die der Bürger vorbehaltlos verehren konnte, und in ihrem letzten Willen verfügte sie, sie wolle im Gewand der Iphigenie aufgebahrt werden. Ihre Büste steht im Burgtheater, an der Feststiege der „Burg", über die der Kaiser das Theater betrat, oben links auf der Volksgarten-Seite.

Eine andere berühmte Schauspielerin zur Jahrhundertwende war Stella Hohenfels-Berger, die mit 16 Jahren als „Naive" am Burgtheater ein Engagement bekam.

Acht Jahre lang reüssierte sie in großen dramatischen Rollen und erhielt den Beinamen „Diana". Diese galt in der römischen Mythologie als Göttin des Mondes und der Fruchtbarkeit, Beschützerin der Frauen und Mädchen; eine jener antiken Göttinnen, deren Bedeutung übrigens im Zuge des Patriarchats bis zum Mittelalter hin derart verdreht wurde, dass sie zur Verkörperung der weiblichen Seite des Teufels verkam.

1889 heiratete Stella Hohenfels einen gewissen Freiherr von Berger, was ohne Zweifel auch ihren Stand hob. Derart, dass sie – da er Direktor des Burgtheaters geworden war – während seiner gesamten Amtszeit (1910–1912) nicht auftreten durfte. Danach war es für ihre Karriere zu spät; sie erhielt keine Engagements mehr.

Diejenigen Theaterschauspielerinnen, die es an die Spitze schafften, hatten immer wieder auch eine gewisse „Narrenfreiheit". Erinnert sei diesbezüglich an Paula Wessely, die weder wegen ihrer Mitarbeit im Propaganda-Film „Heimkehr" (1941) noch aufgrund taktischer Aussagen zu ihrer Haltung dem NS-Regime gegenüber je wirklich für ihr Verhalten verantwortlich gemacht wurde. Im Gegenteil: Man holte sie 1953 an die Burg, wo sie bis 1985 engagiert blieb. Zahlreiche Ehrungen wie unter anderem 1949 der Reinhardt-Ring, 1960 die Kainz-Medaille, 1979 der Alma-Seidler-Ring folgten. Übrigens spielte Paula Wessely auch im Film „Anders als du" mit (1957), der ursprünglich den Titel „Das dritte Geschlecht" trug und unter diesem auch in Österreich lief. In diesem Film beklagt eine Mutter (Wessely) die drohende „Verführung" ihres Sohnes durch einen älteren Homosexuellen. Ein sonderbarer Film in zwei sehr unterschiedlichen Fassungen, der zum einen Vorurteile zum Thema Homosexualität wiederholte, zum anderen auch die Intoleranz der 1950er-Jahre darstellte.

Über Lilly Karoly ist wenig in Erfahrung zu bringen. Sie spielte am Theater in der Josefstadt, bevor sie 1938 flüchtete. Als sie 1948 nach Wien zurückkehrte, empfing sie der interimistisch eingesetzte Direktor Erhard Buschbeck mit *„'Jessas, die Karoly!' – als hätte er im Urlaub eine alte Schulfreundin getroffen"*.[202] Eine Auseinandersetzung der Institution Burgtheater mit der eigenen Vergangenheit steht weitestgehend noch aus. Rückblickend sagte Elfriede Jelinek in einem Interview über ihr Stück „Burgtheater", das 1985 in Bonn uraufgeführt wurde:

„Ich würde sagen, es war der Beginn des Abstieges von mir als Autorin in Österreich. Es wurde [...] nicht diskutiert, was diese Schauspielerin jetzt getan hat oder nicht getan hat [...], das hat niemanden interessiert, es hat mich meinen guten Ruf [...] als Autorin gekostet. Diese Unterstellungen haben damals begonnen. Denn man sagt nicht, ich hätte die Wahrheit gesagt oder versucht über diese Wahrheit zu sprechen, sondern man sagt, ich hätte etwas gesagt, was man besser nicht hätte sagen dürfen, was man besser hätte ruhen lassen."[203]

Dass Burgschauspielerinnen aus ihrer Sonderposition Vorteil zogen, war freilich keine Erfindung des 20. Jahrhunderts, obgleich gewährte Vergünstigungen verschieden sein können:

Sophie Schröder, die von 1836 bis 1840 als gefeiertste „Diva" der Stadt am Burgtheater tätig war, wurde für ihre Darstellung grillparzerscher Heldinnen wie Medea oder Sappho ebenso berühmt wie für ihre zahlreichen Liebesaffären. Einmal trat Sophie Schröder an Kaiser Franz I. mit der Bitte heran, er möge doch den von ihr so geliebten Schauspieler Wilhelm Kunst an die „Burg" berufen. Kaiser Franz I soll ihr geantwortet haben: *„Schröder, seins g'scheit und lassens die dummen Heiratsg'schichten. Schauns, an altes Weiberl und so a jungs Manderl!"* Aber Sophie Schröder entrüstete sich, sie sei nicht alt, *„Noch nicht ganz 45, Majestät!"* Als der Kaiser dennoch hartnäckig blieb, jener Schauspieler könne beinahe zweimal ihr Sohn sein, was mathematisch ein wenig schwierig sein dürfte, drohte Sophie Schröder Wien zu verlassen. Kaiser Franz I erwiderte: *„Da hat die Frau recht; wo der Mann is, g'hört's Weib auch hin ..."* Somit war die Sache geregelt und dem Wunsch wurde entsprochen.[204] Weitere sechs Monate danach war Wilhelm Kunst in Sophie Schröders Leben wieder passé – so ändert sich der Blick auf vieles.

Das drohende Altern, das die Rollenauswahl noch zusätzlich erschwert, zieht sich wie ein roter Faden durch Frauenkarrieren – bis heute. Kurz sei hier auf Hedwig Bleibtreu verwiesen, der es gelang, den Bogen von den Wanderjahren durch die Provinz bis hin zur „Burg" 1893 sowie jenen von der Sentimentalen zu den Heroinnen, über die Mütter bis zu den Greisinnen zu spannen. Hedwig Bleibtreu war die Tochter von Sigmund und Amalie Bleibtreu, Schwester von Maximiliane Bleibtreu – allesamt SchauspielerInnen; Hedwig Bleibtreu heiratete ebenfalls einen Schauspieler. Sie erhielt 1906 einen lebenslänglichen Vertrag mit dem Burgtheater, dessen Ehrenmitglied sie 1924 wurde. 1930 überreichte man ihr den Burgtheater-Ring. Hedwig Bleibtreu konnte auch als Filmschauspielerin reüssieren. Weltbekannt wurde sie im Tonfilm, in Orson Welles' „The Third Man" (1949). In Linz, der Stadt ihrer ersten Kinderjahre, in die sie von 1896 bis 1900 zu jährlichen Gastspielen zurückkehrte, wurde eine Straße nach ihr benannt.

31 Rathauspark:

Das Wetterhäuschen der Bildhauerin Maria Biljan-Bilger (1912–1997).

Die 40.000 m² große Fläche des aufgelassenen k. u. k. Parade- und Exerzierplatzes am Josefstädter Glacis wurde in einen Park umgewandelt und rechtzeitig zum 14. Juli 1873, dem Tag der Grundsteinlegung des Rathauses, als „Rathauspark" fertig gestellt.

Wer heute durch diesen Park spaziert, wird neben den diversen Attraktionen der Stadt am Platz vor dem Rathaus auch all die Skulpturen der Grafen und Herzöge, die einst die Elisabethbrücke zierten, wahrnehmen: Walzer-Persönlichkeiten, den Maler, den Physiker und den Philosophen sowie Politiker. Die kleine Wetterstation, gestaltet von der Bildenden Künstlerin Maria Biljan-Bilger, wird man/frau aller Wahrscheinlichkeit nach übersehen. Wie viele ihrer anderen Werke, die sie einst für die Stadt Wien schuf, wurde auch diese Arbeit lange Zeit dem Verfall preisgegeben. Die Renovierung der Wetterstation wurde im Frühjahr 2006 beschlossen.

All jenen, die eine Fahrt bis nach Sommerein am Leithagebirge scheuen, wo ihr der Lebensgefährte Friedrich Kurrent eine Ausstellungshalle errichtete – neben ihrem Sommerhaus, einer ehemaligen Kapelle, am Rand des ebenso aufgelassenen Steinbruchs –, sei dieses Wetterhäuschen empfohlen, um Maria Biljan-Bilger zumindest in Ansätzen kennen zu lernen.

Vor einigen Jahrzehnten noch hätte man/frau ihre ursprünglich bemalte Sandsteinwand für das Ausflugshotel Bellevue im Wiener Bezirk Döbling bewundern können, die Skulpturen im Floridsdorfer Freibad, den Hietzinger Brunnen. All dies wurde abmontiert. Zum Glück konnte vieles davon nach Sommerein am Leithagebirge geschafft werden und somit der Zerstörung entgehen. Ob Maria Biljan-Bilgers Kinderhäuser noch existieren werden, wenn Sie dieses Buch lesen, ist fraglich; die Künstlerin gestaltete jene für die „Stadt des Kindes". Diese entstand 1974 in Weidlingau als ambitioniertes Sozialprojekt des Architekten A. Schweighofer in Gegenposition zu den vormals üblichen „Bewahranstalten" für „schwererziehbare" Jugendliche und stand unter der Patronage Maria Jacobis, Amtsführende Stadträtin für das Wohlfahrtswesen von 1959 bis 1973. Die Umwidmung der ehemaligen „Stadt des Kindes" ist bereits erfolgt; in Planung ist der Bau von Wohnungen auf ebendiesem Gelände.

Eines wollte Maria Biljan-Bilger nie: ihre Werke für Galerien schaffen. Nein, im öffentlichen Raum sollten ihre Arbeiten präsent sein. Dennoch entsprach die Ausstellungshalle in Sommerein – wohl aus dem Wissen heraus, wie im städtischen Raum mit ihrem Werk verfahren wurde – ihrem Wunsch. Bereits 1945, als sie mit einer naturgroßen Igel-Skulptur in Rot und Grün ins Rathaus pilgerte, um dort anzukündigen, dass auch sie gerne für die Stadt arbeiten würde, belächelte man sie ein wenig und erklärte ihr, man brauche Denkmäler.

Wer Maria Biljan-Bilgers humorvolle Arbeiten kennt, versteht die Absurdität dieser Forderung, denn Denkmäler waren nie ihr Anliegen. Sie schuf Tierfiguren, teilweise gruselig und dämonisch. Katzenköpfe, Esel, Fische, Kamele und Pfauen tummeln sich auf Tellern, Vasen und Gobelins. Auch das Mutter-Kind-Thema zieht sich durch ihr Schaffen, wobei das Kind – Kind, nicht Baby – in den Frauenkörper eingeschrieben ist, als deren Herz oder im Schoß sitzend. In Sommerein befindet sich die Skulptur „Madonna" mit Kind, die miteinander durch weiße Bänder verschlungen dargestellt sind. Diese Skulptur war nur kurze Zeit in der Kirche St. Laurentius im oberösterreichischen Kirchham bei Vorchdorf, für die sie geschaffen wurde, aufgestellt gewesen. Dann wurde sie entfernt, da die Gemeinde fand, diese Madonna habe „*so einen schwarzen Kopf*" und zudem sei er „*so klein*".[205]

Kontrovers und reizvoll erscheinen auch Maria Biljan-Bilgers Doppelpaare: Skulpturen, die seitlich an der Hüfte oder an der Schulter zusammengefügt sind, mit nur je einem äußeren Arm, jedoch immer mit eigenem Kopf und auf eigenen Beinen stehend; ob Frau, ob Mann ist hierbei sekundär.

Am beeindruckendsten sind Maria Biljan-Bilgers große Frauenskulpturen. Sie sind humorvoll, spielerisch, was sich auch in ihren Benennungen wie „Die Katzenfrau" oder „Die Seherin" ausdrückt. Letztere stellt eine Frau mit Riesenaugen und langen Haaren, in blau, dar, deren Geschlecht hell umkreist ist, ihr Bauch tritt gerundet und erhaben hervor.

Wenige Meter daneben: hier begegnen zwei einander nasereibend, in „Zuneigung", eine an die andere geschmiegt im Zugewandt-Sein, sich zu einer gerundeten, doch zweiköpfigen Einheit ergänzend.

Geboren wurde Maria Biljan-Bilger 1912 in Radstadt als Tochter eines Hafnermeisters. Weil es der Mutter, einer Lavanttalerin, in Radstadt zu kalt war, zog die Familie nach Graz. Bereits als Jugendliche half Maria Biljan-Bilger dem Vater in der Werkstatt; als sie sich auf Wunsch der Eltern auf die Aufnahmeprüfung in die Kunstgewerbeschule vorbereitete, zeichnete sie nach den Erklärungen des Vaters einen perfekten Eierstab, ein Ornament aus aneinander gereihten abwechselnd ei- und pfeilspitzenförmigen Gebilden. Bei der zweiten Aufgabe, ein Ferienerlebnis wiederzugeben, porträtierte sie eine Bäuerin als Riesenfrau und daneben einen winzigen Mann, denn so habe sie jenes Paar erlebt. Maria Biljan-Bilger wurde in die Kunstgewerbeschule aufgenommen.

Maria Biljan-Bilger

Neben der Keramik, die das Familienleben prägte, spielte auch Politik eine Rolle. Der Vater war republikanisch gesinnt, antifaschistisch in seiner Grundhaltung. Auch Maria Biljan-Bilger war eine überzeugte Linke. Ihr Mann, Ferdinand Bilger kämpfte gegen das Franco-Regime. Sie hätte sich gerne den KämpferInnen angeschlossen, doch da sie über keine medizinische Ausbildung verfügte, blieb sie in Graz zurück und organisierte dort die „Rote Hilfe" mit. 1938 wurde es für Maria Biljan-Bilger in Graz zu gefährlich, zahlreiche Freunde waren bereits verhaftet worden, manche wurden später hingerichtet. Weil ihr klar war, dass die NS-Reichskulturkammer sie nicht als Künstlerin anerkennen würde, beschloss Maria Biljan-Bilger, in Wien – als Hilfsarbeiterin getarnt – unterzutauchen. Sie fand Arbeit in einer Firma in der Pramergasse. Von 1943 an versteckte sie den italienischen Zwangsarbeiter und späteren Berufskollegen Wander Bertoni in ihrem Atelier in der Karlsgasse. Ihre Plastiken und Bilder zeigen keinerlei Konzessionen an die stilistischen Gebote der NationalsozialistInnen, sie entwickelte unbeirrt ihren persönlichen Stil weiter. Nach 1945 wurde sie von Fritz Wotruba, der aus dem Schweizer Exil zurückgekehrt war und die Bildhauerklasse der Akademie leitete, „entdeckt". 1947 war sie Mitbegründerin des „Art Clubs" – neben dem aus Rom zurückgekehrten Gustav Karl Beck[206]. Situiert war diese fortschrittlichste Wiener Künstlervereinigung der Nachkriegszeit, in der sich eine heterogene Gruppe von KünstlerInnen zusammenfand, darunter auch Maria Lassnig, im „Strohkoffer": einem Lokal, ausgekleidet mit Strohmatten, das sich im Keller unter der Loos' Bar in der Inneren Stadt befand. 1959 löste sich der „Art Club" auf (eine andere Quelle[207] gibt 1960 als Datum an).

In den Nachkriegsjahren musste eine Skulptur in Bronze gegossen sein, um als Kunstwerk zu gelten. Eine Aufwertung erfuhr die Keramik erst dadurch, dass sich international renommierte Künstler wie Pablo Picasso mit diesem Material auseinander setzten.

Ihre Arbeit nannte Maria Biljan-Bilger „Ton- arbeit"; in diesem Terminus stecke Kraft und er mache deutlich, dass es keinesfalls darum gehe, Tassen mit Blümchen oder Ähnlichem zu verzieren. Sie vertrat die Ansicht, *„dass Kunst gebraucht wird, aber nicht im Sinn von Gebrauchskunst"*.[208]

„Zuneigung"

Einer Gebrauchskunst widersprach auch schon Maria Biljan-Bilgers Vorliebe für gro- ße Arbeiten, die sie am liebsten in einem Stück verfertigte. Da die mögliche Größe eines Objektes vom zur Verfügung stehen- den Brennofen abhängig war, bedeutete das auch immer wieder Organisationsarbeit. Im Gegensatz zu anderen Keramik-Arbeitenden drehte sie ihre Skulpturen nicht, sondern baute diese von unten her auf, ähnlich dem architektonischen Verfahren der Konstruktion. Obgleich Maria Biljan-Bilger auch mit Glas und Stein – dessen Widerstand sie mochte – arbei- tete, faszinierte sie doch Ton am meisten, da bei diesem – zusätzlich zum Widerstand – das Innere, der Hohlraum, das Äußere ergibt. Weiters war ihr Farbgebung wichtig, was bei BildhauerfreundInnen in den Nachkriegsjahren auf Unverständnis stieß. Sie jedoch bestand darauf, dass ihre Arbeiten farbig engobiert wurden – die Farbe wurde nicht glasiert, son- dern eingebrannt. Jene Farben, die sie wählte, sind zumeist Erdtöne, dennoch erinnern ihre Arbeiten an Niki de Saint Phalles' Werke.

In den 1960er-Jahren befand sich Maria Biljan-Bilgers Atelier im Dachgeschoß der Floridsdorfer Steinzeugfabrik „Lederer & Nesseny". Teilweise verwendete sie die Reste jener Industrie-Rohmaterialien für ihre Arbeiten. Als diese Fabrik Ende der 1960er-Jahre abgerissen wurde, bedeutete das für Maria Biljan-Bilger auch den Verlust ihrer Brennöfen.

Zu dieser Zeit leitete sie in St. Margareten bereits die BildhauerInnen-Symposien mit. Kunst zu vermitteln war ihr stets ein Anliegen, sie organisierte auch Kindermalkurse in Wien und danach in Sommerein, da sie der unmittelbare Zugang der Kinder zur Kunst, ihre Neugierde und Begeisterung interessierte. Von 1978 bis 1982 unterrichtete sie die Meisterklasse für Keramik an der Hochschule für angewandte Kunst in Wien.

Maria Biljan-Bilger war zweifache Mutter. Einen tragischen Verlust erlitt sie, als ihr Sohn, geboren in den 1930er-Jahren, nach wenigen Monaten an einer Verkühlung starb. Ihr Mann war daraufhin gegen ein weiteres Kind. Als sie später von einem Geliebten schwanger wurde, setzt sie es um so resoluter durch, dieses Kind, ein Mädchen, zu bekommen. Ihr Gobelin „Geburt meines Kindes" ist gekennzeichnet von Tiergestalten, die hämisch, gespenstisch, bedrohlich die Gebärende im Zentrum beobachten. Die werdende Mutter blickt zweiköpfig in die Welt, das rosa farbige Haupt ist erschöpft, das braune erhoben und sieht sich vorsichtig um.

Auf einem weiteren Gobelinentwurf mit dem Titel „Altes und neues Wien" findet sich ein Frauenpaar, zwischen beiden ein Kind, alle Hand in Hand, einander zugewandt. Diese Darstellung spiegelt Maria Biljan-Bilgers familiäre Situation, denn ihre sprachenbegabte Tochter verlebte ihre Schulzeit bei der Tante, die selbst verheiratet und kinderlos war. Mit der Mutter verbrachte die Tochter die Ferienzeiten und begleitet die Mutter z. B. zu den Sankt Margarethener Bildhauersymposien. Durch das Mutter-Sein habe Maria Biljan-Bilgers *„Arbeit merkwürdigerweise nicht gelitten* [...]*, sondern im Gegenteil"*,[209] betont Friedrich Kurrent.

32 Volksgarten / Hermesvilla / Elisabethstraße / Votivkirche / Westbahnhof:

Darstellungen der Kaiserin Elisabeth (1837–1898):
Unvergesslich, allgegenwärtig, unwandelbar?

Die Eckdaten der österreichischen Kaiserin Elisabeth sind bekannt: geboren am 24. Dezember 1837, Gattin Kaiser Franz Josephs, in Genf von einem italienischen Anarchisten im Jahr 1898 ermordet; beliebte Inspirationsquelle für Romane, Filme, Operetten und Musicals – zumeist mit wenig bis keinerlei historischem Gehalt. Aufgrund ihres Status' und all der Mythen um sie wird es beinahe unmöglich, dieser Frau auf die Spur zu kommen.

Am Spazierweg zum „Wien Museum Hermesvilla", im Lainzer Tiergarten, im 13. Bezirk, befindet sich trotz anhaltender Proteste Ulrike Trugers ihre „Elisabeth"-Statue, die schon 1999 im Rahmen einer Ausstellung in der Inneren Stadt und danach am Karlsplatz zu sehen war. Diese Skulptur aus Carrara-Marmor stellt eine Sich-Verbergende dar: Elisabeths Gesicht verschwindet beinahe zur Gänze hinter einem riesenhaften Fächer, ihr Körper ist im Kleid verhüllt, der Oberkörper verborgen in einer Sie-selbst-überhöhenden-Fläche – als würde sie in einen Felsspalt zurücktreten und sich obendrein die Sicht nehmen ...

„Elisabeth", Hermesvilla

Gänzlich ohne dieses Sich-Auslöschen wird die Kaiserin in der „Elisabeth"-Skulptur im Volksgarten porträtiert; jenem Park, der nach der Sprengung der Burgbastei durch abziehende französische Truppen 1809 entstand, weil man sich entschloss, diese Fläche zu einer kleinen Stadterweiterung zu nützen. In den Jahren 1819 bis 1923 wurde der allgemein zugängliche Volksgarten, der dennoch von Beginn an als Pendant zum Burggarten gedacht war, angelegt.

Der Auftrag für diese „Elisabeth"-Statue kam – erstmals bei einem Habsburger-Denkmal – nicht vom Hof selbst, sondern von einem privaten Komitee, darunter der Hofjuwelier Josef Mayer. Über den Standort jedoch entschied Kaiser Franz Joseph persönlich: am Rand des Volksgartens, nahe beim Burgtheater-Eingang, vom Rathaus abgewandt, mit Blick zum Heldenplatz, dorthin sollte das Standbild gestellt werden.

Vier Jahre nach dem Tod der Kaiserin fand ein Künstler-Wettbewerb statt; doch die Jury wählte aus den 67 Einreichungen keinen Preisträger aus. Die Künstler protestierten gegen die Jury-Entscheidung und reichten Klage ein. Erst 1904 – nach einer weiteren Ausschreibung – wurde der Preis an Hans Bitterlich und Friedrich Ohmann vergeben.

1907 war das Denkmal aus Laaser-Marmor vollendet. Es zeigt Elisabeth in zeitlos jugendlicher Gestalt auf erhöhtem Stufenpodest sitzend, sie umgebend das Spruchband: *„Ihrer unvergesslichen Kaiserin Elisabeth errichteten dieses Denkmal in unwandelbarer Liebe und Treue Österreichs Völker."* Das aufgeschlagene Buch, der Rosenstrauch sowie zwei Hunde neben dem Sockel sollen die Monarchin als Privatmenschen charakterisieren: Elisabeth liebte Hunde, Wasser und Pferde; sie interessierte sich für Sprachen, insbesondere für das Ungarische und das Neugriechische, und sie war eine begeisterte Leserin. Nach ihrem 34. Geburtstag durften keine Abbildungen mehr von ihr gemacht werden; ein Faktum, das besonders auch im Hinblick darauf interessant erscheint, dass die Kaiserin selbst den Auftrag zu einer Fotosammlung der schönsten Frauen Europas erteilte. Diese wurden – im Visitenkartenformat – von ihr archiviert.

Die Kaiserin und die Frauen, generell ein schwieriges Thema: Sie stand der Ehe und der „Ruine"-Monarchie, wie sie diese Staatsform nannte, skeptisch gegenüber. Sie verehrte die Dichterin Sappho und interessierte sich für Marie Antoinette und deren bevorzugte Gesellschafterin, die Oberhofmeisterin Marie-Thérèse Louise von Savoyen-Carignan, Princesse de Lamballe. Elisabeth sammelte Frauen um sich, mit denen sie enge Freundschaften pflegte: ihre Schwestern, ihre Lieblingsnichten, ihre jeweilig favorisierten Hofdame ... Wer nun daraus schließt, sie habe Weiblichkeit per se anziehend gefunden, lässt außer Acht, dass sie ihren eigenen Körper immer strengeren Hungerkuren und Diäten unterzog, täglich stundenlang turnte und ihre Friseuse mit ihrer Angst vor Haarausfall zur Verzweiflung brachte. Weniger bekannt ist die Macht der Kaiserin Elisabeth. 1859 erkrankte sie schwer und floh vor der „Kerkerburg", wie sie den Wiener Hof nannte, nach Madeira und Korfu. Als sie nach zwei Jahren nach Wien zurückkehrte, war sie eine andere: Selbstbewusst und auch skrupellos nützte sie ihre Macht über den ihr ergebenen Ehemann. Politisch wirksam wurde diese Macht, als sie 1865 ihrem Gatten ein Ultimatum stellte: Entweder ginge sie wieder auf Reisen oder sie könne fortan die Umgebung, in der ihre Kinder aufwachsen, selbst wählen. Ihre Kinder waren zu jenem Zeitpunkt Gisela (* 1856) und Rudolf (* 1858); die erste Tochter, Sophie-Friederike, geboren 1855, war bereits 1857 gestorben und Marie Valerie wurde erst 1868 geboren. Für damalige Zeiten, als Kindererziehung keinesfalls als Sache der adeligen Mutter galt, war dieses Ansinnen verwegen. Dennoch stimmte der Kaiser letztendlich zu und sie entzog ihren Sohn dem militärischen Drill. Damit prägte sie indirekt auch die liberale Weltanschauung des Kronprinzen, die ihn später in Opposition zu seinem Vater gebracht hat.

Selbst ehrgeizige Bemühungen der Historikerin Brigitte Hamann ändern am verzerrten Bild der Kaiserin nur wenig. Dies zeigt sich auch in den Ausstellungen in den ehemaligen Kaiserappartements in der Hofburg, in der so genannten Amalienburg – dem rechten Flügel der Hofburg, welcher von 1575 bis 1611 erbaut wurde, um Amalie Wilhelmine, der Gattin Josefs I., als Witwensitz zu dienen.

Auch die Votivkirche im 9. Wiener Gemeindebezirk erinnert an die Kaiserin Elisabeth: Ihr Bau wurde zum Gedächtnis an die Errettung Kaiser Franz Josephs I. bei dem Libényi-Attentat 1853 beschlossen, 1854 heiratete das Kaiserpaar, 1856 kam es zur Grundsteinlegung der Kirche und am 24. April 1879, bei der silbernen Hochzeit des Kaiserpaares, zur Einweihung.

In der unteren Kassenhalle des Westbahnhofes im 15. Bezirk am Europaplatz befindet sich ein weiteres, aber unscheinbares Denkmal der Kaiserin Elisabeth: Seit 1985 steht sie erneut dort. Die Tatsache, dass sie gerne reiste und insbesondere auf der Westbahn-Strecke – weshalb diese Bahnhöfe, fertiggestellt bis Linz im Jahre 1858, angeblich die schönsten Österreich-Ungarns waren und die Westbahn-Strecke zudem den Namen „k. k. privilegierte Kaiserin-Elisabeth-Bahn" trug – erklärt nur begrenzt den Standort der Skulptur.

Als der Wiener Westbahnhof 1860 eröffnet wurde, stand sie bereits neben der Außenfassade. Während des Zweiten Weltkrieges brannte der Bahnhof aus, die Statue wurde durch herabfallende Trümmer beschädigt und galt eine Zeit lang als verschollen.

Einige Eisenbahner jedoch – so zumindest die kolportierte Anekdote – forschten beharrlich und entdeckten die Skulptur 1982 in den Lagerräumen der Bundesmobiliendepots. 1984 wurde sie restauriert, die abgeschlagenen Hände wurden als mahnende Erinnerung an den Krieg belassen. Der komfortable Salonwagen der Kaiserin ist übrigens heute noch im Technischen Museum in Wien zu betrachten.

„Elisabeth", Westbahnhof

Wer die Tanzschule „Stanek" in der Grashofgasse 1a in der Inneren Stadt besucht, findet im dortigen Café-Teil eine Tafel datiert mit 10. Mai 1874 bis 10. September 1898, die der „edlen, unvergesslichen" Kaiserin gedenkt, die hier als „Protektorin des ersten Wiener Volksküchen Vereines" gewürdigt wird.

Seit 1862 führt die Elisabethstraße parallel zum Opernring am Schillerplatz vorbei; eine Straße entlang eines Denkmals des von ihr sehr verehrten Heinrich Heine wäre ihr vermutlich lieber gewesen.

Ballhausplatz 2: 33

Ort frauenrelevanter Gesetzesnovellen im ehemaligen Staatssekretariat für allgemeine Frauenfragen. Ein Porträt der Politikerin Johanna Dohnal (* 1939).

„Was soll den[n] *das heißen, eine Frau hat Mann und Kinder zu versorgen? Sind Männer denn hilflos und unmündig?"*[210]
Von 1984 an war Johanna Dohnal als Staatssekretärin für allgemeine Frauenfragen tätig. Ihre Person hatte für zahlreiche Frauen Vorbildkraft, manchen Männern und einigen Frauen wurde sie ein Ärgernis.

Johanna Dohnal wurde 1939 geboren, ein uneheliches Kind, das bei der Großmutter aufwuchs, einer starken Frau, die trotz der politischen Verhältnisse scharfe Worte fand, um ihre Meinung zu artikulieren. Schon Johanna Dohnals Großmutter war bei ihrer eigenen Großmutter aufgewachsen und entschied sich als junge Frau bewusst dagegen, den Vater ihrer Tochter zu heiraten: „Ich tu mir doch so einen Depp nicht an!", zitiert Johanna Dohnal sie.[211]

Im Gegensatz zur Großmutter verlobte sich Johanna Dohnal mit siebzehn, um den Makel „unehelich" loszuwerden; 1957 folgte die Heirat, 1959 die Geburt des Sohnes.

Johanna Dohnals berufliche Vorbilder verwundern nicht: die Namen Rosa Luxemburg, Adelheid Popp, Käthe Leichter, Rosa Jochmann und Hermi Hirsch, die sie als *„eine* [ihrer] *geistigen Mütter*"[212] bezeichnet, fallen.

Johanna Dohnal engagierte sich in der SPÖ-Parteisektion in Penzing. Dass sie eine Frau ist, habe damals niemanden gestört, denn man/frau war froh, jemanden zu haben, der mitarbeitete.[213] 1961 folgte die Geburt der Tochter.

Einen besseren Einblick in das soziale Leben der Menschen erhielt Johanna Dohnal über ihre Parteiarbeit: zuerst für die Kinderfreunde, dann als Kassiererin für die Sterbeversicherung. Auch ihre politische Arbeit weitete sich mit den Jahren aus: Frauenkomitee der SP, Bezirksrätin, Landtagsmandat. Anschließend war sie im Sozialausschuss und im Kulturausschuss tätig. Ihr Anliegen war es, Arbeitsplätze für Frauen zu schaffen und Sozialdienste auf- und auszubauen. Je mehr sich Johanna Dohnal ihrer frauenpolitischen Ziele bewusst wurde, „[...] *umso mehr sind meine Anerkanntheit und Beliebtheit gesunken*",[214] schildert sie.

1976 wagte Johanna Dohnal als erste den Tabubruch und ließ sich scheiden: Keine Politikerin zuvor hätte es sich leisten können, diesen Schritt während ihrer aktiven Zeit zu setzen. Sie wäre, sagt sie, sicherlich gefeuert worden, wenn sie damals durch ihre Arbeit nicht schon unentbehrlich gewesen wäre.[215]

1979 holte Bundeskanzler Bruno Kreisky Johanna Dohnal auf Wunsch der Frauen als Staatssekretärin für allgemeine Frauenfragen ins Kabinett, jedoch ohne volles Budget. Johanna Dohnal erkannte, wie wichtig es war, mit den Frauen zu kämpfen, nicht bloß „für" Frauen, und so begann sie, mit autonomen Frauengruppen zusammen zu arbeiten und deren Ideen und Anliegen aufzunehmen – auch gegen Widerstände aus der eigenen Partei.

Johanna Dohnal organisierte Selbstbewusstseins-Seminare für Frauen, was innerparteilich zu Debatten führte. Der Vorwurf, sie zerstöre dadurch Familien,[216] wurde rasch laut. Trotzdem wertete Kanzler Vranitzky 1990 das Staatssekretariat zu einem Kanzlerministerium auf, Johanna Dohnal war nunmehr Bundesministerin für Frauenangelegenheiten. Als erste Frauenministerin Österreichs bemühte sie sich unter anderem um die Realisierung eines eigenständigen Pensionsanspruches für alle Menschen und den weiteren Ausbau der Gleichbehandlung. Sie kämpfte für eine Frauenquote in der Partei und stieß damit auf heftige Reaktionen, denn ein Mehr an Frauen heißt zugleich weniger Männer. Ein weiteres kontroverses Thema war die *„Forderung ‚Gleich viel Arbeit und gleicher Lohn'* [– was] *für Männer und Frauen bedeuten würde: Männer müssten dann durchschnittlich um 10 Prozent mehr arbeiten, würden aber ein Drittel weniger verdienen. Frauen würden rund 10 Prozent weniger arbeiten, dafür aber fast das Doppelte verdienen."*[217]

Johanna Dohnal trat nicht nur für eine stärkere Beteiligung der Männer an Haushalts- und Familienarbeiten ein, sie stritt auch für Männer-Karenz und für den elterlichen Rechtsanspruch auf Teilzeit bis zum sechsten Lebensjahr des Kindes. Weiters setzte sie Maßnahmen zur Förderung töchterlicher Berufswünsche fernab der traditionellen Berufsgruppen. Sie machte sich stark für das Recht auf Abtreibung, kämpfte gegen Gewalt an Frauen, prangerte sexuelle Belästigung am Arbeitsplatz an und unterstützte die Gründung des ersten Wiener Frauenhauses.

1995 zog sie sich – eher unfreiwillig, auf Wunsch von Kanzler Franz Vranitzky – aus der Parteipolitik zurück.

Zwar war sie nach dem SPÖ-Wahldebakel im Oktober 1994 noch einmal als Frauenministerin bestätigt worden, musste jedoch ihre Funktion am 7. April 1995 zurücklegen; im Kampf gegen Sozialabbau war sie allein auf weiter Flur gewesen.

Johanna Dohnal

„Noch im selben Jahr (1995) legte Dohnal die Funktion als Bundesfrauenvorsitzende und anschließend am Parteitag auch den stellvertretenden Vorsitz der SPÖ zurück. Dafür hätte sie sicher ‚noch einmal kandidiert, wenn man mich gebeten hätte."[218]

Nach Johanna Dohnal konnte sich keine der Frauenministerinnen je wieder derart behaupten. Auch nicht ihre Nachfolgerin Helga Konrad, deren Halbe-Halbe in puncto männlicher Beteiligung an der Hausarbeit noch heute für emotionsgeladene Debatten zu sorgen vermag, oder Barbara Prammer, die das Wegweiserecht durchzusetzen vermochte. Dieses verbietet gewalttätigen PartnerInnen das Betreten der gemeinsamen Wohnung für zehn Tage.

Die gebürtige Wienerin Johanna Dohnal wurde im Jahr 2005 durch den Wiener Gemeinderat zur „Bürgerin der Stadt Wien" ernannt:

„Ich denke, es ist Zeit, daran zu erinnern: Die Vision des Feminismus ist nicht eine ‚weibliche Zukunft'. Es ist eine menschliche Zukunft. Ohne Rollenzwänge, ohne Macht- und Gewaltverhältnisse, ohne Männerbündelei und Weiblichkeitswahn."[219]

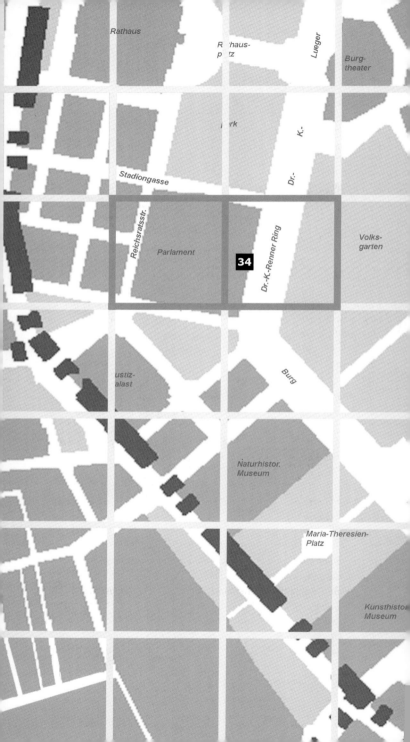

Dr. Karl-Renner-Ring 1–3 / Parlament:

34

Frauen im Parlament – Margarete Minor (1860–1927) und das „Frauenstimmrechtskomitee", Marianne Hainisch (1839–1936) und die „Österreichische Frauenpartei" sowie die Politikerinnen Adelheid Popp (1869–1939), Anna Boschek (1874–1957), Käthe Leichter (1895–1942) und Rosa Jochmann (1901–1994).

Ursprünglich war beabsichtigt, zwei getrennte Gebäude für Herrenhaus und Abgeordnetenhaus des Reichsrates zu errichten. Dieser Plan wurde jedoch 1867 nach dem „Ausgleich" mit Ungarn fallen gelassen.

Symbolhafte Bedeutung für das Parlament hatte nicht nur die Baustilanlehnung an das griechische Altertum, sondern auch die Verwendung von Materialien aus beinahe allen Kronländern der Monarchie. 1981 begann man/frau die Erweiterung mit einem Um- bzw. Ausbau des Hauses in der Reichsratsstraße 9; beide Gebäude wurden durch einen Tunnel miteinander verbunden. Gleiches gilt heute auch für die Dependance in der Reichsratsstraße 1.

Und die Frauen?

Eine der ersten Frauenrechtlerinnen in Österreich – noch abseits des Parlamentarismus – war Karoline von Perin-Gradenstein, die in der Mitte des 19. Jahrhunderts den „Wiener demokratischen Frauenverein" als Reaktion auf die so genannte „Praterschlacht", die gewaltsame Niederschlagung der Wiener Arbeiterinnen-Demonstration am 23. August 1848 gründete. Die Ziele dieses Frauenvereins waren ähnlich jenen des späteren „Allgemeinen Österreichischen Frauenvereins": Bildung, gerechterer Lohn, Gleichberechtigung. Nach der Erstürmung Wiens und der Niederwerfung der Oktoberrevolution 1848 wurden Karoline von Perin-Gradenstein und ihr Geliebter, der Radikaldemokrat Alfred Julius Becher, polizeilich verfolgt und verhaftet. Becher wurde standrechtlich erschossen, Karoline von Perin-Gradenstein musste im April 1849 nach München emigrieren. Sie verlor das Sorgerecht für ihre drei Kinder und ihr Vermögen wurde konfisziert. Damit sie wieder nach Wien zurückkehren durfte, hatte sie jegliche Beteiligung am Oktoberaufstand zu dementieren und alle Aussagen zur Frauenemanzipation zurückzunehmen. Das Wahlrecht für Frauen würde noch ein halbes Jahrhundert auf sich warten lassen; mit dem Kampf um dieses BürgerInnenrecht ist die Geschichte der Frauen im Parlament untrennbar verbunden.

Im 19. Jahrhundert verfügte nur eine kleine Gruppe von Grundbesitzerinnen über ein so genanntes Zensuswahlrecht. Im Jahr 1888 beschloss der Niederösterreichische Landtag, den steuerpflichtigen Frauen in Niederösterreich, Böhmen und der Steiermark, die seit der Verfassung von 1861 das aktive Wahlrecht für den Niederösterreichischen Landtag besessen hatten, dieses wieder zu entziehen. Bald darauf wurde ein Gesetzentwurf eingebracht, der auch das Wahlrecht auf Gemeinde-Ebene aufhob.

Auguste Fickert

Auguste Fickert und andere engagierten sich im „Verein der Lehrerinnen und Erzieherinnen", der 1869 von Marianne Hainisch gegründet worden war, und protestierten gegen diese Einschränkung vehement. Da die Legitimierung des Niederösterreichischen Landtages lautete, es gebe in Österreich kein einheitliches Wahlrecht, strebte die Frauenstimmrechtsbewegung rund um Auguste Fickert in der Folge ein solches an. Dabei vertrat Auguste Fickert von Anfang an den demokratischen Standpunkt des allgemeinen, gleichen und direkten Wahlrechtes für beide Geschlechter. Oder, wie es eine ihrer Zeitgenossinnen im Nachhinein schilderte:

„Sie weckte die Geister, sammelte Gleichgesinnte, setzte ein Komitee ein, welches die Abwehraktion einleitete. Durch die rührige Werbearbeit wurde dann eine 1000 Unterschriften tragende Petition der bis dahin wahlberechtigten Frauen in Niederösterreich den Vertretungskörpern überreicht. Diese Petition hatte den einzigen Erfolg, dass den Frauen das Wahlrecht zwar belassen wurde, aber nur im Wege der Vollmacht."[220]

Auguste Fickert war damit keinesfalls zufrieden. Sie verfolgte ihr Ziel – die politisch bewusste, gleichberechtigt in der Gesellschaft mitarbeitende Frau – allen Widerständen zum Trotz. Sie war der Überzeugung, dass Unrecht nicht hinzunehmen sei, sondern mit politischen Mitteln wie Petitionen, Widerstand und Artikeln bekämpft werden müsse.

So wurde am 18. Januar 1893 der „Allgemeine Österreichische Frauenverein" gegründet. 1905 regte Ernestine von Fürth die Gründung eines „Frauenstimmrechtskomitees" an. Margarete Minor war eine der Mitbegründerinnen und Vorstandsmitglied des österreichischen Frauenstimmrechtskomitees.

Auch war sie in Marianne Hainischs gemäßigtem „Bund Österreichischer Frauenvereine" sowie in der Wiener Volksbildung tätig:

„Sie war freisinnig in der schönsten Bedeutung des Wortes, immer bereit, den Bund vorwärts zu führen auf neuen Wegen und zu neuen Zielen, immer der Sache ergeben und alles Persönliche, soweit es das als recht Erkannte stören und hemmen konnte, ruhig zurückstellend."[221]

Marianne Hainisch, die im Gegensatz zu Auguste Fickert für den gemäßigten Flügel der Frauenbewegung stand, setzte sich vor allem für Frauen des Mittelstandes ein. Sie forderte eine Verbesserung der Mädchenbildung sowie der Berufsmöglichkeit für Frauen. Den „Bund Österreichsicher Frauenvereine" gründete sie 1902 als Dachverband, damit die österreichische Delegation dem „Frauenweltbund" beitreten könne, eine Überlegung, die auch von Auguste Fickert begrüßt wurde, obgleich sie die konservativen Tendenzen nicht unwidersprochen hinzunehmen gedachte.

Marianne Hainisch

Als 1907 das allgemeine Männerwahlrecht eingeführt wurde, entzog man zugleich den Großgrundbesitzerinnen das Wahlrecht. Die Frauen des „Allgemeinen Österreichischen Frauenvereins" verstärkten ihre Tätigkeit und gründeten am 1. Jänner 1911 eine „Zeitschrift für Frauenstimmrecht". Ihre Bemühungen hatten Erfolg: Am 30. Oktober 1918 wurde die Vereins- und Versammlungsfreiheit ohne Unterschied des Geschlechts im Reichsrat beschlossen; im November 1918 das allgemeine, gleiche, direkte und geheime Wahlrecht aller StaatsbürgerInnen.

Die erste Frau, die das Präsidium des Bundesrates innehatte, war Olga Rudel-Zeynek als christlich-soziale Abgeordnete der Steiermark. Die wichtigsten Anträge, die bis etwa 1930 von Frauen eingebracht wurden, betrafen das Hausgehilfengesetz, das Gesetz zur Regelung der Unterhaltspflicht, das Verbot der Abgabe alkoholischer Getränke an Jugendliche, das Gesetz zur Regelung des Ammenwesens, die staatliche

Besoldung der Lehrkräfte an der Frauenakademie, die Subvention der privaten Mädchenmittelschulen, die Anstellung eines weiblichen Referenten im Staatsamt für Unterricht, die Zulassung von Frauen als Parteivertreter vor Gericht, die Reformen der Gesetze für Kinderarbeit, die Ausdehnung der Zuständigkeit des Gewerbegerichtes auf Streitigkeiten aus dem Hausgehilfengesetz, die Ausgestaltung der Mädchenbildung.

Die erste Ministerin war Grete Rehor, erste Landtagspräsidentin Maria Hlawka (SPÖ), erste Bürgermeisterin Österreichs (in Groß-Siegharts in NÖ) Maria Kren (SPÖ), erste Außenministerin war Benita Ferrero-Waldner (Angelobung Februar 2000), die erste Vizekanzlerin Susanne Riess-Passer (Angelobung am 4. Februar 2000), die erste Klubobfrau der Grünen im österreichischen Parlament Freda Meissner-Blau (von 1986 bis 1988) und eine der wenigen Parteigründerinnen war Heide Schmidt (Liberales Forum 1994).

Ihre Vorgängerin als Parteigründerin war übrigens Marianne Hainisch: Diese war zwar seit 1918 Mitglied der Bürgerlichdemokratischen Arbeiterpartei, doch von dieser enttäuscht, beschloss die mittlerweile 90-Jährige am 12. Dezember 1929 die Gründung einer „Österreichischen Frauenpartei", mit dem Ziel „de[s] innere[n] und äußere[n] Friede[ns], d[e]s materielle[n] Wohl[s] und d[er] geistige[n] Höherentwicklung des Volkes".[222] Eine „Frauenpartei" war jedoch nicht einzig ihre Idee, denn zwei Jahre davor, 1927, hatte ihre Freundin Elise Richter[223] bereits einen Aufruf zur Gründung einer ebensolchen verfasst. Bei den Wahlen 1930 brachte es Marianne Hainisch auf kein Mandat; danach fanden in der Ersten Republik keine Nationalratswahlen mehr statt ...

Exemplarisch für eine der ersten Frauen im Nationalrat sei hier Anna Boschek porträtiert. Sie musste aufgrund der Armut ihrer Familie bereits als Kind zu arbeiten beginnen: zunächst als Heimarbeiterin, später in einer Galvanisierungswerkstätte und dann in einer Mundharmonikafabrik. 1891 begann sie als Spulerin in der Ottakringer Trikotfabrik. Sie wurde Mitglied der Sozialdemokratie; 1893 war sie bereits Delegierte am ersten österreichischen Gewerkschaftskongress, seit 1894 Gewerkschaftsangestellte. Später sollte sie dem Vorstand der Freien Gewerkschaften angehören und auch Mitglied der Frauenkommission werden.

Anna Boschek erhielt im Arbeiterinnen-Bildungsverein ihre erste Schulung und stieg dort von der Funktion einer Ordnerin zur Bibliothekarin und später zur Rednerin auf. 1919 zog sie in die Nationalversammlung – als erste Gewerkschafterin, als erste Frau, die Mitglied des Vorstandes der Sozialdemokratischen Partei Österreichs wurde, und als erste weibliche Abgeordnete. Zusammen mit Käthe Leichter, die ihre parlamentarische Mitarbeiterin war, arbeitete sie nicht nur an allen sozialpolitischen Gesetzen mit, sondern war vor allem an den frauenpolitischen Aktivitäten der Freien Gewerkschaften, der Arbeiterkammer und der Sozialdemokratischen Partei maßgeblich beteiligt.

Anna Boschek engagierte sich besonders für Sozial- und Arbeitsfragen: das Gesetz zum Achtstundenarbeitstag, die Vorlagen zur Arbeitsruhe, zum Nachtarbeitsverbot und zur Gewerbeinspektion. Auch plädierte sie dafür, dass das Hausgehilfinnengesetz die Gesindeordnung ersetzte. 1934 verlor sie ihr Amt, als das Parlament von der Regierung aufgelöst wurde. Anna Boschek starb 1957 in Wien.

Ihr kurzer autobiographischer Abriss „Aus vergangenen Tagen"[224], herausgegeben von Adelheid Popp, ist eine interessante Lektüre. Gleiches gilt auch für die 1909 erschienene „Jugendgeschichte einer Arbeiterin", verfasst von Adelheid Popp, einen Text, der auch heute noch ein wesentliches Dokument der Alltagsgeschichte von Frauen und Mädchen jener Epoche ist. Ihr gewidmet ist der in den Jahren 1932 bis 1933 in der Herbststraße 99 errichtete „Adelheid Popp-Hof", ein über den gesamten Block gezogener Bau mit einer begrünten Innenfläche samt Spielplatz im 16. Wiener Gemeindebezirk.

Die untypische Karriere des Arbeiterkindes Adelheid Popp erstaunt: mit 10 Jahren Fabriksarbeiterin, ab 1892 Leiterin der „Arbeiterinnen-Zeitung", in den 1920er-Jahren österreichische Parlamentsabgeordnete. Schriftsprache wie Rechtschreibung brachte sie sich selbst bei. 1918 wurde Adelheid Popp in den Parteivorstand gewählt; von 1919 bis 1934 war sie österreichische Parlamentsabgeordnete:

„Wenn ich in den Pausen mit Wärme und Lebhaftigkeit den Inhalt meiner Zeitung [das sozialdemokratische Parteiblatt] vortrug und zu erklären versuchte, so kam es manchmal vor, daß einer der Kontorbeamten vorüberging und kopfschüttelnd zu einem anderen sagte: ‚Das Mädel spricht wie ein Mann.'"[225] Weil Popp in ihren Zeitungsartikeln die herrschenden Moralvorstellungen, insbesondere die Ehe, harsch kritisierte, wurde sie zu einer Gefängnisstrafe verurteilt.

Adelheid Popp

„Von der ‚Frauenfrage' hatte ich keine Ahnung. [...] Ich kannte auch keine Frau, die sich für Politik interessiert hätte. Ich galt als eine Ausnahme und betrachtete mich selbst als eine. Die soziale Frage [...] hielt ich für eine Männerfrage und ebenso die Politik."[226]

1893 organisierte sie einen Frauenstreik mit, bei dem Textilarbeiterinnen eine Verringerung ihres 12-Stunden-Tages um zwei Stunden verlangten. 1902 gründete sie – gegen den Widerstand der Sozialdemokratischen Partei – gemeinsam mit Therese Schlesinger-Eckstein und anderen den „Verein sozialdemokratischer Frauen und Mädchen".

„Die künftige Stellung der Frau hängt daher aufs engste mit der Mädchenerziehung und der vorehelichen Berufstätigkeit und mit der Modernisierung des Haushaltes zusammen. Die angestrebte Zentralküche könnte ebenfalls einen geachteten und lohnenden Beruf für eine große Zahl von Frauen schaffen und damit jenen ein Betätigungsfeld eröffnen, die es zur sogenannten ,ureigensten weiblichen Arbeit', zum Herd, zieht. Gewiß wird es auch in Zukunft Frauen geben, die ihre eigene, selbständige Küche nicht aufzugeben gewillt sind. Hoffentlich wird die Entwicklung auch vor den Wohnungen der arbeitenden Klassen nicht haltmachen."[227]

Adelheid Popp hoffte, dass technische Neuerungen bald auch für ArbeiterInnen erschwinglich sein mögen, um zumindest in Hinblick auf die Hausarbeit die Doppelbelastung der Frauen zu mildern:

„Ruhige Nerven und unerschöpfliche Geduld sind die Voraussetzungen [...] für [Erziehung]. Wo aber soll dies eine Frau hernehmen, die von den Pflichten des Berufes erfüllt und vielleicht von den Sorgen des täglichen Lebens gequält ist? Da haben es die Männer doch weit besser. [...] [D]ann werden die Kinder ermahnt, ja ruhig zu sein, wenn Vater nach Hause kommt, denn er ist nervös und reizbar."[228]

Zu den parteipolitisch engagierten Frauen der ersten Stunden zählte auch die Sozialdemokratin Dr. Käthe Leichter. Im Kreis linker StudentInnen lernte die angehende Staatswissenschafterin, die neben dem Studium als Horterzieherin von Arbeiterkindern tätig war, Otto Leichter kennen, den sie 1921 heiratete. 1924 erteilte die Wiener Arbeiterkammer Käthe Leichter den Auftrag, ein Frauenreferat aufzubauen. Sie erforschte die Lebens- und Arbeitsbedingungen der Frauen, um so die Forderungen nach einem Schutz der Arbeiterinnen wirksamer zu untermauern. Ihr gesamtes Engagement galt den sozialen und ökonomischen Verbesserungen für Arbeiterinnen sowie der Warnung vor den Gefahren des Faschismus.

1933 wurde Käthe Leichter in das Zentralfrauenkomitee berufen. 1934 floh sie in die Schweiz, kehrte jedoch im September desselben Jahres nach Österreich zurück und lebte im Untergrund. Ihr Mann war einer der Mitbegründer der Revolutionären SozialistInnen. Nach dem Anschluss an das Dritte Reich versuchte ihr Mann, über Jugoslawien zu fliehen, was jedoch misslang; erst sein zweiter Versuch, in die Schweiz zu gelangen, war erfolgreich.

Käthe Leichter hingegen zögerte, da sie sich für ihre Mutter und ihre Kinder verantwortlich fühlte. Auch schätzte sie vorerst die eigene Lage falsch ein. Als ihr Entschluss zur Flucht feststand, sie einen gefälschten Pass organisiert hatte, wurde sie von einem Mitglied der Revolutionären SozialistInnen angerufen, das sich später als Spitzel der Gestapo entpuppte: Entweder sie komme sofort in die Wohnung ihrer Mutter oder sie werde diese nie mehr wiedersehen. Dort wurde sie verhaftet und alsdann des „Kassiberschmuggels" angeklagt; dies bedeutete die Weitergabe von Nachrichten im Gefängnis.

Während dessen gelang es ihrer Hausgehilfin, einen Sohn Käthe Leichters ins Ausland zu bringen. 1940 wurde Käthe Leichter ins KZ Ravensbrück deportiert. Die Versuche ihres Mannes mittels Anwälten aus dem Ausland, ihre Freilassung zu erwirken, schlugen fehl. Käthe Leichter wurde in der Psychiatrischen Anstalt Bernburg/Saale 1942 ermordet.

Heute erinnert der „Käthe-Leichter-Hof" in der Auhofstraße 152–156 sowie seit 1949 die Käthe-Leichter-Gasse im 13. Wiener Gemeindebezirk an diese couragierte Frau; ein Gedenkzeichen in Form der Buchstaben „K" und „L" an der Fassade des Hauses in der Ebendorferstraße 7, in dem sich von 1925 bis 1934 Käthe Leichters Büro befand, wurde im Mai 2006 enthüllt.

„Heute noch sehe ich Käthe auf dem Lastwagen sitzen in der bitteren Kälte, die blauen Augen auf uns gerichtet. Winkend fuhr sie ab. Wir sahen sie nie wieder",[229] schilderte Rosa Jochmann die letzte Begegnung mit Käthe Leichter.

Rosa Jochmann stammte aus gänzlich anderen Familienverhältnissen als Käthe Leichter, die sie als Referentin der Arbeiterkammer kennen gelernt hatte. Rosa Jochmann wuchs als Tochter eines sozialdemokratisch gesinnten Eisengießers und einer Wäscherin auf. Ihre Mutter erhielt für ihre Arbeit einen Tageslohn von 50 Kreuzer, 23 Kreuzer kostete damals ein Laib Brot. Beide Elternteile waren katholisch:

„Über unseren Betten hingen die Bilder von Karl Marx und Ferdinand Lassalle. Dazwischen allerdings das Bild der Heiligen Familie. [...] Ja, gebetet habe ich immer vor dem Bild vom Karl Marx. Natürlich hatte ich keine Ahnung damals, wen das Bild darstellte. Aber weil der Karl Marx mit seinem schönen, weißen Vollbart so gütig ausgeschaut hat, habe ich ihn für den lieben Gott gehalten."[230]

Somit wurde ihr erster Berufswunsch Nonne auf „verdrehte" Weise wahr: die Fabriksarbeiterin der Kerzenfabrik Apollo (heute Unilever) trat der Gewerkschaft bei. Als man sie in den Ausschuss der Chemiearbeitergewerkschaft berufen wollte, geriet sie zuerst in Panik, denn „Ausschuss" bezeichnet im Fabrikjargon, dass jemand etwas verpatzt hat. Bald danach wurde Rosa Jochmann Betriebsratsobfrau ihrer Firma, 1931 wurde sie zur Frauenzentralsekretärin der SPÖ gewählt und ab 1933 war sie Mitglied des Parteivorstandes. Von der Unterstützung durch Elisabeth Petznek, Tochter des Kronprinzen Rudolph, bei der politischen Arbeit berichtete Rosa Jochmann: *„Wir sind sehr oft mit ihrem Chauffeur und Wagen ausgefahren und haben Flugblätter verstreut."*[231]

Rosa Jochmanns zweiter Berufswunsch, Lehrerin, den sie – eine gute Schülerin – aus finanziellen Gründen nicht realisieren konnte, bewirkte, dass sie sich mittels der Bildungseinrichtungen der SozialdemokratInnen wie ArbeiterInnenbibliotheken und ArbeiterInnenhochschule weiterbildete.

In der Zeit des Austrofaschismus wurde die sozialdemokratische Partei verboten. Im Untergrund bildete sich aus überzeugten Sozialdemokraten die Gruppe der „Revolutionären Sozialisten".

Bei der ersten Sitzung am 26. Februar 1934 war Rosa Jochmann die einzige Frau im Führungskomitee neben vier Männern. 1934 wurde Rosa Jochmann verhaftet, eine dreimonatige Polizeistrafe sowie ein Jahr Kerkerhaft wegen des Verteilens von Flugblättern war das Urteil.

Wie so viele meinte auch Rosa Jochmann zu Beginn der 1930er-Jahre, Hitlers Regime werde sich nicht halten können. 1938 boten GesinnungsgenossInnen Rosa Jochmann einen falschen Pass an, aber sie beschloss, bis auf Weiteres zu bleiben. Zuerst sollten alle jüdischen GenossInnen außer Landes kommen. 1939 wurde Rosa Jochmann verhaftet und 1940 ins KZ Ravensbrück deportiert. Käthe Leichter riet ihr, sich dumm zu stellen, komme was wolle. 1941, als Heinrich Himmler im KZ Ravensbrück war, sollten sechs Häftlinge um Entlassung bitten, auch Rosa Jochmann. Sie schwieg.

Rosa Jochmann

Dass andere darum baten, fand Rosa Jochmann richtig, hatten sie doch *„Familie, Kinder, eine kranke Mutter. [...] Es war nichts Heldenhaftes dabei [zu schweigen]. Ich hätte draußen immer an all die schrecklichen Dinge denken müssen, die sich in Ravensbrück zu jeder Stunde abspielten. Auch wenn es für Außenstehende schwer zu glauben ist, man konnte auch in dieser Hölle viel Böses verhindern und vielen helfen. Es geschah viel Gutes im Namen der Solidarität, und daher auch heute unsere tiefe Verbundenheit mit den Kameradinnen von einst. Über alle politischen Bekenntnisse, über alle Religionen und Nationen hinweg."*[232]

Rosa Jochmann überlebte und kehrte nach Wien zurück. 1945 sprach sie in einer öffentlichen Rede über die Jahre im KZ, ein Zuhörer kommentierte ihren Bericht mit *„Gschichtn aus dem Wienerwald"*.[233]

1945 wurde Rosa Jochmann stellvertretende Parteivorsitzende der SPÖ, von 1945 bis 1959 Frauenzentralsekretärin sowie von 1945 bis 1967 Mitglied des Parteivorstandes und Nationalratsabgeordnete. Waren bei der ersten Nationalratswahl im November 1945 ehemalige NSDAP-Mitglieder von der Wahl noch ausgeschlossen, so zogen 1949 bereits 16 Mandatare der Wahlpartei der Unabhängigen (späterer Verband der Unabhängigen, seit 1956 FPÖ genannt) in den Nationalrat. Rosa Jochmann war keineswegs damit einverstanden, dass die SPÖ am Entstehen der Wahlpartei der Unabhängigen mitwirkte und kreidete an, dass weder in Österreich noch anderswo das volle Ausmaß der Naziherrschaft erkannt worden sei:

„Es ist mir aufgefallen, daß die Deutschen damals bereit gewesen sind, ihre Fehler zu bekennen und neu zu beginnen. Leider hatten 90 Prozent der Bevölkerung keine Ahnung, was zur Zeit des Nationalsozialismus tatsächlich geschehen ist. Auch die nicht, die nach 1945 die Geschicke des Landes bestimmt haben. Man hätte anfangen müssen, das jenen Menschen nahe zu bringen, die in den Parlamenten, Landtagen und Gemeinden saßen. Es wurden mir manchmal von Personen in sehr wichtigen politischen Positionen Fragen gestellt, die mich innerlich entsetzten."[234]

Vorsitzende des Frauenzentralkomitees war Rosa Jochmann von 1959 bis 1967. Sie hatte schon in den 1940er-Jahren den Frauen geraten, sich nicht an den Herd zurückdrängen zu lassen und ihr Licht nicht unter den Scheffel zu stellen, denn sie hätten Großes geleistet.

Seit 1945 warnte und mahnte sie – vor dem Wahnsinn des Faschismus, vor der Gefahr eines wiederkehrenden Nationalsozialismus und dem Schweigen über die Vergangenheit. So betonte sie in einer ihrer Reden 1957:

„Es ist schade, besonders für einige Abgeordnete dieses Hauses, daß ich ihnen nicht einen einzigen Handwagen hier hinstellen kann – einen jener Handwagen, die den ganzen Tag über die Lagerstraße eines KZ gerollt sind, beladen mit menschlichen Skeletten. Vielleicht würden Sie dann begreifen und verstehen, daß es Ihnen nicht zusteht, eine Parallele zu ziehen zwischen den Opfern des Nationalsozialismus und jenen, die nach 1945 abgeurteilt worden sind."[235]

Ihre letzte öffentliche Rede hielt Rosa Jochmann 1986 am Ballhausplatz und mahnte gegen die „Vergesslichkeit" Kurt Waldheims, der dennoch im gleichen Jahr vom österreichischen Volk zum Bundespräsidenten gewählt worden war. *„Den Anfängen wehren? Diese Parole hat längst jeden Sinn verloren. Sie ist überholt. Das sind keine Anfänge mehr. Es ist der wiedererstandene Geist der Vergangenheit."*[236]

Seit 1995 ist der streitbaren Politikerin, die am Zentralfriedhof (Ehrengrab Gruppe 14C) beerdigt wurde, im 11. Wiener Gemeindebezirk der Rosa-Jochmann-Ring gewidmet.

Doch zurück zum Parlament: Kurz sei noch auf die zahlreichen Frauenskulpturen rund um das Parlament verwiesen; ihr Einander-in-den-Armen-Liegen verdient mehr als einen zweiten Blick. Pallas Athene, die griechische Göttin der Weisheit, stören sie wohl keinesfalls.

Parlament

35

Grete-Rehor-Park: Schmerlingplatz:

Benannt nach der ersten Ministerin Grete Rehor (1910–1987): Tu was, sei sozial!

Am Schmerlingplatz befindet sich der rund 10.500 m² große Grete-Rehor-Park, in dem das Denkmal der Republik steht. Mittels einstimmigen Beschlusses des Wiener Gemeinderates 1996 wurde er nach Grete Rehor benannt, die von 1966 bis 1970 das Ministerium leitete, welches man einer Frau wohl am ehesten zutraute: jenes für Soziales. Dass erstmals ein Ministeramt gerade von Seiten der ÖVP an eine Abgeordnete herangetragen wurde, mag einigen SozialdemokratInnen sauer aufgestoßen sein.

Grete Rehor war die Tochter eines Beamten und einer diplomierten Krankenschwester; ihr Vater, Soldat im Ersten Weltkrieg, galt als verschollen und kehrte nicht zurück. Grete Rehor war Mitglied der katholischen Mädchenbewegung, die Erziehung im Elternhaus war ebenso konfessionell geprägt und auf soziales Bewusstsein wurde Wert gelegt. Grete Rehor besuchte nach der fünfjährigen Volksschule in Wien Josefstadt die Bürgerschule und alsdann das einjährige LehrerInnenseminar. Eine weitere Fortbildung war finanziell unmöglich, den Wunsch, Lehrerin zu werden, musste sie somit begraben. In einer Textilfirma fand sie Arbeit, besuchte daneben sozialpolitische Abendkurse.

Von 1925 bis 1927 besuchte sie eine private Handelsschule. 1927 wurde sie durch die Führerin der katholischen Jugend als Sekretärin in den Zentralverband der Christlichen Textilarbeiter geholt. Von 1928 bis 1938 arbeitete sie als erste Vertreterin im Jugendbeirat der Arbeiterkammer Wien. Im Jahre 1935 heiratete sie einen christlichen Gewerkschafter und späteren Stadtrat, der jedoch nach der Machtübernahme der NationalsozialistInnen in so genannte "Schutzhaft" genommen wurde. Bis 1939 war er inhaftiert, 1940 wurde er zur Wehrmacht eingezogen. Er fiel vermutlich in Stalingrad. Somit war Grete Rehor zur allein erziehenden Mutter einer Tochter geworden.

Nach der Gründung des österreichischen Gewerkschaftsbundes 1945 wurde Grete Rehor Bundesvorsitzende der Fraktion Christlicher Gewerkschafter, 1949 zog sie als ÖVP-Abgeordnete in den Nationalrat ein. 1966, während der ÖVP-Alleinregierung unter Josef Klaus, wurde Grete Rehor Bundesministerin für soziale Verwaltung. Dies kommentierte sie gegenüber der "Neuen illustrierten Wochenschau" im Mai 1966 mit: *"Es ist wichtig und richtig, wenn Frauen auch in höchste Positionen vordringen. Dies entspricht nicht nur der Bevölkerungs- und Beschäftigungsstruktur, sondern auch der Wählerstruktur."*[237]

Josef Klaus meinte über seine Beweggründe:

"Eine ehemalige Textilarbeiterin, Kriegswitwe, Gewerkschaftssekretärin,

erprobte Parlamentarierin, jahrzehntelanges Mitglied des Sozialausschusses – und noch dazu eine Frau, die Bundesleiterin der ‚Frauen im ÖAAB‚, eine Wienerin mit Charme, Witz und Schlagfertigkeit, das wäre die beste Lösung [...].“[238]

Obgleich ihr Leitspruch *„Tu was!“*[239] lautete, sah sie die „Bestimmung" der Frau – entsprechend dem Katholizismus – in der Rolle als Mutter und Hausfrau, räumte jedoch ein, dass Mädchen eine Doppelausbildung erhalten sollten, die sie auf Beruf sowie Haushaltsführung vorbereiten sollte.

Auch nach ihrer Amtszeit als Ministerin blieb Grete Rehor im sozialen Bereich engagiert, als Vizepräsidentin der ARGE (einer Dachorganisation für 61 Behindertenverbände) und als Obfrau der Jugendfreunde sowie in der Liga für Menschenrechte. Grete Rehor erhielt zahlreiche staatliche und kirchliche Auszeichnungen – so auch 1969 als erste Frau das „Große Goldene Ehrenzeichen am Bande für Verdienste um die Republik Österreich".

Museumstraße 6 / Café Raimund: 36

Treffpunkt der befreundeten Autorinnen Marlen Haushofer (1920–1970) und Jeannie Ebner (1918–2004).

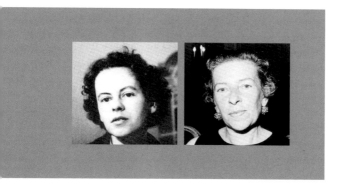

Zwei Freundinnen trafen sich mehrfach hier, im „Café Raimund" in der Museumstraße 6, mit anderen KollegInnen sowie mit ihrem Mentor Hans Weigel. Die eine reiste aus der oberösterreichischen Stadt Steyr an, die andere lebte in Wien; die eine wurde nicht immer ernst genommen, die andere geehrt und vom Gründungsmitglied zur Vizepräsidentin der Interessensgemeinschaft österreichischer Autorinnen und Autoren („IG Autorinnen Autoren") „befördert". Die eine wurde nie vergessen, die andere droht beinahe in Vergessenheit zu geraten. Marlen Haushofer und Jeannie Ebner, beide hatten Ehrgeiz – Marlen Haushofers Ehrgeiz war bloß träger, wie sie selbst meinte;[240] und beide setzten sich als Autorinnen durch.

Marlen Haushofers Mutter trat vor der Hochzeit gegen den Willen ihrer Eltern als Kammerzofe in den Dienst der Gräfin Colloredo und bereiste mit dieser Frankreich und Italien, bevor sie mit Kriegsbeginn in das entlegene Effertsbachtal an der Seite ihres Mannes zog. Dort wurde Marlen Haushofer am 11. April 1920 als Marie Helene Frauendorfer, ältestes Kind des Försterpaares geboren. Sie verbrachte eine freie, wilde Kindheit im Spiel mit den gleichaltrigen Nachbarsjungen. Der Mutter, der all dies zu wenig mädchenhaft erscheint, gelang es vorerst nicht, ihr Erziehungskonzept durchzusetzen. Eine sehr einprägsame und beeindruckende Darstellung von Kindheit zeichnete Marlen Haushofer im Roman „Himmel, der nirgendwo endet", den sie ihrem jüngeren Bruder widmete. Befragt, inwieweit ihre Romane autobiographisch seien, antwortete sie: „[...] man könnte, sagen wir, siebenundzwanzig Ich-Romane schreiben, und jedes Ich wird ein bißchen anders [...]."[241]

Nach der Volksschule schrieben die Eltern sie bei den Linzer Ursulinen in das Privat-Mädchen-Realgymnasium ein. Sie sollte das dortige Internat besuchen, ein Pendeln über ca. 70 km wurde als zu mühsam erachtet:

„Bis zu meinem vierzehnten Lebensjahr war ich ein todunglücklicher Mensch. [...] Der Übergang von der vollkommenen Freiheit in und rund um das Elternhaus zum Klosterleben führte zu schwersten Depressionen. Ich wurde ernstlich krank und für ein Jahr aus der Schule genommen. [...] Aber es war mir mit dem Kranksein ein Licht aufgegangen. Ich hatte gelernt, mich nicht mehr gegen alle möglichen Hindernisse aufzulehnen. Mit dem Kopf durch die Wand? Das hatte ich aufgegeben."[242]

1938 entzogen die NationalsozialistInnen dem Ursulinen-Gymnasium das Schulrecht. Marlen Haushofer wechselte an die Zweite Oberschule in Linz. Die Eltern erlaubten ihr, gemeinsam mit zwei anderen Mädchen ein Untermietzimmer zu bewohnen. 1939 maturierte sie, danach wurde sie für wenige Monate zum Reichsarbeitsdienst nach Christburg bei Elbing in Ostpreußen gesandt. Zu Beginn des Zweiten Weltkrieges wurde dieses Lager der „Arbeitsmaiden" evakuiert, die Mädchen mit dem Schiff nach Königsberg gebracht und von dort nach Hause geschickt. Im Wintersemester 1939/40 begann Marlen Haushofer ihr Studium in Wien: Germanistik und Kunstgeschichte. Ihre Wohnung befand sich in der Gumpendorfer Straße 63/E im 6. Bezirk.

Am 31. Juli 1941 gebar sie einen Sohn, den sie vier Jahre lang nach Bayern in die Obhut der Mutter einer Freundin gab. Ihren Eltern erzählte sie nichts von ihrer Mutterschaft. Kurze Zeit darauf lernte sie den angehenden Mediziner Manfred Haushofer kennen; sie heirateten bereits im November 1941. Knapp ein Jahr später, am 4. September 1942, schrieb sie ihren Eltern, dass sie erneut schwanger sei. Demnach wussten die Eltern bereits von jenem ersten Enkelkind, auch wenn dieses erst 1945 von Bayern nach Wien zurück geholt wurde; das Ehepaar zog in die Gentzgasse 135 im 18. Wiener Gemeindebezirk.

Wegen des Krieges verließ sie immer wieder Wien, floh mit Kind bzw. mit den Kindern aufs Land zu den Großeltern oder ließ die Söhne dort, während sie sich dem Studium widmete. Zu einem Abschluss kam sie nie: Gegen Kriegende zog sie zu ihren Eltern aufs Land, ihre begonnene Dissertation ging bei einem Bombenangriff verloren. Somit gab sie die Studienpläne ein für allemal auf. Dafür begann sie 1946 wieder zu schreiben – oder vielmehr: Sie hatte sich stets Geschichten ausgedacht, bis sie mit 19 Jahren verstummt war.

1946 veröffentlichte sie erste Kurzgeschichten in Zeitungen und Zeitschriften.

Mit Mann und Kindern zog sie 1947 nach Steyr, wo er eine Zahnarztpraxis eröffnete. Sie wurde Ehefrau, Mutter, gelegentliche Ordinationsgehilfin, Hausfrau und Schriftstellerin – je nachdem, mit wessen Augen man/frau sie betrachtete. 1953 ließ sie sich scheiden, lebte jedoch weiterhin mit ihrem Ex-Mann zusammen. 1957 heiratete sie ihn erneut.

„Wenn ich vorher gewußt hätte, daß Kinder kein Lebensinhalt sind, [...] hätte ich vielleicht keine Kinder bekommen. [...] Sie beginnen von ganz klein an, von dir wegzuwachsen, und das ist notwendig, denn sie sollen ihr eigenes Leben haben. Schreiben – das ist Lebenserfüllung."[243]

Die Erzählung „Das fünfte Jahr" erschien 1952, Erwachsen-Werden wird hier als traumatische Erfahrung wiedergegeben, ein Thema, das sie noch öfters beschäftigen wird.

Im gleichen Jahr überreichte ihr der Mentor Hans Weigel eines seiner Bücher mit der Widmung: *„Für Marlen Haushofer, die sehr liebe Adoptivtochter / besonders herzlich / H.W."*[244] Ihrer Freundin Jeannie Ebner teilte sie mit: *„Ich hab eingesehen, daß niemand zwei Herren dienen kann u. daß (für mich) immer der lebende Mensch Vorrang hat. Wenn meine Kinder (17 1/2 u. 16) aus dem Wasser sind, in etwa 3 Jahren, werde ich mich wieder meinem 2. Herrn zuwenden. Und sollte ich dann zu müde oder total verblödet sein, so macht es auch nichts aus. Es ist nicht schade um ein Talent, das diese Probe nicht aushält. Diese Einstellung kann z.B. H.W.* [Hans Weigel] *nicht verstehen. Dir trau ich aber zu, daß Du Verständnis hast. Ich bin nicht böse mit H. W. Wir kommen nur nie auf die selbe Wellenlänge und das hat mich dazu bewogen, mich etwas zurückzuziehen. An meiner Freundschaft hat es aber nichts geändert."*[245]

Dennoch fuhr sie weiterhin nach Wien, verkehrte im AutorInnenkreis des „Café Raimund", traf anfangs wohl auch noch Hertha Kräftner, vor allem aber Jeannie Ebner, die Freundin, mit der sie jahrzehntelang in Briefkontakt stand; sie tauschten sich aus über Alltagsleben und Autorinnen-Dasein, über ihr Schreiben sowie über die Literatur im Allgemeinen. Sie liehen einander Bücher; Virginia Woolf und Sir Galahad sind belegt. Zudem kommentierten sie in ihren Briefen die Veröffentlichungen der jeweilig anderen.

124

1953 wurde Marlen Haushofers Erzählung „Das fünfte Jahr" mit dem österreichischen Staatspreis (Förderpreis) ausgezeichnet und Marlen Haushofer bedauerte in einem Brief vom 21. Dezember 1953 an Jeannie Ebner, dass sie ihn nicht teilen könnten: „[...] *wenn ich an dich denke, hab ich ein ungutes Gefühl. Ich hoffe, es bleibt doch alles zwischen uns wie es war?*"[246]

Ausschnitt aus einem Brief Marlen Haushofers an Jeannie Ebner, 31. 08. 1968

Marlen Haushofer deprimierte das Hin-und-Her-Gerissen-Sein zwischen Schreiben und Familien-Dasein, dennoch zeugt ihr Schaffen von enormer Produktivität und steht so im Widerspruch zu manchen Briefpassagen wie jene aus dem Jahr 1968:

„Es ist auch sehr störend für mich, dauernd in mehreren Welten zu leben, die durch Abgründe getrennt sind. Dabei ist es seit jeher mein Bestreben, ein fast triebhafter Drang, Gegensätze zu versöhnen, Harmonie zu erzeugen u. die große Schizophrenie zu heilen. Nur, ich bin zu schwach dazu u. brauche zuviel Kraft um nicht selber dieser Spaltung zu verfallen. Unaufhörlich produziere ich Liebe und wickle damit alles wie in Watte ein [...]. Es geht mir ja wieder besser, aber jetzt soll ich auch noch auf mich selber aufpassen und das war nie meine Stärke. Ich werd eben so weitertun[,] bis ich einmal nicht mehr kann."[247]

Da hatte sie bereits zahlreiche Werke verfasst, wie unter anderem die Novelle „Wir töten Stella" (1958), den Roman „Die Wand" (1963) sowie mehrere Jugendbücher. Das Schreiben von Kinder- und Jugendbüchern bedeutete für sie Erholung und Vergnügen. Damals herrschte noch die Meinung vor, ernst zu nehmende AutorInnen schrieben nicht für Kinder; Marlen Haushofer dazu: *„Mein regelmäßiges Einkommen sind jetzt Kinderbücher. Es fällt leicht sie zu schreiben und ich finde nicht, dass es eine Schande ist. Jeder kann halt leider nicht Moliere übersetzen. (Was nicht unfreundlich gemeint ist)."*[248]

Diese Aussage zu den Übersetzungen ist auch als Seitenhieb auf die Freundin Jeannie Ebner zu lesen.

In ihren letzten Lebensjahren erschien „Die Mansarde" (1969) und posthum das Kinderbuch „Schlimm sein ist auch kein Vergnügen", welches sie noch im Krankenhaus fertigstellte. Marlen Haushofer starb 1970 an Knochenkrebs.

Jeannie Ebner wurde in Sydney, Australien als Kind einer Auswandererfamilie geboren. Ihre Kindheitsjahre, nach der Rückkehr nach Österreich, verbrachte sie in Wiener Neustadt.

Bis 1933 besuchte Jeannie Ebner in Wiener Neustadt das Realgymnasium, danach lernte sie den Beruf einer Speditionskauffrau, führte von 1939 bis 1945 die ererbte elterliche Spedition weiter; in „Flucht- und Wanderwege" schildert Jeannie Ebner im ersten Teil unter dem Titel „Tagebuch einer Flucht" die Geschehnisse des Jahres 1945 als eine Mischung zwischen prächtigem Vorfrühling und Bombengrauen, eine Zeit, da einige Unbeirrbare noch immer an Hitlers Sieg zu glauben vermochten. In den gesammelten Selbstporträts zeitgenössischer AutorInnnen mit dem Titel „Besondere Kennzeichen", herausgegeben von Karl Ude 1964, wird dies auch wiedergegeben: *„Wie sie* [Jeannie Ebner] *gegen Kriegsende mit zwei Rössern und einem Wagen, den Resten ihres verbombten Speditionsgeschäfts, von Wien nach Tirol fuhr, ein Jahr auf einem Berg lebte, dann im Salzburgischen Kunstgewerbe machte, und seit 1946 wieder in Wien, nach mancherlei anderen Berufsarbeiten von Hans Weigel zum Romanschreiben bestimmt wurde."*[249]

Dass sie daneben noch ab 1938 an der Akademie der bildenden Künste in Wien Bildhauerei studiert hatte, schien für sie nicht so bedeutend gewesen zu sein, es wird nicht erwähnt. 1946 übersiedelte Jeannie Ebner nach Wien, arbeitete bis 1949 als Stenotypistin, danach war sie arbeitslos. Ab 1954, sie hatte eben ihren ersten Roman veröffentlicht, lebte sie als freiberufliche Schriftstellerin, war Mitherausgeberin und Redakteurin der Zeitschrift „Literatur und Kritik". Sie engagierte sich für die Belange der KollegInnen als Gründungsmitglied der „IG Autorinnen Autoren", in deren Vorstand sie von 1973 bis 1988 und deren Vizepräsidentin sie von 1983 bis 1988 war; ebenso war sie Vizepräsidentin der „Literarischen Verwertungsgesellschaft" von 1976 bis 1999 und Mitglied der Sozialfondskommission von 1977 bis 1999.

In der autobiographischen Schrift „Papierschiffchen treiben" äußerte sich Jeannie Ebner über ihre Arbeit:

„Ich bin Schriftstellerin, ich soll erzählen, oder, weil das seit einer Reihe von Jahren von Autoren, die weit prominenter sind als meine feminine Wenigkeit, abschätzig als müßiges ‚Geschichtlerzählen" abgewertet wurde, ich soll nicht Erzählen um des Erzählens willen, sondern um mit dem, was ich an gesellschaftlicher Ungerechtigkeit anprangere, revolutionären Zorn zu erregen und bürgerliche Sattheit zu provozieren. Ich weigere mich aber! Es war nie meine Absicht zu provozieren. In einer Zeit wie dieser, da allgemein von der Kunst verlangt wird, daß sie provozieren müsse, wird diese Weigerung natürlich auch als provokant empfunden. Zumindest von den Kollegen. Aber ich will nicht provozieren, ich will evozieren, bis die Engel herabkommen."[250]

Jeannie Ebners Gedichte zeichnen sich durch eine einprägsame Bildsprache aus. Im Gedicht „Schwermut" heißt es *„Der schwarze Mohn blüht mir wieder im Blut* [...]"[251] und in „Heimweh": *„Tiere haben offene Tore in ihren Augen, damit die Angst hinaustreten kann in die Welt."*[252] Manch andere Gedichte sind sprachlich eher konventionell gehalten, die späteren werden von religiösen Bezügen dominiert.

Jeannie Ebner war davon überzeugt, sie könne sich am besten „[...] *im Roman* [ausdrücken]*! Ich sage immer, die Lyrik ist die große Liebe eines jeden Schreibenden, mit der Kurzprosa hat man ein schlampiges Verhältnis und der Roman ist die Ehe. Das heißt, er bringt die Freude der Liebe, die Freude der Intuition, des Einfalls, er benötigt aber auch Arbeit, Fleiß, Disziplin. Und das Schöne daran ist, daß man an einem Roman ein Jahr schreiben kann."*[253]

1957 nun habe sie eine „*innere Erleuchtung*"[254] gehabt: „[...] *man weiß es plötzlich innen: alles ist gut, in summa, und letzten Endes, auch wenn vieles schlecht ist. Also für den Sinn der ganzen Welt bin ich optimistisch, was die Gesellschaft angeht, bin ich pessimistisch. Und was den Sieg des Guten angeht, bin ich überaus skeptisch, das passiert nur sehr selten. Und zufällig."*[255]

Wie Marlen Haushofer war auch Jeannie Ebner verheiratet; eine Ehe, die sie als „*harmonisch*"[256] beschreibt, unter anderem auch, da ihr Mann ihr dabei half, „*eine Basis als Schriftstellerin zu finden*".[257] Ihr Mann war bereit, an sie als Autorin zu glauben, wenn sie es schaffe, innerhalb eines Jahres einen Roman zu schreiben und diesen innerhalb eines weiteren Jahres bei einem Verlag unter Vertrag zu bringen.

„Für mich war es wichtig, daß ich meine Freiheit hatte, ich akzeptier' aber, daß diese Freiheit erkauft werden will mit Selbständigkeit, Fleiß, Eigenverantwortung."[258] Dies bedeute auch, dass nichts umsonst sei, weshalb sie sich gegen Kinder entschied. *„Und was die Haushaltsführung betrifft – es ist ja nun mal in unserer Gesellschaft so üblich, daß Frauen den Haushalt machen. Und daran wird sich auch so bald nichts ändern. Denn ich habe zwar die Männer sehr gerne, sehe aber auch deutlich: eine ihrer Haupteigenschaften, zumindest der österreichischen Männer, ist Trägheit. Sie machen nicht freiwillig einen Handgriff, wenn er ihnen nicht entweder Spaß macht oder Geld bringt oder Erfolg."*[259]

Maria-Theresien-Platz: 37

Denkmal der Maria Theresia (1717–1780), Regierungszeit 1740 bis 1780.

Auf dem Maria-Theresien-Platz, zwischen dem Kunst- und dem Naturhistorischen Museum steht das 19,4 Meter hohe Denkmal Maria Theresias, welches gegen Ende ihrer Regierungszeit in den Jahren 1874 bis 1888 (vom ersten Modell bis zur Enthüllung) errichtet wurde und die ungeheure Summe von 820.000 Gulden verschlang. Vier Tugenden – Kraft, Weisheit, Gerechtigkeit und Milde – beleben die obere Sockelkante. Maria Theresias Denkmal ist von Männern umgeben: Feldherren, Diplomaten, Staatskanzler, ein Erzieher ihres Sohnes, Verwaltungsreformer, Hofkanzler, Rechtsgelehrte, der Leibarzt und ihr Numismatiker, ein Historiker, der Hofkomponist sowie Generäle.

Sie, die älteste Tochter Kaiser Karls IV. und Elisabeth Christines, war „nur" eine Tochter, weshalb sie nicht zur Herrscherin erzogen wurde. Schließlich hoffte man noch immer auf einen Sohn oder Enkel. Maria Theresia verbrachte eine unbeschwerte Kindheit mit ihrer geliebten „Aja", der Gräfin Charlotte Fuchs, und wuchs zur selbstbewussten, willensstarken jungen Frau heran. Für sich selbst setzte sie trotz widriger politischer Umstände 1736 durch, was sie den meisten ihrer Kinder nicht gewährte: eine Liebesheirat. Sie ehelichte Franz Stephan von Lothringen. Dieser verlor sein Erbland an Frankreich und musste es gegen das Großherzogtum Toskana tauschen, wodurch Maria Theresia zur Großherzogin der Toskana wurde.

Als Kaiser Karl VI. überraschend starb, hatte Maria Theresia drei Töchter und keinen Sohn. Sie gründete daher ihre Thronfolge auf der 1713 erlassenen Pragmatischen Sanktion, einem Gesetz, das damals gegen erhebliche Zugeständnisse von den nachbarlichen Fürsten anerkannt worden war. Nun jedoch war von Akzeptanz nicht mehr die Rede: Offen wurde die Aufteilung der österreichischen Länder unter den Nachbarstaaten diskutiert und Friedrich II. von Preußen, der von seinem Vater nicht nur eine glänzend organisierte, schlagkräftige Armee, sondern auch volle Kassen geerbt hatte, marschierte 1740 in Österreich-Schlesien ein. Entgegen allen Erwartungen beharrte Maria Theresia auf dem ihr zugesicherten Recht und führte allen Ratschlägen zum Trotz (auch demjenigen ihres Ehemannes) Krieg um ihr Erbe (Österreichischer Erbfolgekrieg von 1741 bis 1748). Sie mobilisierte ihre Truppen – ohne Ausbildung ihrerseits oder ausreichende Finanzen und mit einem schlecht organisierten Heer. Im März 1741 gebar sie den Kronprinzen Joseph II., bat die ungarischen Aristokraten um Unterstützung und wurde im Zuge dessen 1741 zur Königin von Ungarn, 1743 auch zur Königin von Böhmen gekrönt.

Die Wahl ihres Gatten zum Kaiser 1745 und die Wahl ihres Sohnes Joseph II. zum römischen König 1764 bereiteten ihr Genugtuung. Für sie war dadurch die gottgewollte Ordnung wiederhergestellt.[260]

Franz Stephan wurde in Frankfurt zu Kaiser Franz I. gekrönt. In den Erblanden blieb er jedoch nur Mitregent seiner regierenden Frau. Im Frieden von Aachen verlor Österreich 1748 Schlesien, jedoch wurde Maria Theresia als österreichische Herrscherin international anerkannt. Friedrich II. von Preußen soll über Maria Theresia gesagt haben: *„Einmal haben die Habsburger einen Mann und dieser ist eine Frau."*[261]

Maria Theresia

Nach diesen anfänglichen Wirren folgte eine lange Friedenszeit – mit Reformen im Schulsystem, des Heeres sowie im Finanz- und Militärwesen. Maria Theresia unternahm eine Justiz- und eine Steuerreform und zentralisierte die Verwaltung. Der Versuch, Schlesien – im Bündnis mit Frankreich und Russland – zurückzugewinnen, löste den 7-jährigen Krieg aus und misslang letztlich, da Friedrich II. sich mit England verbündete; 1763 wurde im Frieden von Hubertusburg der Verlust Schlesiens endgültig.

Sechzehn Kinder zog Maria Theresia groß; alle mussten (oder durften) nach und nach verheiratet werden – taktisch ausgewählt, um den Frieden zu sichern. Einzig ihrer Lieblingstochter Marie Christine gestattete sie eine Liebesehe. Maria Anna hingegen, die ungeliebte Zweitgeborene, der sie vorwarf, wieder „nur ein Mädchen" zu sein und nicht der erhoffte Sohn, litt unter der mütterlichen Zurückweisung; ihre Intelligenz nützte ihr nichts, im Gegenteil, denn es schickte sich keinesfalls, klüger als der Kronprinz zu sein. Maria Annas Rückzug in Krankheiten – ein Verhalten, das ihr zumindest die Aufmerksamkeit der Mutter sicherte – machte die junge Frau nicht glücklicher. 1765 auf einer Reise durch Klagenfurt begegnet sie den Elisabethinen, die ihr Leben der Pflege armer und kranker Menschen widmeten, was Maria Anna beeindruckte. Sie entwickelte den Plan, sich dort, fern des Hofes, doch mit Verbindung zum Kloster, eine eigene kleine Residenz zu schaffen. Maria Theresia kaufte Maria Anna das Nachbargrundstück und ein kleines Palais wurde aufgrund der strengen Sparauflagen des Bruders Joseph II. in Auftrag gegeben. Dass sie „aufgrund ihrer schlechten Gesundheit"[262] unverheiratet blieb, wie manche Quellen anführen, ist eine Beschönigung: Sie litt unter einer Wirbelsäulenverkrümmung, die ihr einen Buckel verursachte und ihr die Atemluft nahm. Auch erbrach sie sich deshalb häufig. Nicht ganz zu Unrecht bezeichnet Thea Leitner sie in ihrer Darstellung[263] als „Aschenbrödel". Maria Anna wird erst 1781, fünf Monate nach dem Tod der Mutter, nach Schloss Annabichl ziehen. Glanzvolle Bälle und die aus gesundheitlicher Vorsicht lang verwehrten Schlittenfahrten mögen Maria Anna für manches in Wien Geschehene entschädigt haben. Nach ihren dortigen Geburtstagsfeierlichkeiten äußerte sich Maria Anna: „Ich habe vierzig Jahre in Wien gelebt, aber man hat mir nicht gezeigt, daß man mich liebt!"[264] In den Annalen des Kärntner Klosters der Elisabethinen wird Maria Anna übrigens als zweite Gründerin gepriesen, obgleich sie nie in den Orden eintrat, doch ließ sie das Klostergebäude, das in einem erbärmlichen Zustand war, 1783 von Grund auf sanieren. „Kein Monarch ist je von seinen Untertanen so aufrichtig beweint worden, wie diese Fürstin von ihren Kärntnern', schrieb die Äbtissin Xaveria Gasser",[265] mit der sich Maria Anna anfreundete.

Wie sehr Maria Theresia ihre Töchter zu Machtzwecken nutzte, zeigte sich insbesondere auch bei ihrer sechsten Tochter, Maria Amalia Josepha Johanna Antonie; Amalia durfte nicht den ersehnten Prinzen von Zweybrücken heiraten, sondern wurde 1769 an „den fünf Jahre jüngeren, halb debilen, gewalttätigen, trunksüchtigen und – bigotten Ferdinand von Parma"[266] verschachert. Als Amalia – gegen den ausdrücklichen Wunsch der Mutter – versuchte, politischen Einfluss für ihr Land zu gewinnen, untersagte Maria Theresia allen Geschwistern jeglichen Kontakt mit Amalia. 1765 starb Maria Theresias Mann überraschend; Joseph II. wurde römischdeutscher Kaiser und Mitregent in den Erblanden. Marie Theresia behielt jedoch die Zügel in der Hand. Auch im Leben der ins Ausland verheirateten Kinder mischte sie weiterhin mit.

38 Neuer Markt – Heldenplatz – Michaelerplatz – Josefsplatz – Burggarten – Stadtpark:

Schöne Frauen als Dekorationsobjekte.

Exemplarisch für die gesamte Stadt soll auf das „dekorative" Element „Frauenkörper" in der städtischen Architektur hingewiesen werden. Ein beobachtender Blick lohnt sich; auch in anderen Bezirken. An vielen Stellen Wiens finden sich Frauenbilder – als Zierde und / oder als tragendes Element, als Skulptur, Gemälde und Mosaik ... In früherer Zeit wohl auch zum Entsetzen so mancher BürgerInnen: Entrüstet lehnte Maria Theresia, Initiatorin der so genannten Keuschheitskommission, die (männliche!) Nacktheit der Figur am Providentia-Brunnen am Neuen Markt ab.[267] Hingegen durften sich die allegorischen Personifizierungen von Ybbs und March gern barbusig-hüllenlos tummeln.

Heldenplatz

Michaelerplatz

Am Heldenplatz befindet sich am Denkmal Prinz Eugens Fama, die Göttin des Gerüchts, die hier – wohl nicht zufällig – in ihre Tuba bläst. Ebenda ist auch eine Darstellung der Siegesgöttin Nike anzutreffen, die mit der Sonne des Ruhmes bräunt; eine allegorische Abbildung, die zeitgenössischen KünstlerInnen kaum bei Bertha von Suttner oder einer weiß-gebleichten Auguste Fickert eingefallen wäre.

Auf dem Platz innerhalb der Hofburg befindet sich das Denkmal Kaiser Karls, dem zu Füßen Frauenkörper liegen. Auch als Zierde an der Wiener Hofburg sind einige, teilweise sogar geharnischte Frauenleiber zu entdecken. Hierbei handelt es sich – quasi als Gegenpol zu den dargestellten männlichen Individuen – um allegorische Abbildungen, sei es des Friedens, der Weisheit oder der Gerechtigkeit. Am Durchgang vom Heldenplatz zum Michaelerplatz finden sich lebensgroße, voluminöse Frauenskulpturen, die dazu dienen, die Wahlsprüche der Habsburger in die Welt hinauszuposaunen.

Tritt man/frau aus der Michaelerkuppel heraus auf den Michaelerplatz, so befindet sich rechts am Brunnen eine Frauenfigur, die wohl vielen ob ihrer verächtlichen, fortweisenden Gebärde das Fürchten lehrt.

Wenige Schritte weiter, den Platz umrundend, lässt sich neben dem Eingang zur Michaelerkirche eine Lobestafel für die aufopfernde Arbeit der Wienerinnen während des Ersten Weltkrieges entdecken, umgeben von einem stilisierten Lorbeerkranz: *„Ehre und Dank den Frauen Österreichs für ihr heldenhaftes Wirken im Weltkrieg 1914 – 1918."* Wer diese Tafel stiftete, war nirgends zu erfahren.

Vis-à-vis befindet sich übrigens das „Café Griensteidl", das einst angesagteste LiteratInnencafé der Stadt: von 1847 bis 1897 wurde dieses Kaffeehaus von Susanna Griensteidl geführt. StammgästInnen waren die Autoren des „Jung Wien" und deren nicht unbedingt zahlreiche Begleiterinnen; Autorinnen befanden sich in dieser Gruppe und in einem öffentlichen Lokal noch seltener. Eine, die häufig ins „Griensteidl" kam, war jedoch der Burgtheater-Star Adele Sandrock, die hier ihr Techtelmechtel mit Felix Salten gehabt haben soll, um Arthur Schnitzler eifersüchtig zu machen.

Susanna Griensteidl musste ihr Lokal 1897 schließen, da das Gebäude abgerissen wurde. In ihrem Abschiedsbrief an die *„hochverehrten Gäste"*[268] kündigte sie zwar ein bald zu eröffnendes neues Lokal an, dessen Ort oder Name sie jedoch nicht nannte – wo und ob es je zu einem nachfolgenden Kaffeehaus kam, war nicht in Erfahrung zu bringen. Das heutige Lokal gleichen Namens am Michaelerplatz hat mit jenem anno dazumal weder Gebäude noch Inventar gemein und wurde erst 1990 eröffnet.

Am nahe gelegenen Josefsplatz 5 befindet sich das Palais Pallavicini (errichtet von 1782 (oder 1783) bis 1784). Dieses Haus löste Empörung aus, da es nach dem Urteil der WienerInnen viel zu schmucklos war,[269] und im Gegensatz zum später erbauten Loos-Haus, das als „Haus-ohne-Augenbrauen" in die Architekturgeschichte einging, gelang es im Falle des Palais' nicht, den Mangel an Verzierung durchzusetzen. Deshalb wird das Portal des Palais' von den nachträglich beigefügten, einander zärtlich zugeneigten vier Damen flankiert. Vermutlich handelt es sich wieder einmal um allegorische Darstellungen von Freiheit und Handel. Ebenso sehenswert sind der Eingangsbereich, das „frauengeschmückte" Foyer und der Innenhof. Die österreichische Regierung veranstaltet in diesem Palais öffentliche Empfänge für ausländische Monarchen und Staatsoberhäupter.

Palais Pallavicini

Wenige Meter weiter, vorbei an der Kunstsammlung der „Albertina", erreicht man/frau entlang der Mädchenstatuen rechter Hand, welche verschiedene Flüsse symbolisieren, den Burggarten.

Betrachtet man/frau die Skulpturen, so fällt das kokette Lächeln und wallende Haar auf – nicht nur bei dem Gewächshaus, welches von Friedrich Ohmann von 1901 bis 1905 geplant und erbaut wurde.

SpaziergängerInnen abseits der kaiserlichen Familie kommen übrigens erst seit 1919 in den Genuss, diese Frauenbilder zu betrachten. Ursprünglich wurde der Burggarten – oder „Kaisergarten" – in den Jahren 1816 bis 1819 vom Hofgärtner Franz Antoine d. Älteren für eine größere Fläche konzipiert; die heutige, verkleinerte Form hat der Park erst seit dem Bau der Neuen Hofburg (1881 – 1913).

Es empfiehlt sich, den Kopf in den Nacken zu legen und auch die Frauenskulpturen an der Fassade der Hofburg zu betrachten – darunter eine Vorlesende, weit oben unter dem Hofburgdach.

Denkmäler für einzelne Frauen suchen BetrachterInnen im Burggarten hingegen vergeblich – hier stehen einzig Abraham a Sancta Clara und Maria Theresias Enkel, Kaiser Franz I., der mehrere Straßenzüge nach sich benennen ließ. Als weitere Mitglieder der illustren Männerrunde sind Johann Wolfgang von Goethe, Herkules und Wolfgang Amadeus Mozart zu nennen. In seinem Gegenstück jedoch, dem 1819 bis 1823 angelegten Volksgarten, befindet sich ein Denkmal, das an eine Frau erinnert: Kaiserin Elisabeth als Ewig-Jugendliche.

Spiegelung „Elisabeths" in der Wasserfläche vor dem Denkmal im Volksgarten

In Richtung Stadtpark erreicht man/frau den Minervabrunnen zwischen dem Museum für angewandte Kunst und der Akademie für angewandte Kunst. Auf dem Mosaik des Brunnens befindet sich eine geflügelte Victoria, Göttin des Sieges mit Lorbeer und Eichenkranz, das Pendant zur griechischen Nike.

Im Stadtpark wird das Johann Strauß-Denkmal nicht nur von Tanzpärchen, sondern auch von Donauweibchen umschwebt.

Stadtpark

Diese tanzfreudigen Frauenspersonen haben der Sage nach durch ihren Gesang mehr als einem Unglücklichen den Kopf verdreht, so dass die Verliebten nur noch eines wollten: ihrer Schönen in die Anderswelt des Donaustroms zu folgen.

Neue Burg / „Museum für Völkerkunde":   **39**

Die Faszination des Reisens. Oder: Betty Paoli (1814–1894), Ida Pfeiffer (1797–1858) und Dr. Etta Becker-Donner (1911– 1975).

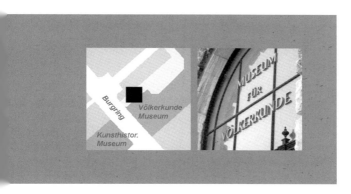

Zweier reiselustiger Frauen, die im Unterwegssein Beruf, Begleitumstand oder/und Berufung sahen, sei hier gedacht: Betty Paoli war zuerst als Gesellschafterin und danach als Journalistin tätig, Ida Pfeiffer war zuerst Mutter und später Reiseautorin. Auf eine weitere sei kurz verwiesen: von 1955 bis 1975 leitete eine Frau das Wiener Museum für Völkerkunde: die Ethnologin Dr. Etta Becker-Donner, die sich insbesondere der Erforschung Liberias sowie Süd- und Zentralamerikas widmete und zudem das Lateinamerika-Instituts in Wien mitgründete. Dieses leitete sie auch von 1965 bis 1975.

Zurück zu den reiselustigen Ahninnen: Betty Paoli – oder Barbara Elisabeth Glück wie sie mit bürgerlichem Namen hieß – war Lyrikerin und eine Pionierin des Berufsjournalismus im deutschsprachigen Raum, die mittels ihres Einkommens als erste Feuilletonistin der „Neuen Freien Presse" zudem ökonomisch unabhängig leben konnte. Ihr Autorinnenpseudonym kommt nicht von ungefähr; sie machte sich den Nachnamen eines korsischen Freiheitskämpfers aus dem 18. Jahrhundert, Pasquale Paoli, zu eigen. Immer wieder finden sich in ihren Briefen auch Passagen, in denen sie sich selbst als „wild" beschreibt.[270]

Ihre Reiselust vertrug sich gut mit ihrer Tätigkeit als Gesellschafterin, zuerst für Henriette Wertheimer, dann für die Fürstin Marianne Schwarzenberg. So bereiste Betty Paoli Russland, Galizien, Polen, Schlesien und Italien, Deutschland und Frankreich; ab 1848 reiste Betty Paoli vermehrt allein, bis sie – um 1855 – bei Ida Fleischl-Marxow einzog. Ob die Wohnung in der Oberen Bäckerstraße 763[271] bereits eine gemeinsame war, ist nicht mit Sicherheit zu belegen; die Höhe der Nummer verweist auf die Konskriptionsnummer des Hauses, eine Form der Verortung, die bis zum Ende des 19. Jahrhunderts üblich war. Im Oktober 1876 zogen sie in die Habsburgergasse 5,[272] ebenfalls im 1. Wiener Gemeindebezirk. Mit Ida Fleischl-Marxow teilte Betty Paoli 40 Jahre ihres Lebens.[273]

Betty Paoli

„Ich weiß, was ich will! Das ist ja die Kraft
die sich aus dem Chaos ein Weltall entrafft.
Ich weiß, was ich will! Und wenn ich's erreich',
Dann gelten der Tod und das Leben mir gleich."[274]

Eine enge Freundschaft verband Betty Paoli zudem mit Marie von Ebner-Eschenbach. Bevor noch Interessensgemeinschaften von AutorInnen wie die 1885 gegründete erste weibliche Berufsgenossenschaft in Form des „Vereins der Schriftstellerinnen und Künstlerinnen"[275] in Wien offiziell bestanden, hatten diese beiden Frauen ihr eigenes Netzwerk geschaffen: Sie waren einander Lektorinnen, Mentorinnen und Kritikerinnen.

Als Gegenbild zu Betty Paoli lässt sich die Wiener Biedermeierdame Ida Pfeiffer sehen, die bis zuletzt ihre Reisefreude entschuldigte:

„Schon als zartes Kind hatte ich die größte Sehnsucht, hinaus in die Welt zu kommen. Begegnete ich einem Reisewagen, blieb ich unwillkürlich stehen und sah ihm nach, bis er meinen Blicken entschwunden war; ich beneidete sogar den Postillion, denn ich dachte, er habe die ganze große Reise gemacht. Allein weil diese meine Reisebegierde sich, nach den Begriffen der meisten Menschen, für eine Frau nicht ziemt, so mögen diese meine angeborenen Gefühle für mich sprechen und mich verteidigen."[276]

Darüber hinaus sah sie sich stets genötigt zu betonen, dass sie zuvor bereits alle Pflichten eines Frauenlebens in Form von Ehegattinnen- und Mütter-Dasein erfüllt habe. Nun solle man/frau ihr doch bitte nicht übel nehmen, was sie schon immer wollte: die Welt entdecken – ein Ziel, das über Betty Paolis Wunsch hinausging.

Anfangs sah sich Ida Pfeiffer genötigt, ihre erste Reise 1842 als „Besuch" zu tarnen, diese obendrein mit religiösem Anstrich zu versehen, ihr Reiseziel war ja das „Heilige Land". Ebenfalls nahm sie zu Beginn einmal und in äußerster Bescheidenheit getätigte Beobachtungen sogleich wieder zurück. Erst mit der Zeit und mit steigender Anerkennung wurde Ida Pfeiffer selbstbewusster. 1856, als ihr Reisebericht seine vierte Auflage erreichte und sie schon eine bekannte Reisende war, hob sie die Anonymität ihrer Berichte auf: Was anfangs Ehemann und Geschwistern peinlich erschienen war, hatte aufgrund des Erfolges die Anrüchigkeit verloren.

Ida Pfeiffers Aufzeichnungen waren überaus detailliert, damit sie auch von ZeitgenossInnen als Reiseführer benutzt werden konnten. Sie tendierte dazu, ihre Umgebung stets aus dem Blickwinkel der mitteleuropäischen Dame und deren Moralbegriff zu betrachten. Was ihre Reiseberichte darüber hinaus interessant macht, ist die Tatsache, dass ihr Orte zugänglich waren, die männlichen Forschungsreisenden verborgen blieben oder ihnen uninteressant erschienen wie Kammern, Hinterhöfe, Küchen und andere Frauen-Räume.

Im Allgemeinen vermitteln Pfeiffers Reisetagebücher den Eindruck einer Frau, die vor keinen Hindernissen oder Gefahren zurückschreckte und die mit großer Hartnäckigkeit und Willensstärke ihre Ziele verfolgte. Strapazen betrachtete sie prinzipiell als Herausforderung. Ihre Reiseart wählte sie dem Land entsprechend, passte sich an das Übliche an – so wie sie sich auch nicht zu gut war, die Speisen der Einheimischen zu verzehren und Nachtlager voller Ungeziefer in Kauf nahm, um ihre Entdeckerinnenlust zu stillen. Ihre Reisen durchbrachen nicht nur in den erkundeten Ländern das Rollenverhalten, sondern machten Ida Pfeiffer auch im eigenen Land zur Außenseiterin.

Ihre letzte Reise führte Ida Pfeiffer nach Madagaskar, ein Ziel, das als überaus gefährlich galt, da die zu jener Zeit dort herrschende Königin Ranavola I., Witwe Radamas I., die nach seinem geheimgehaltenen Tod (wohl infolge exzessiven Alkoholgenusses) durch eine blutige Palastrevolution an die Macht gekommen war, die Insel vor ausländischen Einflüssen bewahren wollte. Dennoch gelang es Ida Pfeiffer, vorgelassen zu werden. Als sie aber in Machtintrigen am Hof verstrickt wurde, ließ Ranavola sie gefangen nehmen. Kurz danach erkrankte Ida Pfeiffer am Madagaskarfieber und wurde deshalb sofort abgeschoben. Den Bericht dieser letzten Reise veröffentlichte Ida Pfeiffers Sohn. Ida Pfeiffer selbst starb am 28. Oktober 1858 mit 61 Jahren an den Folgen jener Erkrankung.

Wie auch Betty Paoli liegt Ida Pfeiffer in einem Ehrengrab am Wiener Zentralfriedhof begraben, wobei Ida Pfeiffers Leichnam erst drei Jahrzehnte nach ihrem Tod aufgrund einer Initiative des Wiener „Vereins für erweiterte Frauenbildung", der in der Hegelgasse 12 in der Inneren Stadt ansässig war, zu jener honorablen Ruhestätte gelangte.

In 16 Reisejahren hatte Ida Pfeiffer über 150.000 englische Seemeilen und 20.000 Meilen an Land zurückgelegt. Ihre Reiseberichte erzählen von Völkern und Regionen in entlegensten Gegenden – und im Gegensatz zu männlichen Reiseberichten schildern sie auch die Welt der Frauen in unterschiedlichsten Kulturen. Obwohl Ida Pfeiffer als Frau eine Herausforderung für die bis dahin ausschließlich männliche Entdeckerwelt darstellte, wurde sie in wissenschaftlichen Kreisen wegen ihrer erstaunlichen Leistungen geschätzt und Alexander von Humboldt veranlasste ihre Aufnahme als Ehrenmitglied in die Berliner Geographische Gesellschaft.

Während Betty Paoli seit 1930 ein Paoliweg im 13. Wiener Gemeindebezirk gewidmet ist, der während der Jahre 1938 bis 1947 in Justus-Möser-Weg umbenannt war, findet sich nichts dergleichen für Ida Pfeiffer.

40 Heldenplatz / Nationalbibliothek:

Wo Vergangenes zur Einsicht lädt: Die Bibliothekarin Ernestine von Fürth (1877–1946), die Redakteurin Henriette Herzfelder (1865–1927) und die Schriftstellerin Leopoldine Kulka (1872–1920).

In den Beständen der Nationalbibliothek sind heute noch – teilweise bereits digitalisiert – die Zeitschriften der ersten Frauenbewegung wie „Der Bund" oder die „Dokumente" zu finden. Zahlreiche Unterlagen stellte die Nationalbibliothek im Rahmen der Serviceeinrichtung „Ariadne"[277] ins Internet und macht sie derart auch über Wien hinaus BenutzerInnen zugänglich. Unter anderem sind hier auch Texte der Redakteurin Henriette Herzfelder, der Schriftstellerin Leopoldine Kulka sowie Ernestine von Fürths nachzulesen.

Ernestine von Fürth – Nini genannt – war eine gebürtige Pragerin, die um 1905 einen Hof- und Gerichtsadvokaten heiratete; beide traten aus dem Judentum aus und zogen nach Wien. 1905 gründete sie gemeinsam mit der sozialdemokratischen Lehrerin Leopoldine Glöckel das „Frauenstimmrechtskomitee", welchem beinahe alle Vorstandsmitglieder des „Bundes österreichischer Frauenvereine" angehörten, so auch die Lehrerin und erste Wiener Bezirksschulrätin (bereits 1911!) Stephanie Nauheimer und die Journalistin Henriette Herzfelder. Der Versuch, einen eigenen Frauenstimmrechts-Verein zu gründen, scheiterte vorerst am Vereinsgesetz aus dem Jahre 1867, dessen § 30 bis zu seiner Aufhebung im Jahr 1918 besagte, dass „Ausländer, Frauenpersonen und Minderjährige" nicht als Mitglieder politischer Parteien geführt werden durften.[278] Die erste österreichische Frauenstimmrechtskonferenz, deren Ziel eine Dachorganisation der Frauenstimmrechtskomitees Cisleithaniens war, konnte in Wien im März 1912 stattfinden; eine Teilnahme daran wurde übrigens von den Tschechinnnen abgelehnt, da nur deutsch als Konferenzsprache vorgesehen war. Über Ernestine von Fürths Privatleben ist kaum etwas bekannt, doch haben zumindest ihre journalistischen Beiträge ihr Jahrhundert überdauert. Sie gilt neben Henriette Herzfelder und Leopoldine Kulka als dritte und jüngste der drei bedeutenden Journalistinnen jüdischer Herkunft. Von 1907 bis 1938 verfasste sie Beiträge für die Zeitschriften der ersten Frauenbewegung wie „Der Bund" und „Die Österreicherin" und gab die monatlich erscheinende „Zeitschrift für Frauenstimmrecht" heraus. Weiters war sie als Bibliothekarin im „Neuen Wiener Frauenclub" am Tuchlauben 11 tätig und engagierte sich in der Rechtskommission des „Bundes österreichischer Frauenvereine". Diese Kommission erarbeitete Vorschläge für Gesetzesänderungen, um die rechtliche Stellung der Frauen zu verbessern. Zentrale Themen waren hierbei die DienstbotInnenordnung, die Ehegesetzgebung und das Erbrecht. 1938 gelang Ernestine von Fürth mit ihrem Sohn die Flucht in die USA, wo sie bis zu ihrem Tod 1946 lebte.

Auch Leopoldine Kulka war Journalistin und schloss sich schon früh Auguste Fickerts „Allgemeinen Österreichischen Frauenverein" an, für deren „Dokumente der Frauen" (1899 – 1902) sie Beiträge verfasste.

Nach dem Streit der drei Herausgeberinnen Rosa Mayreder, Marie Lang und Auguste Fickert, als deren Lieblingsschülerin Leopoldine Kulka galt, folgte diese Auguste Fickert zum „Neuen Frauenleben". Nach Auguste Fickerts Tod 1910 wurde diskutiert, wer denn nun die Fortführung der Zeitschrift übernehmen sollte. Gegen Leopoldine Kulka wurde ihr Jüdisch-Sein angeführt, doch ließ sie sich nicht verdrängen, sondern bat Auguste Fickerts Bruder Emil Fickert um Unterstützung; diesem schlug sie im Juni 1910 brieflich eine gemeinsame Herausgeberinnenschaft mit Dr. Christine Touaillon vor, die im November 1910 in Kraft trat. Bis zur Einstellung 1918 blieb Leopoldine Kulka die wichtigste Journalistin der Zeitschrift.

Weiters engagierte sich Leopoldine Kulka in der Rechtsschutzkommission des „Allgemeinen Österreichischen Frauenvereins". Ihre pazifistische Grundhaltung ließ sie für Frieden und Völkerverständigung eintreten. 1917 gründete sie als Teil des Vereins eine „Friedenspartei". Wie auch Auguste Fickert stand sie dem „Bund österreichischer Frauenvereine" skeptisch gegenüber und blieb ihm seit 1906 fern. Erst 1918, da sie meinte, der Bund vertrete nun eine weniger konservative Linie, trat sie ihm erneut bei.

Im Gegensatz zu Leopoldine Kulka befürwortete Henriette Herzfelder von Anfang an den „Bund österreichischer Frauenvereine", in dessen Vorstand sie vertreten war und dessen Pressekommission sie leitete. Henriette Herzfelder stammte aus einer alteingesessenen Brünner Familie, die damals aufgrund des Toleranzedikts von Kaiser Josef II. einen Betrieb zur Produktion von Rübsamenöl, das für Lampen verwendet wurde, etablieren durfte. 1912 trat Henriette Herzfelder aus dem Judentum aus. Von 1905 an fungierte sie als Herausgeberin der Vereinszeitschrift „Der Bund"; 1915 gab sie diese Tätigkeit aus gesundheitlichen Gründen auf.

Weiters redigierte sie von 1911 bis 1918 die „Zeitschrift für Frauenstimmrecht" und war im österreichischen Frauenstimmrechtskomitee tätig. In ihren Artikeln beschäftigte sie sich insbesondere mit dem Jugendfürsorgegesetz. In „Die organisierte Mütterlichkeit" schrieb Henriette Herzfelder über die Veränderung des Mutter-Bildes:

„Kein Vorwurf ist der auf allen Linien unaufhaltsam vordringenden Frauenbewegung in den letztverflossenen Jahren häufiger gemacht worden als der, daß sie das Beste und Eigentümlichste des Weibes, seine Mütterlichkeit, gewaltsam unterdrücke, planmäßig ersticke."[279]

Doch müssten Männer begreifen, dass Frauen sich nicht *„in [alte] Lebensformen zurückzwingen lassen"*[280] werden, denn sich denen zu entwinden sei schon schwer genug gewesen und darüber hinaus würde diese Veränderung letztlich auch Männern nützen: *„Auch die Höherentwicklung des Weibes wird dem Aufstieg der Menschheit dienen, an ihrer sublimierten, allumfassenden Mütterlichkeit wird die Welt von manch schwerem Uebel genesen."*[281]

41 Reitschulgasse 2 / „Verband der Akademikerinnen Österreichs":

Seine Gründerin Dr. Elise Richter (1865–1943) und deren Schwester Helene Richter (1861–1942).

Dr. Elise und Helene Richter, ein Schwesternpaar, das sich *„symbiotisch ergänzt*[e]. *Die eine kann nicht ohne die andere analysiert werden. Zu verwoben sind ihr Schaffen und Leben. Sie bildeten eine Diskussionsgemeinschaft und funktionierten als Einheit [...]"*,[282] damals ein unkonventionellerer Lebensentwurf, insbesondere auch da beide „[...] *emanzipiert und selbstbestimmt zusammen gelebt* [haben], [sie] *wollten sogar gemeinsam ein Kind adoptieren."*[283]

Vielleicht sollte es einen/eine deshalb nicht wundern, dass der 2003 gestellte Antrag der Österreichischen Hochschülerschaft, den Teil des Ringes entlang der Universität umzubenennen, im Sand verlief. Elise-Richter-Ring lautete der Vorschlag anstelle von einer Namensgebung nach Dr. Karl-Lueger, einem Antisemiten. Dieser wurde von Adolf Hitler in seinem Buch „Mein Kampf" als *„gewaltigste*[r] *Deutsche*[r] *Bürgermeister* *aller Zeiten*[284] bezeichnet. Der Antrag, ergänzt um den Namen Helene Richter, wurde vom Institut für Romanistik unterstützt. Statt der Straßen-Umbenennung wurde 2003 ein Hörsaal, der ehemalige „Sitzungssaal der Juristen", in Elise-Richter-Hörsaal umbenannt; bereits zuvor erfolgte die Eintragung Elise Richters in die Ehrentafel der Hauptuniversität und die Benennung eines „Richter-Tores" am Uni-Campus „Altes AKH". Die Bestrebung des ehemaligen Institutsvorstandes der Romanistik, Wolfgang Pollak, mit Unterstützung des Instituts für Judaistik, Elise Richters Büste im Arkadenhof aufstellen zu lassen, verlief allerdings im Sand.[285] Elise Richters Porträtrelief ziert heute das Institut für Romanistik am Uni-Campus Altes AKH. All dies weist seit den 1990er-Jahren auf eine Renaissance im universitären Bereich hin;[286] die Stadt Wien jedoch hält sich zurück: kein Ehrengrab, kein Denkmal für Elise und Helene Richter. Und dass der von Elise Richter 1922 auf Anregung der „International Federation of University Women" gegründete „Verband der akademischen Frauen Österreichs", dem sie bis 1930 vorstand, ein Vorläufer des heute noch als „Verband der Akademikerinnen Österreichs" in der Reitschulgasse 2 tätigen Vereins gilt, ist kaum bekannt.

Helene und Elise Richter waren bemerkenswerte Frauen. Als Töchter eines Arztes erhielten sie die typische bürgerliche Mädchenbildung. Lesen und Lernen, als „gaya scienzia", also als „fröhliche Wissenschaft" im Sinne Nietzsches, zierte nicht nur das Exlibris der Schwestern, sondern wurde für beide auch zum Lebensmotto, wenn auch auf unterschiedliche Art. Obwohl die Eltern den Wunsch beider Töchter zu studieren als „unmädchenhaft" ablehnten, wurde ihnen autodidaktisches Lernen nicht verwehrt. Mit 20 Jahren erkrankte Elise Richter an Gelenksrheumatismus, was ihr Zeit ihres Lebens Beschwerden verursachte.

Helene Richter

„Ein definitiver Wendepunkt im Leben der beiden Schwestern ist der relativ frühe Tod beider Elternteile. Das vom Vater angehäufte Vermögen erlaubt es Elise und Helene Richter, ausgedehnte Reisen zu unternehmen und zunächst ohne Erwerbstätigkeit zu leben."[287]

Der Tod der Eltern – 1889 starb die Mutter, 1891 der Vater – kann jedoch nur zum Teil als Erklärung für die nicht erfolgte Verheiratung herangezogen werden, denn immerhin war die ältere Schwester Helene Richter 1889 bereits 28 Jahre alt – eine „alte Jungfer" in den Augen ihrer ZeitgenossInnen. Dass beide Elternteile vorab nicht auf eine Eheschließung drängten bzw. diese – was nicht unüblich gewesen wäre – erzwangen, erstaunt. Weniger überraschend ist die Tatsache, dass das Todesjahr des Vaters der Beginn der Anwesenheit beider Schwestern an der Universität war, wenn auch zu Beginn „nur" als Gasthörerinnen. Erst 1897 wurden Frauen an der philosophischen Fakultät der Universität zugelassen.

Elise Richter maturierte als Externe am Akademischen Gymnasium und inskribierte als ordentliche Hörerin für Klassische Philologie, Indogermanistik, Germanistik und Romanistik gemeinsam mit zwei weiteren Frauen. Mit einer von ihnen, der Anglistin Margarete Rösler, die später Lehrerin wurde, verband sie eine lebenslange Freundschaft.[288] 1901 promovierte Elise Richter summa cum laude zur Doktorin der Philosophie und bemühte sich um eine Dozentur. *„Was sie dazu treibt, ist weder Ehrgeiz noch Eitelkeit, die beide ihrer Natur fremd sind, sondern sie sagt: ‚Ich wünschte mit aller Inbrunst, den Weg zu gehen, auf den innerster Betätigungsdrang mich wies.'"*[289]

1904 habilitierte sie sich mit „Ab im Romanischen", 1905 wurde ihre Habilitation von der Universität bestätigt, im Mai hielt Elise Richter ihren Cälestinavortrag (Probevortrag). Doch die Venia Legendi ließ auf sich warten, Elise Richter dachte bereits ans Auswandern, obgleich sie sich kein Leben in einer anderen Stadt vorstellen konnte:

Elise Richter

„Ich hing mit allen Fasern an Wien, an der Landschaft, der Architektur, dem Burgtheater und den philharmonischen Konzerten ... ein klein wenig auch am selbstangelegten Gärtchen. Ich war zu fest eingewurzelt."[290]

Was für Elise Richter die Universität, war für ihre Schwester Helene Richter das Burgtheater,[291] wo sie theaterbiografischen Tätigkeiten nachging und Burgtheaterrezensionen verfasste. Jene Stadt, die Helene Richter zur Ehrenbürgerin ernannt hatte, zu verlassen, war auch ihr unmöglich. Ab 1891 war Helene Richter Gasthörerin an der Universität Wien, strebte jedoch im Gegensatz zu ihrer Schwester keine akademische Karriere an, sondern zog autodidaktische Studien vor. Nach ersten schriftstellerischen Versuchen wandte sie sich der wissenschaftlichen Publizistik zu; mit ihrer Geschichte der englischen Romantik sowie ihrer Shakespeare-Forschung wurde sie bekannt. Es folgten Arbeiten zu diversen englischen AutorInnen, insbesondere auch zu Mary Wollstonecraft, deren Ideen eines liberalen Feminismus sie dem deutschsprachigen Publikum vorstellte. Aufgrund dieser Werke wurde Helene Richter 1931 zum Dr. h. c. der Univ. Heidelberg und Erlangen ernannt; in Erlangen wurde 1998 eine Straße im neuen Bebauungsgebiet „Röthelheimpark" nach ihr benannt.

1907 erhielt Elise Richter als erste Frau in Österreich die Lehrberechtigung – für romanische Philologie. Damit war Elise Richter zudem die erste, wenn auch unbezahlte Privatdozentin Österreichs und Deutschlands. Ort und Zeit ihrer Antrittsvorlesung wurde aus Angst vor vermeintlichen Störungen geheim gehalten. Erst 1921 wurde ihr als erster Frau in Österreich der Titel „außerordentliche Universitätsprofessorin" verliehen, was bedeutete, dass sie nun eine angemessene Bezahlung ihres Lehrauftrags erhielt. Was Elise Richters Forschungsarbeit auszeichnete, war ihr Versuch, die Sprachgeschichte mit der Psychologie zu verbinden, da sie diese als unverzichtbares Element zum Verständnis sprachlichen Geschehens erkannte. Sie vertrat – gegen den damaligen Zeittrend zur Spezialisierung – einen interdisziplinären Ansatz. Obgleich sie von 1928 an das Phonetische Institut der Universität Wien leitete, blieb ihr der Titel Ordinaria verwehrt.

Neben ihren beruflichen Tätigkeiten führten beide Schwestern gemeinsam einen Montags-Salon.

1938 wurde Elise Richter aufgrund der rassistischen Gesetzgebung der NationalsozialistInnen die Lehrerlaubnis entzogen und sie erhielt Bibliotheksverbot. Das Angebot der „International Federation of University Women", nach England zu emigrieren, lehnte Elise Richter aus den gleichen Gründen wie schon zu Beginn des 20. Jahrhunderts ab: ein Leben fernab von Wien erschien ihr unvorstellbar.

Ihre letzten Arbeiten konnte sie 1940 bis 1942 nur noch in den Niederlanden und Italien veröffentlichen. Daneben schrieb sie an ihren Memoiren. Die „Summe des Lebens" zirkulierte als Typoskript. 1941 übergaben die Schwestern manche Unterlagen der ehemaligen Schülerin und Bibliothekarin, Dr. Christine Rohr, zur Aufbewahrung. Dr. Rohr war 1919 die erste Frau im akademischen Bibliotheksdienst, damals hieß die heutige Nationalbibliothek noch Hofbibliothek;[292] hier war Dr. Rohr bis zu ihrer Pensionierung 1952 tätig.

1942 mussten die Schwestern Richter ihr Wohnhaus im 19. Bezirk in der Weimarerstraße 83 verlassen und in das Gildemeester-Altenheim im 9. Wiener Gemeindebezirk übersiedeln; ihr Eigentum wurde beschlagnahmt. Im Oktober 1942 wurden beide Schwestern mit dem letzten Transport nach Theresienstadt gebracht, wo sie ermordet wurden.

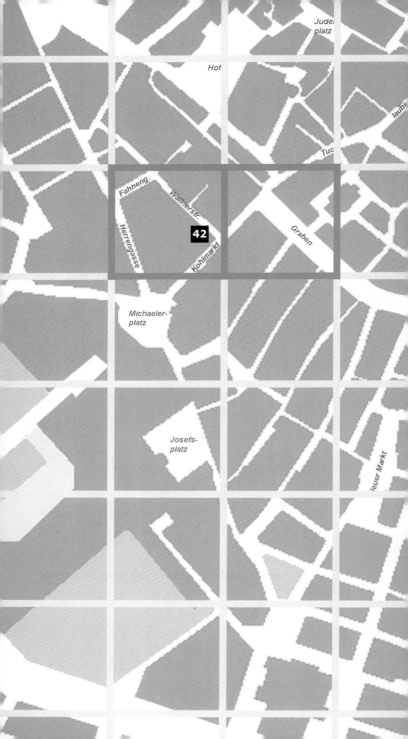

Wallnerstraße 2 (später auf Nr. 9): 42

Standort der Schwarzwaldschen Reformschule: Ein Porträt der Pädagogin Eugenie Schwarzwald (1872–1940) – *„... und nun habe ich Dich für immer, geliebter Schatz ..."*

Alice Herdan-Zuckmayer beschrieb in „Genies sind im Lehrplan nicht vorgesehen" ihre Jahre als Schülerin in Eugenie Schwarzwalds Reformschule, eine Zeit aus der sich eine lebenslange Freundschaft mit „Fraudoktor" entwickelte. Zuvor war Alice Herdan-Zuckmayer an einer öffentlichen Volksschule für Mädchen eingeschrieben worden. Eines Tages ließ eine Lehrkraft sie zum wiederholten Mal ein- und dieselbe korrekte Rechenaufgabe abschreiben, da sie „nicht schön genug" geschrieben wäre. Weil das Kind den Schwamm nach der Lehrerin warf, wurde es der Schule verwiesen. Erst ein missglückter Selbstmordversuch ließ die Mutter, die Schauspielerin Claire Liesenberg, die ihre Tochter *„zusammen mit ihrer eigenen Freundin"*[293] großzog, den Leidensdruck der Kleinen erkennen. Sie brachte das Mädchen zu Eugenie Schwarzwald.

„Sie [Eugenie Schwarzwald] *saß hinter einem Schreibtisch in einem großen Stuhl. Ich* [Alice Herdan-Zuckmayer] *war klein und dünn, sie war fest und mächtig. Sie hatte ein rundes Gesicht, funkelnde Augen, dunkle Haare. Sie saß da, in ein weißes Gewand gehüllt, dessen Falten durch einen hellblauen Gürtel zusammengehalten wurden. [...] Sie winkte mir und sagte: ‚Komm zu mir!' Ich kam ihr ganz nahe, stand vor ihr, erwartete ihr Urteil. Sie tat etwas Erschreckendes: sie nahm mich auf den Schoß. Da saß ich und fühlte zum ersten Mal eine Brust und einen Bauch atmen, kein Panzer aus Fischbein, nur ein Stück Stoff war zwischen uns. Ich lehnte mich vor, verkrampfte meine Hände um meine Knie. Sie löste meine Hände und legte sie um ihren Hals. Meine Mutter fragte: ‚Sie nehmen sie an?' ‚Ja', antwortete sie. ‚Ich will sie haben!"*[294]

Nun heißt es Umdenken, was das Lernen betrifft: auswendiges Aufsagen gilt als verpönt, Verstehen wird gefordert.

Eugenie Schwarzwald selbst galt als Vehrererin Rosa Mayreders, deren „Kritik der Weiblichkeit" (erstmals 1905 erschienen) sie wesentlich beeinflusste. Ihre Reformpädagogik stellte sie gemäß einem Zitat Rosa Mayreders unter den Grundsatz, dass man/frau mit dem erziehe, was man/frau sei, und nicht mit dem, was man/frau wisse. Obendrein schlussfolgerte Eugenie Schwarzwald, dass jede Bildung auf die spezifische Begabung des Kindes ausgerichtet sein soll, denn nur so könne daraus eine schöpferische Erziehung werden:

„Jeder Mensch, der mit Erziehung zu tun hat, weiß, wie genial, liebenswert und liebenswürdig diese Wesen sind. Umso erstaunlicher ist die Verknöcherung und Bewegungsarmut der Erwachsenen. Über diese schreckenserregende Tatsache pflegen wir uns aber keine Gedanken zu machen. Im Gegenteil: Der Prozeß, der da vor sich gegangen ist, wird Erziehung genannt. Und ist der Spiritus zum Teufel gegangen, so heißt das zurückbleibende Phlegma ‚Reife'."[295]

Lachen gilt als Motor, denn das Um und Auf des Lernens sei eine angenehme Atmosphäre und ein guter Bezug zu den Lehrkräften:

„‚Hör mir zu. Pflicht ist notwendig, aber du mußt dich von der falschen Pflicht loslösen. Weißt du, was Freude ist?'
Da kam ein unbegreiflicher Trotz über mich, und ich sagte:
‚Ich kann mich sehr freuen, aber das darf man nicht in der Schule.'
‚Vergiß den Unsinn', schrie sie mich an. ‚Vergiß endlich diese alte Schule. Du kannst nicht lernen, ohne Freude dran zu haben, und du mußt die Freude, hier in meiner Schule, lernen.'"[296]

In diesem Sinne müsse die Schule dringendst reformiert werden, da verbitterte, gelangweilte, humorlose Lehrkräfte der Tod jeder Kreativität wären. *„Die fröhliche Schule – beginnt beim Lehrer"*,[297] forderte Eugenie Schwarzwald. Erst wenn die Lehrkräfte angstfrei ihrer Arbeit nachgehen können und die Kinder begeistert und froh lernen, wird *„[d]as Talent [...] eine Chance haben"*.[298] In ihrem Essay ‚Schöpferische Erziehung' ging Eugenie Schwarzwald noch darüber hinaus:

„Das Schöpferische im Kinde fördern heißt, alle Seelenkräfte, alle Denkfähigkeit in ihm wecken. [...] Die schöpferische Leistung des Kindes, welches in dem Aberglauben aufwächst, es müsse Krieg, es dürfe Reiche und Arme, Sieger und Besiegte geben, kann nicht wertvoll sein. Ein Kind muß die Umwelt mit glatt verbreitetem Gefühl umfassen können, es braucht Frieden mit sich und der Menschheit."[299]

Kurz sei darauf hingewiesen, dass Otto Glöckels legendäre Schulreform in den 1920er-Jahren von Eugenie Schwarzwalds Thesen beeinflusst wurde. Eugenie Schwarzwald war als 10-Jährige im Jahr 1882 von Galizien nach Wien gekommen. Um zu studieren, entschloss sie sich, nach Zürich zu gehen, da in Österreich Frauen noch nicht an den Universitäten inskribieren konnten. In der Schweiz hingegen durften Inländerinnen seit 1840 und ab 1865 auch Ausländerinnen studieren.

Eugenie Schwarzwald, finanziell von ihrem Bräutigam unterstützt,[300] belegte die Fächer Germanistik, Geschichte, Pädagogik und Anglistik und promovierte 1900.

Ihr Doktortitel wird in Österreich nie anerkannt werden.

„Um jene Zeit [...] *lag* [in Zürich] *der Umsturz geradezu in der Luft.* [...] *Hier war durch Evolution allerlei geschaffen, was gut war: ehrliche Internationalität, Sprachenverständigung auf Grund gemeinsamer Interessen, wahrhaft demokratische Ordnung, Mäßigung des Klassenkampfes durch Einfachheit der Lebensform aller, eine unaufdringliche und zielbewußte Selbstdisziplin. Und über allem schwebend eine heitere Gesittung."* [301]

Der Stadt Zürich wird sie Zeit ihres Lebens verbunden bleiben, ebenso wie ihrer dortigen Freundin namens Esther Odermatt. Alice Herdan-Zuckmayer bezeichnet die Beziehung der beiden Frauen zueinander als *„die bedeutsamste* [Freundschaft] *ihres* [also: Eugenia Schwarzwalds] *Lebens".* [302] Esther Odermatt, die um fünf Jahre jüngere Arzttochter aus Rapperswil, studierte gleichfalls in Zürich. Nach ihrer Doktorarbeit 1903 ging Esther Odermatt nach Berlin, um dort weiterzustudieren. 1904 wechselte sie als Lehrerin an die Schwarzwaldschule in Wien, 1905 an deren Töchterinstitut in Zürich, wo sie von 1905 bis 1938 unterrichtete.

Ostern 1906 verbrachten sie noch gemeinsam. Als der Plan, fünf Wochen miteinander unterwegs zu sein, gefasst wurde, schrieb Eugenia Schwarzwald am 27. Dezember 1905 an sie:

„Geliebtes Herz, ich küsse Dich auf Deine treuen Augen, die so liebevoll auf mich zu blicken pflegen. In alter und neuer Liebe Deine Genia." [303]

Aus jenen fünf Wochen wurden drei – zur Enttäuschung Eugenia Schwarzwalds.

Esther Odermatt kehrte in ihren Schriften und Vorträgen die Bedeutung der Familie hervor. Seit eine ihrer Schülerinnen Waise geworden war, hatte sich zwischen Esther Odermatt und ihr ein nahes Verhältnis entwickelt, sie wurde ihr zuerst zur *„Tochter und* [danach zur] *Freundin".* [304] Als Esther Odermatts Eltern starben, zog sie zu dieser ehemaligen Schülerin; jene und deren Kinder waren ihr zur *„wahlverwandte*[n] *Familie"* geworden. [305] In den Kalendern Esther Odermatts aus den gemeinsamen Studienjahren sind auch alle wesentlichen Termine Eugenie Schwarzwalds wie Geburtstage, Hausarbeiten, Klausurarbeiten, Abschiede von Genia[306] etc. festgehalten.

1909 kam Esther Odermatt nochmals für etwa sechs Wochen nach Wien. Nach ihrer Abreise schrieb ihr die Freundin:

„Meine liebe, liebe Esther, Ich glaube, jetzt ist das Schlimmste vorbei. Das waren böse Tage ohne Sonne. Ich konnte Keinen sehen, Keinen sprechen, mochte nicht arbeiten, nicht lesen und wäre am liebsten morgens gleich liegen geblieben. Auch die anderen waren still und trüb. So hat uns der Abschied von dem Estherli ergriffen [...]."* [307]

Herman Schwarzwald, Hemme genannt, überredete seine Frau, eine

Woche mit ihm an den Semmering zu reisen; ihm verdankte sie es, dass sich ihr Gemütszustand alsbald besserte.

1911 entschloss sich Esther Odermatt auf Distanz zu gehen und jeglichen Kontakt für mehrere Jahre abzubrechen. Die Beweggründe sind unklar. Vierzehn Jahre danach schrieb Esther Odermatt an Eugenie Schwarzwald: *„Ich weiß, daß das, was ich Dir über unsre Trennung sagte, für Dich unzulänglich war, aber ich kann sie Dir nicht anders erklären* [...] *denn als schweres Schicksal, dem ich mich nur aus meinem Wesen heraus beugen musste, und ich kann nur wiederholen, daß es mir damals unsäglich schwer wurde, und daß ich Dich innig um Verzeihung bitte, Dir dadurch schweres Leid zugefügt zu haben.“*[308]

Auch in Zukunft werden Frauen im Leben Eugenie Schwarzwalds eine Rolle spielen. Zum einen wäre da die Journalistin Dorothy Thompson zu nennen, mit der sie insbesondere in den späteren Jahren eng befreundet war. Dorothy Thompson lernte im Salon Eugenie Schwarzwalds die deutsche Autorin Christa Winsloe kennen und lieben. Dorothy Thompson verdanken wir es auch, dass Alice Herdan-Zuckmayer die Biographie Eugenie Schwarzwalds „Genies sind im Lehrplan nicht vorgesehen" verfasste.

Eine andere wesentliche Frau im Leben Eugenie Schwarzwalds war die erfolgreiche dänische Kinderbuchautorin Karin Michaëlis, die u. a. mit ihren „Bibi"-Büchern, erschienen in den Jahren zwischen 1929 und 1938, zur meistgelesenen Schriftstellerin Europas avancierte. Ihr „Bibi"-Universum kann als Vorläufer der erst 1945 begonnenen Pippi Langstrumpf-Reihe Astrid Lindgrens gelten.[309]

Karin Michaëlis lebte oft monatelang als Freundin des Schwarzwaldschen Haushalts in Wien.

Doch zurück ins Jahr 1900: Eugenie Schwarzwald verließ nach ihrer Promotion Zürich, kehrte wie geplant nach Wien zurück, um im Dezember 1900 Hemme Schwarzwald zu heiraten. Er war keine Schönheit, in Folge eines verkrüppelten Fußes hinkte er, doch war er integer und beruflich erfolgreich: Hemme Schwarzwald wurde später Sektionschef im Finanzministerium und war Teilnehmer bei den Friedensverhandlungen in Bukarest und St. Germain. Er war seiner Frau gegenüber loyal und ließ ihr ihre Freiräume, zudem galt er als *„der ruhende Pol des Hauses Schwarzwald"*[310].

Eine Veränderung der Beziehungsstruktur des Ehepaars aufgrund der Freundinnen und Mitbewohnerinnen scheint nie erwogen worden zu sein.

Von 1909 bis 1939 wohnten die Schwarzwalds in einem Hinterhaus in der Josefstädter Straße 68 im 8. Wiener Gemeindebezirk. Dort führte Eugenie Schwarzwald über viele Jahre auch einen bekannten Salon, in dem Lou Andreas-Salomé, Anna Freud, die Schauspielerin Ida Roland, die Autorin Grete von Urbanitzky, die Graphikerin Mariette Lydis, die Tänzerin Gertrud Bodenwieser, die Journalistin Dorothy Thompson und die Autorinnen Christa Winsloe sowie Karin Michaëlis verkehrten.[311]

Zu Beginn des Schuljahres 1901/1902[312] übernahm Eugenie Schwarzwald nach einer kurzen Lehrtätigkeit an der Volkshochschule am Urban-Loritz-Platz die Schule Eleonore Jeiteles am Franziskanerplatz 5, die dort das gesamte obere Stockwerk umfasste. Diese Schule war 1873 als private Volks- und Bürgerschule, verbunden mit einem Internat, gegründet worden; 1888 hatte Eleonore Jeiteles die Bewilligung erhalten, die Schule in ein Lyzeum umzuwandeln, doch es dauerte zwölf Jahre, bis es endlich einen offiziellen Lehrplan gab: *„Der Inhaberin der Schule, deren Gesundheit von Berufsaufregungen erschüttert war, war es nicht mehr beschieden, ihre Absichten auszuführen. Da keine Nachfolgerin vorhanden war, stand die Schule vor der Gefahr der Auflösung."*[313]

Eugenie Schwarzwald wurde nun zwar de facto die Leiterin dieser Schule, doch für die Behörden musste ein Mann zwischengeschaltet werden: somit galt Professor Ludwig Dörfler als Direktor. Bald waren die Örtlichkeiten am Franziskanerplatz zu klein geworden, die Schule übersiedelte daher für die nachfolgenden zehn Jahre in die Wallnerstraße 2, danach in die Wallnerstraße 9.

Dort bestand sie bis zum 15. September 1938. Nach 37-jährigem Bestehen wurde sie von den NationalsozialistInnen geschlossen.

Schon in der Wallnerstraße und wohl auch angeregt durch die öffentlichen Debatten um die angebliche „cerebrale Minderwertigkeit" der Frau, erließ Eugenie Schwarzwald ein Korsettverbot an ihrer Schule:

„Unser Geist trug ein Fischbeinkorsett und in unsere Herzen gruben sich Metallschienen. Wer so aussah, konnte weder denken noch fühlen. [...] War man reich, wartete man auf einen Mann [...] Die Zwischenzeit zwischen Schule und Ehe wurde eben vertrödelt [...] War man arm, wartete man erst recht auf einen Mann [...]."[314]

Eugenie Schwarzwald gab sich aber nicht damit zufrieden, die Schule zu leiten und zu erweitern, sondern sie entwickelte ein eigenes Unterrichtskonzept, das ihrer Zeit weit voraus war. 1903 erstritt sie die Möglichkeit einer Koedukationsvorschule mit fünf Klassen, in dieser wurde neben Deutsch, Rechnen und Realien besonderer Wert auf Zeichnen, Handarbeiten, „Handfertigkeit" (technisches Werken), Singen sowie *„Schwedisches Turnen"*[315] als Basis weiterer Bildung gelegt. Koedukation war laut Alice Herdan-Zuckmayer *„ihr Steckenpferd"*.[316] Ganz anders Betty Paoli, die 1869 argumentierte, solange die untergeordnete Stellung der Frau in der Gesellschaft nicht aufgehoben sei, könne Koedukation nicht gelingen. Eugenie Schwarzwald hingegen meinte, das Verhältnis der Geschlechter ließe sich gerade durch Koedukation verändern.

Ab 1907 durften in Eugenie Schwarzwalds Reformschule Reifeprüfungen abgehalten werden. Offiziell erfolgte die Gründung des Realgymnasiums jedoch erst 1909 – zuerst mit vier Klassen, ab 1911/12 als achtklassiges Mädchengymnasium[317] mit der anschließenden Möglichkeit an der Universität zu studieren. Das gleiche Ziel verfolgten die vierjährigen humanistischen Gymnasialkurse. Außerdem wurden im Rahmen der

Schwarzwaldschen Reformschulen eine Kleinkinderschule sowie eine dreijährige höhere Lehranstalt für wirtschaftliche Frauenberufe gegründet,
die es den Schülerinnen ermöglichen sollte, danach eine leitende administrative Stellung in Sanatorien, Waisenhäusern, Versorgungshäusern
oder Landerziehungsheimen einzunehmen. Eugenie Schwarzwald führte
auch wissenschaftliche Fortbildungskurse mit Gastvorträgen berühmter
Persönlichkeiten ein, diese „[...] *sollen den jungen Mädchen nicht äußer-
lich Gesprächsstoff bieten, sondern vornehmlich zu selbständigem Denken,
Arbeiten und Lesen anregen.*"[318]
Eugenie Schwarzwald selbst unterrichtete Literatur und was gelesen
wurde – Hauptmann, Strindberg, Ibsen –, das löste immer wieder auch
Entrüstung besorgter Eltern aus. Damit wusste Eugenie Schwarzwald
geschickt umzugehen.
Eugenie Schwarzwald engagierte sich nicht nur für eine Reform des
Schulsystems, sondern sie hatte 1903 bereits die Errichtung eines alkohol-
freien Speisehauses im Volksheim Ottakring im 16. Wiener Gemeindebezirk
initiiert. Mit Beginn des Ersten Weltkrieges traten für sie die sozialen
Initiativen in den Vordergrund und die Schulreform in den Hintergrund:
„*Bereits im August 1914 erklärte sie in einer öffentlichen Versammlung* [...]
,*der Krieg werde jahrelang dauern (Hohngelächter der Anwesenden) und
unerhörte Not schaffen.' In die Berichte der Presse wurde diese Aussage
nicht aufgenommen. ,Man möge endlich ein Opfer bringen, auf die Vorteile
der Sondermahlzeit verzichten und sich, reich und arm, mit einem einzigen gleichen Mittagessen in einer der vielen, sogleich zu errichtenden
Gemeinschaftsküchen begnügen', forderte sie.*"[319]
Vom Spott und Widerstand ließ sie sich nicht beirren und eröffnete im
März 1915 die Gemeinschaftsküche „Akazienhof" auf genossenschaftlicher
Basis, die 9. Wiener Bezirk in der Thurngasse 4 zu verorten ist,[320] nicht
jedoch im gleichnamigen „Akazienhof" im 12. Bezirk, da dieser erst 1927
bis 1930 errichtet wurde (Wienerbergstraße – Rotdornallee – Kundrat-
straße – Untere-Meidlinger-Straße).
Bald schon gab es zwölf dieser Ausspeisungsmöglichkeiten in und um Wien
sowie in Berlin – von Eugenie Schwarzwalds Haus- und Hofarchitekten
Adolf Loos hell und luftig eingerichtet, die Tische mit Linnen gedeckt und
stets mit Blumen dekoriert.[321]
Weitere soziale Initiativen folgten: die Einrichtung eines Erholungsheimes
für Kinder und Erwachsene in St. Wolfgang (1915) und ab dem Sommer
1916 die Aktion „Wiener Kinder aufs Land": Eugenie Schwarzwald motivierte jene Familien, die ihre Sommerhäuser während des Krieges nicht
benutzten, diese für Kinder und Jugendliche zur Verfügung zu stellen.
Die Initiative begann klein unter Schwarzwalds FreundInnen, zog jedoch
immer weitere Kreise, da Eugenie Schwarzwald in einem Artikel vom Projekt
berichtete und bald Zuschriften von Institutionen und Privatpersonen aus
der Schweiz sowie aus Schweden erhielt, die bereit waren, Kinder aufzunehmen.[322]

1919 gründete Eugenie Schwarzwald eine Jugendwerkstatt für Knaben in der Invalidenschule in Favoriten (1919). 1922 folgte die Gründung des Schwarzwaldschen Wohlfahrtswerks, von diesem wurden die verschiedenen Aktivitäten verwaltet. Um ihre reformerischen Projekte finanziell zu fördern, leitete sie auch einige kommerzielle Betriebe wie eine Gemüsefarm und eine Taxigesellschaft.

Eugenie Schwarzwald engagierte sich an der Rechtsakademie, wo Frauen eine juristische Grundausbildung erlangen konnten, bevor man diese noch als Studentinnen an den juridischen Fakultäten zuließ.

Im März 1938 trat Eugenie Schwarzwald eine Vortragsreise nach Dänemark an, organisiert von Karin Michaëlis. So war sie zur Zeit des „Anschlusses" im sicheren Ausland; im Gegensatz zu ihrem Mann, der noch zu retten versuchte, was zu retten war. Die meisten Projekte Eugenie Schwarzwalds wurden 1938 von den NationalsozialistInnen aufgelöst, ihre Schule geschlossen, ein Großteil ihres Vermögens liquidiert. Hemme Schwarzwald starb 1939 an einer Hirnblutung. Eugenie Schwarzwald kehrte nicht mehr nach Wien zurück, sondern erreichte über Umwege Zürich. Sie verstarb 1940 nach zwei Brustkrebsoperationen.

Während der NS-Zeit erfolgte der Rückschritt im Bildungssystem. Mädchen durften nur mit ministerieller Genehmigung Gymnasien besuchen.

Eine Erinnerungstafel, ein würdigendes Denkmal oder Ähnliches an diese Schulreformerin, Pädagogin und Mentorin konnte in Wien nicht gefunden werden.

Opernring / Staatsoper: **43**

Wo man und frau die Sängerin Selma Kurz (1874–1933) in der Rolle der leidenschaftlichen „Zerbinetta" bewundern konnte.

Selma Kurz kam 1892, entdeckt von einem Kantor der Bielitzer Israelitischen Kultusgemeinde,[323] nach Wien und wurde am damaligen Wiener Konservatorium zur Sängerin ausgebildet. Nach ihrem Debüt 1895 in Hamburg, sang sie ab 1896 am Frankfurter Opernhaus, bis Gustav Mahler sie erneut nach Wien holte. Von 1899 bis 1927 war sie Primadonna der Wiener Hofoper.

Dass sie vor dem Antritt ihres Wiener Engagements noch den Part der Rosaline in fünfzehn Aufführungen der „Fledermaus" sang, verärgerte ihren Wiener Mentor, doch bezahlte sie mit diesem Honorar ihren Brüdern die Überfahrt nach Amerika.

Am 14. Jänner 1900 trug Selma Kurz fünf Mahler-Lieder vor. Danach witzelte die Presse bereits, sie sei seine „Lieblingssängerin". Belegt ist auf jeden Fall, dass beide einige Monate lang ein heimliches Paar waren:

„Selma, um Himmelswillen, das darf so nicht weiter gehen! Glaube an meine Liebe, und daß sie etwas Einziges in meinem Leben ist und bleiben wird! Bedenk es nur immer, daß wir am Anfang eines langen [W]eges sind, den wir frisch und unermüdet gehen wollen. Wir müssen uns gegenseitig helfen. Wir sind Beide Stimmungsmenschen – und da besteht die [G]efahr fortwährender Mißverständnisse unter immerwährender Beteuerung des Verständnisses! Leben wir zusammen weiter und lieben wir uns unbekümmert ...",[324] so schreibt Mahler an sie. Heiratsanträge dürften seinerseits ausgesprochen worden sein, doch Selma Kurz war dazu nicht bereit. Zu bekannt war Gustav Mahlers Verweigerung einer musikalischen Karriere (und somit auch Konkurrenz) seiner jeweiligen Partnerin. Selma Kurz verließ Wien, bis alle Emotionen abkühlten. 1910 ehelichte Selma Kurz einen Gynäkologen. Ihr Ehevertrag ist deshalb bedeutend, weil sie sich darin bestätigen ließ, ihr Mann werde niemals ihre Karriere behindern.[325]
Selma Kurz war die erste Zerbinetta in „Ariadne auf Naxos", eine Rolle, mit der sie große Erfolge feierte. 1926 beendete sie ihre Bühnenkarriere. Während in „Ariadne auf Naxos" die Titelheldin enttäuscht auf ihren Tod wartet, verkündet Zerbinetta ihre Lebensphilosophie. Sie schimpft über die Treulosigkeit der Männer, räumt jedoch sogleich ein, auch sie könne keinem widerstehen:
„Ach, und zuweilen will es mir scheinen, waren es zwei! Doch niemals Launen, immer ein Müssen, immer ein neues beklommenes Staunen: daß ein Herz sogar sich selber nicht versteht. Als ein Gott kam Jeder gegangen und sein Schritt schon machte mich stumm, küßte er mir Stirn und Wangen, war ich von dem Gott gefangen und gewandelt um und um!"[326]

44 Annagasse 3b:

Benannt nach der dortigen Annakirche.

Die ältesten Teile der barocken Annakirche stammen aus dem Jahr 1518. Die Heilige Anna (hebräisch: Hannah) gebar – nach zwanzigjähriger Kinderlosigkeit – Maria, die Mutter Jesus Christus'. Um sie spannen sich zahlreiche Legenden. Durch die Bemühungen so genannter „Annenbruderschaften" – religiöser Vereinigungen, insbesondere der Kaufleute und Bergknappen – erreicht die Annenverehrung gegen Ende des Mittelalters ihren Höhepunkt und wurde fast zu einem *„Modekult"*.[327] In der Annakirche in Wien kann an einer Führung zu diesem Thema teilgenommen werden: die Heilige Anna schützt Frauen und wird für eine gute Heirat, Kindersegen und glückliche Geburten angerufen. Anna soll Regen bringen, vor Gewitter schützen und bei Fieber, Kopf-, Brust- und Bauchschmerzen helfen.

Philharmonikerstraße 4:

Im Hotel Sacher auf eine Zigarre mit Anna Sacher (1859–1930).

Anna Sacher

Den Weltruhm verdankt dieses Hotel u. a. seiner legendären Chefin, der zigarrenrauchenden Grande Dame Anna Sacher. Nicht nur diese Angewohnheit machte sie zur Exzentrikerin, sondern auch die Art ihres Umgangs mit ihren GästInnen: Einem beschwerdefreudigen Gast, der unbedingt nicht mit ihr, sondern mit „dem Hoteldirektor" sprechen wollte, warf sie der Anekdote nach den Ausspruch *„Das Sacher, das bin ich, sonst niemand."*[328] um die Ohren.

Die Torte mit Schokoguss über Marmelade ist hingegen eine Erfindung ihres Schwiegervaters, der das Hotel 1876 gegründet hatte. Nachdem Anna Sachers Gatte 1892 verstorben war, übernahm sie die Leitung des Hauses und machte das Hotel durch ihre gastronomischen Kenntnisse und ihren einzigartigen Unternehmensstil zu einem der berühmtesten Häuser in Europa.

Seit 2001 ist dem Andenken an die Zigarre rauchende Besitzerin eine Anna Sacher-Zigarre gewidmet; diese enthält Tabake aus Mexiko, der Dominikanischen Republik sowie Nikaragua und ist mit einem Conneticut-Deckblatt umhüllt.

Vor dem Hotel

46   Bösendorferstraße 3:

Wohnhaus der Schauspielerin Lina Loos (1882–1950), die mit der Graphikerin Leopoldine Rüther (1898–1981) sowie mit Laura Beer (Selbstmord um 1905), mit Bertha Eckstein-Diener (1874–1948) und mit der Schauspielerin Margarete Köppke (1902–1930) befreundet war.

Lina Loos in Wien zu verorten, stellt uns vor die eher unübliche Situation der Qual der Wahl. Selten sind Frauenbiographien so umfassend dokumentiert wie ihr Leben: Sie war die Tochter des Cafetiers Obertimpfler, dessen Café „Casa Piccola" in der Mariahilferstraße 1 lag. Zu ihrer Mutter hatte Lina Loos ein enges Verhältnis, sie holte sich oftmals deren Rat. Die Beziehung zum Vater war weitaus komplizierter: War er in seinem Café liebenswürdig und originell, so beschrieb Lina Loos sein Verhalten Zuhause als despotisch. Seine Frau bestrafte er häufig mit Schweigen, in den letzten Jahren verkehrte er nur noch brieflich mit ihr.

Lina Loos wählte sich den Beruf der Schauspielerin, denn wenn das Geldverdienen an und für sich schon sein müsse, wäre ein derartiges Bühnendasein eine gute Art, die eigenen Finanzen zu regeln, bekomme frau auf diese Art das eigene Leben und ein fiktives obendrein ...[329] Ihrem Wunsch, nichts zu verpassen, sowie ihrem Temperament entsprachen auch die vielen beruflich bedingten Reisen.

1902 heiratete Lina Loos den Architekten Adolf Loos. Eine Anekdote, die von ihr selbst kolportiert wurde, besagt, sie habe an jenem Abend, da sie Loos kennen lernte, sein Zigarettendosen-Unikat zerbrochen. Als sie sich bei ihm erkundigte, wie sie diesen Verlust wieder gutmachen könne, meinte er, sie solle ihn heiraten. Eine Antwort, die man/frau in Ansätzen und in Unkenntnis der weiteren Ehegeschichte für halb chauvinistisch, halb charmant halten könnte, wäre nicht das eigene Ich als Preis für eine Dose auf jeden Fall zu hoch ... Um es kurz zu machen: der Bruch der Zigarettendose war im Frühling, die Hochzeit im Sommer, alsdann zog das junge Ehepaar in die Bösendorferstraße 3. Da Adolf Loos finanziell äußerst schlecht gestellt war, kamen immer wieder Lina Loos' Eltern dem Paar mit Geldzuschüssen zu Hilfe. Jahre später entwarf Lina Loos ein Porträt dieser Ehezeit: Ihr Mann, so schrieb sie, wollte sie zu einem Kunstwerk formen, sie sollte nun „werden" – als wäre sie vor ihm nicht und nichts gewesen. Egon Friedell, Karl Kraus und Peter Altenberg gehörten zum Freundeskreis des Ehepaares Loos. Auch der damals etwa 18-jährige Heinz Lang, Sohn Marie Langs, einer Mitstreiterin Auguste Fickerts im Allgemeinen Österreichischen Frauenverein, lernte über diesen Kreis Lina Loos kennen. Er verliebte sich in die Schauspielerin, sie zögerte jedoch, den einen Mann gegen einen anderen einzutauschen. Letztlich wandte sie sich von ihm ab. Heinz Lang bat Peter Altenberg um Rat. Dessen lakonische Antwort lautete gemäß einer Tagebuchnotiz Hugo von Hofmannsthals vom 30. September 1904:

„Was Sie tun sollten? – Sich erschießen. Was Sie tun werden? – Weiterleben. Weil Sie ebenso feig sind wie ich, so feig wie die ganze Generation, innerlich ausgehöhlt, ein Lügner wie ich. Deshalb werden Sie weiterleben und später einmal der dritte oder vierte Liebhaber der Frau werden."[330]

Doch Heinz Lang nahm Altenberg beim Wort und sein Tod am 28. August 1904 wurde zum Skandal, der Arthur Schnitzler zur Anregung für sein Theaterstück „Das Wort" diente, welches jedoch erst 1969 uraufgeführt wurde. Adolf Loos tobte über Lina Loos Untreue und strebte ihre Ächtung im Freundeskreis an. Deshalb zog sie sich für einige Zeit an den Genfer See zu ihrer Freundin Laura Beer (geborene Eißler) zurück.

Auch das Leben Laura Beers sollte nicht einfach verlaufen. Sie war seit kurzem mit dem Wiener Universitätsprofessor Theodor Beer verheiratet, mit jenem Mann also, der zuvor Bertha Eckstein-Diener drei Jahre lang bestürmt hatte, seine Frau zu werden.

Für Bertha Eckstein-Diener wäre dies nicht die erste Ehe gewesen: Obgleich sie sich in ihrer Jugendzeit mit magersüchtigen Exzessen allen Rollenzwängen einer Vorbereitung auf ein Leben als Ehefrau und Mutter entzogen hatte, heiratete sie als junge Frau den um 13 Jahre älteren Freund ihres Bruders. Dabei galt ihr Interesse von Jugend an dem Reisen sowie dem Land Indien und dem Buddhismus.

Auch Bertha Eckstein-Diener tauschte nicht einen Mann gegen einen weiteren, wenn auch aus anderen Gründen. Nach Theodor Beer und den Verwirrungen, die er in Bertha Eckstein-Dieners Leben bewirkte, vereinbarte sie mit ihrem Gatten eine Probetrennung, während der sie das tat, was sie immer tun wollte: Sie bereiste Ägypten, Griechenland, England und ihr Mann unterstützte ihre Reisen finanziell.

Laura Eißler hatte im Gegensatz zu Bertha Eckstein-Diener Theodor Beers Werben angenommen. Die Ehe war dennoch nicht von langer Dauer. Im schweizerischen Clarens baute Adolf Loos 1904 für Laura und Theodor Beer die Villa Karma. Ein Jahr später, 1905, wurde Theodor Beer wegen eines Unsittlichkeitsverfahrens drei Monate inhaftiert; man machte ihm den Prozess wegen „Knabenschändung", danach wurde die Anklage auf „Päderastie" geändert – ein österreichischer Oscar Wilde, dem die Scheinmoral zum Verhängnis wurde oder doch ein Krimineller? Das sei dahin gestellt. Laura Beer schlug den Denunzianten ihres Mannes auf offener Straße mit der Reitpeitsche und beging später aufgrund der gesellschaftlichen Ächtung Selbstmord – diese Ereignisse wurden unter anderem auch von Karl Kraus in seiner Schrift „Sittlichkeit und Kriminalität" dargelegt.

Laura Beer

Und Bertha Eckstein-Diener? Sie reiste weiter. Auf diesen Reisen begann sie zu schreiben. Erste Reiseglossen erschienen 1907, die sie anfangs unter dem Pseudonym Ahasvera („die ewig Reisende") publizierte, danach unter Sir Galahad, benannt nach dem reinsten der Artus-Ritter. Manche ihrer Werke erschienen auch unter dem Namen „Helen Diner", eine verkürzte Variante ihres Mädchennamens. War sie im Lande, sah sie auch ihren Sohn aus erster Ehe. 1909 starben Bertha Eckstein-Dieners Eltern und stärkten durch das hinterlassene Erbe deren Unabhängigkeit.

Bertha Eckstein-Diener nahm um 1909 die Beziehung mit Theodor Beer erneut auf; in seiner Villa war außer ihr noch eine andere Geliebte anwesend. Bertha Eckstein-Diener wurde schwanger, ließ sich daher im November von ihrem ersten Mann scheiden, 1910 kam der Sohn zur Welt. Theodor Beer aber heiratete nicht sie, womit Bertha Eckstein-Diener fest gerechnet hatte, sondern eine weitere Geliebte. Für ihn war die Beziehung zu ihr längst beendet, daran änderte auch ein gemeinsames Kind nichts. 1919, da Beer durch die Inflation all sein Vermögen verloren hatte, ging er in den Freitod. Der gemeinsame Sohn wuchs von Anfang an bei Pflegeeltern auf. Bertha Eckstein-Diener lernte ihn erst kennen, als er bereits erwachsen war und zu ihr wegen des damals notwendigen ArierInnennachweises kam.

1920 veröffentlichte Bertha Eckstein-Diener den Roman „Die Kegelschnitte Gottes", in dem sie die Situation der Frauen während der Gründerzeit kritisierte. Im gleichen Jahr übersiedelte sie in die Schweiz. Der Kontakt zu ihrem Sohn aus erster Ehe war über all diese Jahre ein enger. 1932 erschien „Mütter und Amazonen", bis heute ein Klassiker der Matriarchatsforschung. Vier Jahre danach folgte die Kulturgeschichte „Byzanz". Für die politischen Ereignisse in Deutschland und Österreich interessierte sie sich nicht; sie schrieb 1938 den Kreuzfahrer-Roman „Bohemund", 1940 eine „Kleine Kulturgeschichte der Seide" und 1943, auf Verlagswunsch, den Wagner-Roman „Der glückliche Hügel". 1948 starb sie.

Anders Lina Loos, die sich für die politische Situation interessierte und während des Zweiten Weltkrieges nicht das Land verlassen konnte.

Doch vorerst zurück an den Beginn des Jahrhunderts: Nach dem Eklat rund um Heinz Langs Selbstmord trennte sich Lina Loos 1904 endgültig von ihrem Mann:

Lina Loos

„Hier stehe ich wirklich und wahrhaftig, ganz allein verantwortlich für mein Leben, und wenn es der Gesellschaft nicht passt, passt eben die Gesellschaft nicht für mich."[331]

Sie bezog eine Wohnung in der Sieveringerstraße 107, im 19. Wiener Gemeindebezirk, die zukünftig ihr Zuhause bis zu ihrem Tod bleiben wird.

Bis nach Amerika und quer durch Europa führten Lina Loos' Tourneen jener Zeit. Doch immer häufiger wurde ihr aufgrund eines chronischen Lungenleidens das Schauspielen verunmöglicht. So verlegte sich Lina Loos aufs Schreiben. Ab 1919 verfasste sie journalistische Arbeiten für das „Wiener Tagblatt", die „Wiener Woche", das „Prager Tagblatt" und die „Arbeiter Zeitung". Bald galt sie als weiblicher „Altenberg" – eine Ehre, die ihre Fragwürdigkeit in sich trägt. Lina Loos' Stammcafé jener Jahre war übrigens das „Café Raimund" in der Museumstraße 6, jenes Lokal, in dem später Marlen Haushofer und Jeannie Ebner bevorzugt verkehren werden.

Das Kapitel „Ehe" war für Lina Loos beendet, Freundschaften hingegen wurden immer wichtiger: Oftmals war sie zu Gast im Salon der Journalistin Bertha Zuckerkandl-Szeps wie auch in jenem der Komponistin Alma Mahler-Werfel in der Steinfeldgasse 2 im 19. Wiener Gemeindebezirk.

Lina Loos schrieb das Theaterstück „Mutter", welches 1921 am Deutschen Volkstheater in Wien erfolgreich uraufgeführt wurde. Die Rezensionen waren gut, dennoch wurde kein weiteres ihrer Schauspiele je mehr inszeniert. Das Drama „Wie man wird, was man ist" hielt sie von sich aus zurück; erst in Lina Loos Nachlass wurde dieses Porträt ihrer Ehe mit Adolf Loos gefunden. Darin gibt es eine recht interessante Figur, „Frau von Weyland", in der Lina Loos Freundin Laura Beer porträtiert ist. In dem Theaterstück sieht Frau von Weyland was „der Mann" (Adolf Loos) nicht erkennen kann oder will: dass „Ali" (Lina) nicht Material ist, dass sie keiner Formung durch den Gatten bedarf.

Nach dem Anschluss 1938 zog sich Lina Loos gänzlich nach Sievering zurück, das damals noch dörflichen Charakter hatte. In diesen Jahren trat sie weder im Theater noch im Film auf. Neben journalistischen Arbeiten entstanden Gedichte und Kurzgeschichten. Jene Artikel, die zuvor in verschiedensten Feuilletons erschienen waren, sowie manch andere aus den Jahren der Vorkriegszeit publizierte sie nun gesammelt in dem Band „Das Buch ohne Titel", das einzige Buch, das zu Lebzeiten erschien.

Den Freundinnen und Freunden riet sie zur Flucht; sie selbst jedoch, zu sehr von ihrer Krankheit gezeichnet, obendrein in prekärer finanzieller Situation, blieb. „*Es gilt nun*", schrieb sie, „*nicht zu erkranken an kranker Zeit.*"[332]

Lina Loos 1947

Sieveringer Wohnung

Freunde berichteten Jahre danach: Als in der Kristallnacht Juden und Jüdinnen verhaftet, jüdische Geschäfte geplündert und Brandanschläge auf Synagogen verübt wurden, sei Lina Loos den Menschen gefolgt und habe immer wieder „Ich bin Zeuge! Ich bin Zeuge!" gerufen. Als die Russen 1945 Wien erreichten und sich viele ängstlich in den Häusern verkrochen, sei sie der russischen Armee mit Salz und Brot als Willkommensgeschenke entgegen gegangen. Aber vielleicht sind auch diese Ereignisse ein Stückchen Legende, wie so vieles um Lina Loos' Leben.

Als gesichert gilt, dass ihre Freundin, die Graphikerin Leopoldine Rüther zur engsten Vertrauten und Lebensgefährtin dieser Jahre der inneren Emigration wurde. Le Rüther, wie sie zumeist genannt wurde, illustrierte auch Lina Loos „Buch ohne Titel" in der Ausgabe von 1947. Wie sich die beiden Frauen kennen lernten, schilderte Le Rüther der Schriftstellerin Hilde Schmölzer so:

„*Daran war wohl Butz, mein Airdale-Terrier schuld – und das Grand Café in Sievering. Lina war dort fast täglich anzutreffen. Entweder allein – dies vor allem im Winter, denn da ihre Sieveringer Wohnung schlecht zu heizen war, hatte sie dort ihren Arbeitsplatz aufgeschlagen – oder in Gesellschaft ihrer Freunde und Kollegen. [...] Butz schloß Freundschaft mit Lina und in der Folge Lina mit mir.*"[333]

Le Rüther verbrachte immer mehr Zeit bei Lina Loos, oben, im vierten Stock in der Sieveringerstraße: ein schmaler Vorraum, zwei Zimmer und ein kleiner Dachgarten mit einer Unmenge an Topfpflanzen. In den 1960er-Jahren zog Le Rüther gänzlich hierher.[334]

Während der letzten Jahre adressierten einige FreundInnen ihre Briefe an beide Frauen – man/frau akzeptierte also wohl im Freundeskreis diese Wohn- und Lebenspartnerschaft.

Eine andere Freundin hätte gleiches auch gerne mit Lina Loos geteilt: die Schauspielerin Margarete Köppke, deren Bildnis heute noch im Volkstheater, im Wandelgang beim Balkonbuffet hängt. Weshalb Margarete Köppke Selbstmord beging, ist ungewiss; dass sie Lina Loos liebte, jedoch mehrfach belegt.[335]

Margarete Köppke

Zum Kreis der beiden Schauspielerinnen gehörte auch die Schriftstellerin Ea von Allesch sowie vermutlich auch deren Freundin, die Schauspielerin Sibylle Blei, die mit Sara Halpern zusammenlebte und das Exil in Portugal durch das Betreiben einer Hühnerzucht finanzierte.

In einem 1948 gedruckten Artikel beschrieb Lina Loos ihre politische Haltung: „*Es ist Aufgabe jeder Frau, sich zu kümmern um das, was vorgeht, vor allem, was mit ihr geschieht. Oder hat der Frau die Stellung, die ihr der verflossene Herrenmenschstaat zugewiesen hat, gefallen?*"[336]

Lina Loos war zusehends von ihrer Krankheit gezeichnet, an der sie langsam starb. Vermutlich handelte es sich um Krebs; mit Sicherheit ist das heute nicht mehr zu sagen. Le Rüther umsorgte die Freundin. Gegen ihren Wunsch wurde Lina Loos in den letzten Lebenstagen ins Krankenhaus eingeliefert. Kurz vor ihrem Tod soll Lina Loos gemeint haben: „*Fünfundsechzig Jahre habe ich nicht gewusst, warum ich lebe, jetzt weiß ich es und jetzt muss ich sterben.*"[337]

Le Rüther

Lina Loos hatte entschieden, dass nach ihrem Tod ihr Körper der Wissenschaft vermacht werden solle. Ihre Lebensgefährtin Le Rüther setzte sie als Nachlassverwalterin und Erbin ein. Le Rüther war es auch, die Lina Loos' zweites Buch mit Schriften aus dem Nachlass herausgab: „Wie man wird, was man ist", so der Titel. Posthum kommt hier eine mutige und forsche Lina Loos zur Sprache, die mehr kann, als pointiert das Tagesgeschehen zu kommentieren und kleine Anekdötchen zu verbreiten.

Beide Frauen, Lina Loos und Le Rüther, teilen sich ein Grab am Sieveringer Friedhof. in der Abteilung II, Gruppe 12, Reihe 3 findet frau/man das Grab Nr. 15: ein unscheinbarer kleinerer Stein, auf dem Lina Loos' Name vermerkt ist. Daneben, nur halbhoch und im Winter unter Schneemassen verborgen, befindet sich ein weiterer Stein, auf diesem ist mit roter Inschrift vermerkt:

„Le Rüther / Graphikerin / 1898 – 1981"

47 Karlsplatz 5 / „Künstlerhaus":

Ausstellungsort der Malerinnen Olga Wisinger-Florian (1844–1926) und Marie Egner (1850–1940).

Olga Wisinger-Florian war ausgebildete Konzertpianistin, jedoch wurde durch eine Krankheit die Beweglichkeit ihrer Hände eingeschränkt und sie musste ihre Karriere beenden. Sie heiratete einen Apotheker, gebar einen Sohn; die Apotheke „Zum goldenen Adler" (eröffnet 1870 und 1925 in „Internationale Apotheke, Franz Wisinger"[338] umbenannt) lag am Kärntnerring 17.

1875 begann Olga Wisinger-Florian mit Studien der Malerei, 1880 nahm sie Unterricht bei Emil Jakob Schindler, dem Vater Alma Mahler-Werfels. Über diesen lernte sie auch die Malerin Marie Egner kennen, die von 1881 bis 1888 ebenfalls Unterricht bei Schindler nahm.

Im Gegensatz zu den beiden anderen Schindler-Schülerinnen Olga Wisinger-Florian und Tina Blau hatte Marie Egner die Skepsis männlicher Zeitgenossen gegenüber Frauen als Künstlerinnen verinnerlicht: *„Aber wenn ich auch viel zustande bringe, so viel weiß ich, dass die natürliche Veranlagung der Weiber nicht schöpferisch ist."*[339]

Gemeinsam verbrachten Schindlers SchülerInnen ab 1885 einige Sommer auf seinem Schloss Plankenberg bei Neulengbach in Niederösterreich, wo es zu intensiver künstlerischer Zusammenarbeiten kam. Marie Egner, die eine *„heimliche Neigung"*[340] für Schindler empfand, sah sich selbst als seine *„bevorzugte Schülerin"*[341]. Beide Malerinnen stellten im Wiener „Künstlerhaus" aus: Olga Wisinger-Florian erstmals 1881 eine Reihe von Bildern wie „Frühling", „Sommer", „Herbst", „Winter", „Buchenwald", „Nach dem Thee", „Zwei Feldblumenstudien" und „Rosen-Studie"; Marie Egner 1882 das Gemälde „Lombardische Dorfstraße".

Das „Künstlerhaus" legt noch immer Wert darauf, ein *„traditionsrei-ches Haus der Künste"*342 zu sein; im Gegensatz dazu begreift sich die „Secession" heute als Vereinigung bildender KünstlerInnen.*

Zu Lebzeiten Olga Wisinger-Florians stellte man im „Künstlerhaus", in der „Secession" und im „Künstlerbund Hagen" (gegründet 1900) fallweise auch Werke von Künstlerinnen aus; eine Aufnahme als „ordentliches Mitglied" wurde ihnen trotzdem in allen drei Vereinigungen verwehrt.343 Auch in den Berufsvereinigungen der Kollegen wurden bildende Künstlerinnen nur als Zaungäste geduldet, weshalb sich diese Künstlerinnen um die Wende des 19. zum 20. Jahrhunderts selbst organisierten: Der „Verein der Schriftstellerinnen und Künstlerinnen Österreichs" konstituierte sich bereits 1885 mit Sitz in der Rathausstraße 5, im 1. Bezirk, und war später, im Jahr 1900, in der Unteren Augartenstraße 5 beheimatet. Die Schaffung eines Pensionsfonds war das Ziel dieses Vereins, in dem Olga Wisinger-Florian zuerst Mitglied war, bevor sie von 1900 bis 1916 im Vereinsvorstand tätig war.

Weiters waren Künstlerinnen auch Mitgründerinnen des „Vereins österreichischer bildender Künstler und Künstlerinnen", der sich 1899 konstituierte. Der Vereinssitz befand sich im 7. Bezirk in der Mariahilferstraße 8, in der Neubaugasse 21 und im 4. Bezirk in der Favoritenstraße 48. In „Lehmann's Adreßbuch" wird im Jahr 1900 die Wiedner Hauptstraße 51 im 4. Bezirk angegeben. Der „Verein österreichischer bildender Künstler und Künstlerinnen" war der erste, der – auch im Namen manifest – Frauen und Männer zusammenschloss.

1910 wurde die „Vereinigung Bildender Künstlerinnen" gegründet, die jedoch bis 1912 nicht über eigene Ausstellungsräume verfügte; Vereinsadresse war zuerst im 8. Bezirk am Hamerlingplatz 10 und ab 1912 in der Inneren Stadt in der Maysedergasse 2.

Marie Egner malte vor allem Landschaften und Blumenbilder. Sie gilt als wichtige Vertreterin des österreichischen „Stimmungsimpressionismus":

*„Anfangs noch von Schindlers Stimmungsimpressionismus beeinflusst, sodass einige ihrer Skizzen als ‚Schindler' in den Kunsthandel kommen konnten, beginnt sie sich nach und nach von ihrem Vorbild zu lösen und geht 1887 nach London, wo sie als Lohn für Kost und Quartier junge Mädchen im Zeichnen unterrichtet."*344

In England betrieb sie zudem intensive Aquarellstudien, die ihre Arbeiten fortan prägten: ein flotter, flüssiger Duktus zeichnete nun ihre Landschaftsbilder aus.

Olga Wisinger-Florian entwickelte sich von der poetischen Malerei über impressionistische Skizzen und realistische Naturstudien bis hin zum Expressionismus und setzte sich in ihrer Malerei über Grenzen hinweg.

---

* Nunmehriger Sitz ist in der Inneren Stadt, in der Friedrichstraße 12; im Jahr 1900 wurde die Adresse mit Wienzeile 2 angegeben.

Als Olga Wisinger-Florians Mann starb, verpachtete sie die Apotheke „Zum goldenen Adler". 1912 erkrankte sie, ein Gehirntumor, der eine Einengung des Gesichtsfeldes und schließlich ihre Erblindung bewirkte.

Sie starb 1926.

Auch Marie Egners sich vermindernde Sehfähigkeit zeichnete ihr Leben: 1920 musste sie sich einer Staroperation unterziehen, dennoch verschlechterte sich ihr Sehen zunehmend. Als sie 1940 starb, war sie beinahe erblindet.

48   Christinengasse:

Benannt nach „Mimi" Marie Christine (1742–1798), Tochter Maria Theresias, Herzogin von Sachsen-Teschen. Ein Porträt Marie Christines und deren Schwester Maria Anna (1738–1789), genannt Marianna sowie ihrer Schwägerin Isabella von Bourbon Parma (1741?–1763) und der „Albertinischen", der ersten Wiener Wasserleitung.

Die „Schöne Isabella von Kastilien" besangen wohl nicht erst die „Comedian Harmonists", nein, auch Marie Christine, genannt Mimi, befand dies über ihre Schwägerin Isabella von Bourbon Parma, Gattin Joseph II., mit der sie sich auf das Herzlichste anfreundete und deren Vertraute sie bald wurde. Maria Anna hingegen, Marianna genannt, die ältere Schwester Marie Christines, war im Gegensatz zu dieser ein ungeliebtes zweites Kind, weil schon wieder und „bloß" eine Tochter, wenn auch eine kluge. Und nun entdeckte die Mutter auch noch eine Vorliebe für jene Schwiegertochter, von der sie als das *Glück meines Lebens*[345] sprach. Von den meisten ZeitzeugInnen wurde Isabella als eine Frau geschildert, *„vor der die Wiener und der ganze Hof, von ihrem Ehemann bis zum letzten Kerzenputzer, auf den Knien lagen. Sie war schön, sie war charmant und liebenswürdig, sie besaß einen brillanten Verstand und stand Marianna an Intelligenz um nichts nach. Sie sang besser als Marianna, sie spielte schöner Violine und*

– sie eroberte auch das Herz von Mariannas Vater. Ganz zu schweigen von Mimi, mit der sie eine geradezu stürmische Freundschaft verband."[346]

Durch das Einheiraten der charmanten Isabella erhärtete sich Maria Annas alte Rivalität; nicht nur gegenüber der ewigen Konkurrentin Marie Christine, sondern nun auch noch gegen die Schwägerin, die ihr den Rang der Klügsten streitig machte.

Diese Machenschaften am Hof verletzten Isabella. Ohne den Versuch, dies zu bemänteln, schrieb sie über Maria Annas falsche Freundschaft, deren als Zärtlichkeiten getarnte Seitenhiebe und dass es hier, in Wien, ständig notwendig sei, auf der Hut zu sein, um jeden der Schläge zu parieren und nicht in die gestellten Fallen zu tappen.[347]

Vielfach wird das Zusammenleben zwischen Isabella und Joseph derart beschrieben: *„Ihre Ehe mit Joseph verlief glücklich, sie war seine große Liebe. Im März 1762 schenkte die junge Kronprinzessin einer gesunden Tochter (Maria Theresia) das Leben.*"[348] Ein gutes Beispiel, wie Verkürzungen zu falschen Informationen führen und so das Bild verändern: Joseph war glücklich, ja; doch Isabella litt und schwieg – zumindest ihm gegenüber. Denn an Marie Christine schrieb sie beinahe täglich lange Briefe. *„[E]igenartig schwülstige [...] Briefe, in denen die junge Frau der Freundin immer wieder gestand, wie sehr sie den Tod herbeisehnte*",[349] befindet ein Biograph, der jedoch einiges hierbei unterschlägt: Dass Isabella sich um so mehr vor Joseph zurückzog, je näher er ihr kam, und sie die Gegenwart Marie Christines vorzog und mit ihr die meiste Zeit verbrachte, da beide eine Zuneigung zur Musik und Kunst sowie zueinander teilten:

„Die beiden jungen Frauen schrieben sich täglich seitenlange Briefe, in denen sie ihre Gefühle füreinander offenbarten und sich ihrer gegenseitigen Liebe versicherten. [...] Isabella wusste, dass es ihre Pflicht als Gemahlin des Thronfolgers war, einem gesunden Erben das Leben zu schenken. Während ihr Gemahl dieser Aufgabe allzu gerne nachkam, entwickelte [...] Isabella eine Abscheu vor ihrem Gemahl und einer möglichen Schwangerschaft. Nach einer problematischen Schwangerschaft, die von Todesgedanken und psychischen Problemen der Thronfolgerin überschattet war, brachte sie am 20. März 1762 eine Tochter mit dem Namen Maria Theresia [benannt nach der Großmutter] auf die Welt."[350]

Innerhalb weniger Monate, um die Jahreswende 1762/1763, folgten zwei weitere Schwangerschaften; diese endeten mit Fehlgeburten und ließen Isabella an ihrer Weiblichkeit zweifeln. So schrieb sie an Marie Christine um Neujahr:

„Wenn Du ehrlich bist, teuerste Schwester, mußt du zugeben, daß ich völlig versagt hab, denn man legt einzig und allein auf die Fähigkeiten Wert, deren ich zu ermangeln scheine, wie sich nun gezeigt hat. [...] Wo ist der Segen, den mein armer Leib fühlen soll? Die erste Frucht hat sich so lang als möglich dagegen gewehrt, meinen gemarteten Leib zu verlassen, die zweite Frucht ist ihm nur allzu rasch entflohen und die dritte? Warum

Mim[?] [...] *S[ei] meinetwegen ohne Sorge, Gott wird mit mir nach seinem Willen verfahren.* [...] *Um aber zu Dir zurückzukehren, der ich ein glückliches Neujahr zu wünschen begonnen habe, Gott gewähre Dir alles Gute und Schöne, das dieses Leben gesunden Frauen zu bieten vermag.* [...] *[E]ines fühle ich mit seherischer Kraft, Du wirst ein glücklicheres Los als ich haben: Du wirst nicht einen Thronerben und künftigen römischen Kaiser gebären müssen. Es ist Dir der sächsische Prinz Albert als Gatte bestimmt, er wird dich auf den Händen tragen.*"[351]

Von besagtem Briefwechsel der beiden Frauen sind uns leider nur die Briefe Isabellas zugänglich, da jene Marie Christines kurz nach deren Tod konfisziert wurden.

Isabella hatte richtig geahnt: Nach einer weiteren Frühgeburt starb sie mit 22 Jahren während einer Pockenepidemie im November 1763. *„Ihre letzten Worte sollen gewesen sein: ‚Mein ganzer Körper brennt, denn ich habe mit meinem ganzen Körper gesündigt.*"[352]

Und Marie Christine, der Isabella ein glücklicheres Leben vorhersagte? Der Vater hatte geplant, sie mit dem Lothringer Herzog von Chablais zu verheiraten. Marie Christine widersetzte sich jedoch, und 1766 – noch während der offiziellen Trauerzeit um den zuvor verstorbenen Vater – heiratete sie ihren *„heißgeliebten Prinzen"*[353] Albert von Sachsen-Teschen. Zuerst residierte Marie Christine mit ihrem Mann in Pressburg, jedoch kamen beide *„jeden Augenblick angereist, um die Mutter zu besuchen"*.[354] Für diese Aufenthalte in Wien stellte Maria Theresia der Tochter eigene Apartments in der Hofburg zur Verfügung. Somit endete mit Isabellas Tod und Marie Christines Hochzeit die Rivalität unter den Geschwistern keinesfalls; diese bedenkend entschloss man sich, die Höhe der Mitgift Marie Christines geheim zu halten. Gesichert ist: Sie war die reichst ausgestattetste habsburgische Prinzessin aller Zeiten.[355] Zusätzlich zur Mitgift erhielt Marie Christine von ihrer Mutter außerdem eine jährliche Apanage in Höhe von einer Million Gulden; ein Vermögen, das sie dazu verwendete, im Lauf ihres Lebens aus ihrer Liebe zur Kunst heraus eine eigene Sammlung aufzubauen.

Albert selbst war für den Gatten einer Tochter Maria Theresias nicht „vermögend" gewesen. Er wurde erst durch Maria Theresias Verleihung des Herzogtums Teschen sowie durch seine Heirat mit Marie Christine zum *„reichsten Grundbesitzer Europas"*.[356]

Anfangs verbrachten Marie Christine und Albert als Statthalter-Paar von Ungarn wohl eine glückliche Zeit in Pressburg, eine Stadt, die von 1536 bis 1830 Hauptstadt des Habsburgischen Ungarn war. 1780 traten die beiden die Statthalterschaft in den Österreichischen Niederlanden (heutiges Belgien) an.

Marie Christines Bruder Joseph hob die niederländische Verfassung auf, was aus dem Statthalter-Paar bloße Marionetten machte; ein Umstand, der von der Bevölkerung nicht toleriert wurde: Sie gab Marie Christine und ihrem Mann die Schuld an dieser Situation und so mussten beide 1789 vor den Aufständischen fliehen. Erst nach dem Tod Josephs II., um die Jahreswende 1791/92 kehrte das Statthalter-Paar in die Österreichischen Niederlande zurück. 1792 endete die österreichische Herrschaft im heutigen Belgien.

Der nun in Wien herrschende Kaiser Franz II., Maria Theresias Enkel, der als Franz II. letzter Kaiser des Hl. Römischen Reiches war und als Franz I. ab 1806 erster Kaiser von Österreich, schlug Marie Christine vor, nach Wien ins Palais Tarouca zu ziehen. Drei Schiffe transportierten den Besitz der Familie samt den gesammelten Kunstschätzen Marie Christines. Leider sank eines dieser Schiffe vor Hamburg, die Kunstwerke waren für immer verloren.

Der nunmehrige Wohnsitz Marie Christines im Palais Tarouca wurde mehrfach umgebaut, denn zum einen sollte er repräsentativ sein, zum anderen hätte dort die bereits recht umfassende Kunstsammlung Heimat finden sollen. Die Fertigstellung des Neubaus (1804) – den heutigen alten Teil der „Albertina" – erlebte Marie Christine nicht mehr. Sie starb 1798 an einer Magenerkrankung.

In der Augustinerkirche findet sich ein Denkmal aus Carraramarmor mit der Inschrift „Uxori optimae Albertus"*.

Übrigens trat noch eine Vorhersage Isabellas ein: 1767 gebar Marie Christine eine Tochter, welche jedoch kurz nach der Geburt starb. Obwohl Marie Christine nach jener Geburt keine weiteren Kinder bekommen konnte, wurde dies allem Anschein nach für sie nicht zum Leidensdruck. Sie adoptierte den Sohn ihres 1792 verstorbenen Bruders Leopold, ihren Neffen Karl, der auch heute noch hoch zu Ross auf dem Heldenplatz steht.

Abgesehen von der Christinengasse, die 1865 angelegt wurde und seit 1867 nach Marie Christine benannt ist, erinnert heute in Wien auf den ersten Blick nichts an sie. Die gemeinsame Kunstsammlung des Ehepaares, die „Albertina", trägt seinen Namen. Er ist es auch, der als Standbild im Festsaal des Wiener Rathauses steht.

Dass die nach Marie Christines Tod realisierte „Albertinische"-Wasserleitung nach ihm benannt ist, soll uns nicht weiter irritieren; sie lieferte den Wiener Frauen sauberes und möglichst einfach zu erlangendes Trinkwasser; ein nicht unwesentliches Element im Alltagsleben von Frauen.

Zwar ließen bereits die Römer Quellwasser aus dem Gebiet des heutigen Perchtoldsdorf und Gumpoldskirchen nach Vindobona leiten, im Mittelalter kehrte man jedoch zur Einrichtung der Hausbrunnen zurück. 1553 errichtete man die „Siebenbrunner Hofwasserleitung", diese versorgte jedoch – nomen est omen – einzig die kaiserliche Burg sowie einige andere Gebäude der Inneren Stadt und später noch die Gemeindebrunnen am Margaretenplatz.

* Der besten Gemahlin, Albertus.

Die restliche Stadt hingegen war auf die Hausbrunnen, die oft verseucht waren, sowie auf die „Wassermänner" und „Wasserweiber" angewiesen. Diese boten Wasser aus einem Fass zum Verkauf feil.

1565 folgte eine weitere städtische Leitung, die „Hernalser Wasserleitung", die Wasser aus dem heutigen 17. Bezirk bis zu einem Brunnenhaus am Hohen Markt leitete. Erst die „Albertinische"-Wasserleitung, die 1804 von Hütteldorf nach Wien führte und vier Vorstädte mit Quellwasser versorgte, sowie die von 1841 bis 1846 errichtete „Kaiser-Ferdinands-Wasserleitung", die Grundwasser aus dem Donaukanalbereich lieferte, bildeten den Auftakt zu einer besseren Wasserversorgung der Stadt.

Als 1850 die Eingemeindung der Vorstädte begann, reichten jedoch auch diese Leitungen nicht mehr aus, weshalb die Idee zur ersten Wiener Hochquellenleitung entstand. 1873 wurde diese mit der Inbetriebnahme des Hochstrahlbrunnens am Schwarzenbergplatz eröffnet. Noch 2006 deckt jene Leitung rund 40 Prozent des Wasseraufkommens der Stadt.

49 Hegelgasse 12:

Sitz der ersten gymnasialen Mädchenschule Wiens des „Vereins für Erweiterte Frauenbildung": Ein Porträt der Vereinsgründerin Marie Boßhart-Demergel (1854?–1901) sowie der ersten akademischen Lehrerin Dr. Cäcilie Wendt (*1875/1876).

Cäcilie Wendt, Cilla genannt, erhielt von ihrem Vater, der Professor für Pädagogik und Psychologie an der Lehrer- und Lehrerinnenbildungsanstalt in Troppau (heute „Opava", im damaligen Österreich-Schlesien) und „Herausgeber unseres Beiblattes ‚Kinderseele' [war] *eine sorgfältige, namentlich auch die körperliche Gesundheit im Auge haltende Erziehung. Die rege Phantasie der Kleinen ward durch Märchen und mit Rücksicht auf ihren frühzeitig sich entwickelnden Frohsinn durch humoristische Märchen angeregt. Cäcilie besuchte den Troppauer Staats-Kindergarten und lernte frühzeitig von einer Freundin der Mutter lesen und schreiben. Die Eltern waren aber gegen jede Verführung der Bildung und schickten Cäcilie erst im siebenten Jahre in die öffentliche Schule."*[357]

Danach stellten die Eltern den Antrag auf Aufnahme in ein neu gegründetes Wiener Vorort-Kommunal-Gymnasium. Doch dieses Ansuchen wurde ohne Begründung abgelehnt. Die Aufnahmeprüfung für das Troppauer Staats-Gymnasium bestand sie, weshalb sie dieses acht Jahre lang besuchen konnte – als Externe wohlgemerkt. Das bedeutete, dass sie Schulgeld zahlte und im Verzeichnis der Schüler aufgeführt wurde, doch hatte sie allen Unterricht durch die Professoren der Schule privat zu nehmen. Zweimal jährlich wurden mehrtägige Prüfungen angesetzt, bei denen sie ihre Fortschritte beweisen musste. Alsdann folgte die Reifeprüfung.

„Sie war also die erste in Oe[s]terreich, welche einen ganz genau der männlichen Bildung nach Zeit und Stoff und Lehren entsprechenden, Gymnasialunterricht erhalten und durch eine gemeinsam mit männlichen Zöglingen abgelegte Maturitätsprüfung abgeschlossen hatte."[358]

Das nächste Gesuch betraf die Immatrikulation an der Wiener Hochschule; diese wurde zunächst seitens des Unterrichtsministeriums unter Freiherr von Gautsch abgelehnt, obgleich Freiherr von Gautsch als dem Frauenstudium *„günstig gesinnt"*[359] galt. Ein Jahr danach stellte ihr eine staatlich bestimmte Gymnasial-Prüfungskommission die Reifezeugnisse aus. So ging Cäcilie Wendt 1896 nach Wien und besuchte zunächst ein Jahr als Hospitantin und weitere drei Jahre als ordentlich inskribierte Hörerin Vorlesungen aus Mathematik, Physik und Philosophie. Mit ihrer Dissertation über „Eine Verallgemeinerung des Additionstheorems der Bessel'schen Funktionen erster Art" bestand sie am 5. Mai 1900 das Hauptrigorosum aus Mathematik und Physik mit Auszeichnung. Am 8. Juni legte sie das zweite Rigorosum aus Philosophie mit sehr gutem Erfolg ab und wurde am 13. Juni 1900 zum Doktor der Philosophie promoviert.[360]
Aus der Rede des Rektors:

Cäcilie Wendt

„Es ereignet sich heute an unserer Universität zum erstenmale, dass unter den Candidaten des Doctorates eine Dame sich befindet, und da erscheint es mir von Bedeutung, dass Sie, mein Fräulein, sich ein Wissensgebiet gewählt haben, welches zu den abstractesten und schwierigsten gehört, welche der Menschengeist geschaffen, dass Sie aber trotzdem Ihr Fachrigorosum mit Auszeichnung abgelegt und durch eine vorzügliche Dissertation Ihrer Vertrautheit mit diesem Fache, der Mathematik, nachgewiesen haben, zum Beweise, dass Anlage und Begabung selbst für die schwierigsten Wissenschaftsgebiete nicht an das Geschlecht gebunden sind."[361]

Danach verliert sich ihre Spur zusehends, abgesehen davon, dass sie die Lehrerinnenlaufbahn einschlug und als erste Akademikerin[362] die Fächer Mathematik und Naturlehre unterrichtete, was – gemäß dem Jahresbericht des „Vereins für erweiterte Frauenbildung" – ihrem Wunschberuf entsprach.[363] Neben ihrer Tätigkeit als Lehrerin hat sie weiterhin geforscht. So findet sich in der Physikalischen Zeitschrift aus dem Jahr 1909 eine Schrift gemeinsam mit Egon von Schweidler „Über die spezifische Geschwindigkeit der Ionen in flüssigen Dielektrikas".[364]

Der „Verein für erweiterte Frauenbildung" wurde im Oktober 1888 von Marie Boßhardt van Demerghel gegründet, hatte im Jahr 1900 seinen Sitz in der Wipplingerstraße 8 und verfolgte – neben einer Reform der vorwiegend schöngeistig orientierten Lyzeen – das Ziel, die Einrichtung vollwertiger

Mädchenmittelschulen zu erreichen; dies wurde seitens des Ministeriums auch gestattete, doch nur unter der Bedingung, sie dürften sich nicht Mädchengymnasium, sondern „bloß" „gymnasiale Mädchenschule" nennen.

1892 eröffnete der „Verein für erweiterte Frauenbildung" die erste derartige Schule; zuerst in der Hegelgasse 12, in den Räumlichkeiten des Pädagogikums, die ihnen von der Gemeinde Wien überlassen wurden. Später – unter der Leitung Editha Mautner von Markhofs, Nachfolgerin Marie Boßhardt van Demerghels – übersiedelte die gymnasiale Mädchenschule in die Rahlgasse 4 im 6. Wiener Gemeindebezirk.

Als Direktor der gymnasialen Mädchenschule fungierte Emanuel Hannak, der – nach seiner Zeit als Lehrer bzw. Leiter eines Proseminars für Lehrerbildung in Wiener Neustadt – Leiter des Wiener Städtischen Pädagogikums war. Ihm oblag auch die Zusammenstellung des Lehrplans, welcher heute noch in der Österreichischen Nationalbibliothek nachzulesen ist.

Über Marie Boßhardt van Demerghel, die den „Verein für erweiterte Frauenbildung" gründete, ist leider kaum etwas bekannt, abgesehen von der Tatsache, dass sie verheiratet war. In einem Nachruf aus der Zeitschrift „Dokumente der Frauen" heißt es:

„Am 11. November erlag diese ausgezeichnete Frau im 47. Lebensjahre einem langwierigen Leiden. Unter ihrer Führung hat der Verein für erweiterte Frauenbildung sein Hauptziel, die Errichtung der gymnasialen Mädchenschule, erreicht und damit dem weiblichen Geschlechte das Hochschulstudium ermöglicht. Frau Bosshardt hat, man darf es wohl sagen, ihr Leben dafür eingesetzt, und es ist tragisch, dass ihr jetzt, wo die Lehranstalt als Obergymnasium das Oeffentlichkeitsrecht erhalten hat, nicht gewährt ward, sich des Erreichten zu freuen."[365]

Weiters wird von Vortragsabenden berichtet, die Marie Boßhardt van Demerghel veranstaltete, um die vielfältigen Leistungen von Frauen als Autorinnen, am Theater oder als Komponistinnen und Weltreisende darzulegen.

Nach Marie Boßhardt van Demerghel übernahm Editha Mautner von Markhof von 1902 bis 1918 die Leitung des Vereins. Ihr besonderes Anliegen war die Förderung höherer Mädchenbildung, insbesondere der Mittelschulen. Sie war auch Vorstandsmitglied anderer großer schulgründender Vereine ihrer Zeit; wie zum Beispiel des „Wiener Frauen-Erwerb-Vereins"[*] und des „Vereins für realgymnasialen Mädchenunterricht"[**]. Editha Mautner von Markhof war weiters eine der Mitbegründerinnen des „Neuen Wiener Frauenklubs". Der gesamten Familie Mautner-Markhof ist seit 1967 die Mautner-Markhof-Gasse im 11. Wiener Gemeindebezirk gewidmet. Diese Familienehrungen kommen in Wien öfters vor. So ist auch der Straßenzug

---

[*] Gegründet 1866, Vereinssitz und Schulort um 1900 war die Rahlgasse 4.
[**] Gegründet 1912, der Schulsitz lag zuerst in der Hegelgasse, dann in der Albertgasse 38 im 8. Bezirk.

in der Inneren Stadt, der seit 1796 mit dem Namen „Stoß im Himmel" verse-
hen ist, nur bedingt eine katholisch motivierte Namenskreation. Er bezieht
sich laut dem „Wiener Straßenlexikon" auf eine alteingesessene Wiener
Bürgerfamilie; zwei weibliche Familienmitglieder sind namentlich bekannt:
Margarete († 1770) und Marianne († 1797); ihnen wurde ein männlicher
älterer Ahnherr zur Seite gestellt, Hans Stoßanhimmel († 1529). Zu dieser
Gasse gibt es übrigens auch eine Sage, die folgende Geschichte erzählt:
Eine Frau habe aufgrund ihrer Liebe zu schönen Kleidern einen Pakt mit
dem Teufel geschlossen. Als der Satan kam, um sich ihre Seele zu holen,
betete sie verzweifelt und klammert sich an ihr Medaillon der Muttergottes,
das sie dem Teufel entgegenhielt. Daraufhin ergriff er die Flucht.

Himmelpfortgasse 14 /
Apotheke „Zur goldenen Krone": **50**

Ärztinnen und Apothekerinnen: Ein Porträt der Gabriele
Possanner von Ehrenthal (1860–1940) sowie Helene
Forsmanns (1859–1908).

*„In der 39. Hauptversammlung des allgemeinen österreichischen Apothe-
kervereines in Villach (2. bis 4. September 1900) war der Antrag gestellt
worden, den Frauen den Zutritt zur Pharmacie als Pharmaceuten nicht zu
gestatten. Der Vorsitzende Dr. Grüner bezeichnete die Zulassung der Frauen
als unaufhaltsam und warnte davor, von ihnen eine geringere Vorbildung
zu verlangen. Es sprachen noch mehrere Redner, worauf der Antrag abgelehnt wurde. Eine Apotheke mit ausschließlich weiblichem Personale wird
demnächst in Petersburg von Frau A. B. Lesnewski, Magister Pharm., eröffnet werden."*[366]
Auch wenn Frauen in Österreich bis 1900 weder zum Medizin- noch zum
Pharmaziestudium zugelassen wurden, so waren doch jene, die in der
Familien-Apotheke „mithalfen", zahlreich. Dies zeigt sich auch in der
Biographie Helene Forsmanns.

Die „Apotheke zur goldenen Krone" in der Himmelpfortgasse – oder „Anton von Waldheim Apotheke", wie sie eigentlich genannt wurde, da sie sich seit 1821 im Besitz der Familie Schürer von Waldheim befand –, versuchte ihren Umsatz u. a. mit pharmazeutischen „Spezialitäten" zu steigern: die „Entfettungs-Tablette Waldheim" sowie das „Tonicum Waldheim" waren im Wien der Jahrhundertwende wohlbekannt. Weniger bekannt ist die Biographie der Tochter des Apothekenbesitzers. Helene Forsmann wird von ihrer Zeitgenossin Marianne Hainisch wie folgt geschildert:

„Schön und begabt, aus angesehener Familie folgte sie, noch sehr jung, einem geliebten Mann nach Russland. Ihm half sie bei dem Betrieb einer Apotheke in Petersburg. So sehr Beider Arbeit gedieh, der Segen des Ehelebens, Kinder[,] blieben aus. Dieser Entgang an Frauenglück wurde um so schmerzlicher, als die junge Frau ihren Mann verlor. Nun bemühte sich ihre Familie, sie zu veranlassen, nach Wien zurückzukehren. Da aber offenbarte sich die Seelengrösse Helene Forsmanns. Sie blieb an der Leidensstätte, um die Mutter des heimgegangenen Gatten zu trösten und kehrte erst zu ihrer Familie zurück, als sie auch die Schwiegermutter begraben hatte. In die Heimat zurückgekehrt, entfaltete die junge Witwe eine vielseitige, segensreiche Tätigkeit. Daheim war sie die Freude ihrer Mutter und zweier alter Tanten; in der bestbekannten Apotheke ihrer Familie beteiligte sie sich an dem Betrieb [...]."[367]

Auch wenn Frauen und Männer seit dem allgemeinen bürgerlichen Gesetzbuch (ABGB) von 1811 grundsätzlich erbrechtlich völlig gleichgestellt waren, Bruder und Schwester sich beispielsweise das Vermögen des verstorbenen Vaters teilen konnten, stellten Apotheken (oder ähnliche Gewerbebetriebe) einen Sonderfall dar:

„Im Falle ‚Familienapotheke' ist aber zweierlei zu unterscheiden. In der erbrechtlichen Frage gab es, wie gesagt, die Gleichstellung; das heißt, wenn die Apotheke 100000 Gulden wert war, so erbt die Schwester neben Bruder davon 50000, falls nur eine weibliche Nachkommenschaft vorhanden war, diese die 100000 zur Gänze. Davon zu unterscheiden ist aber die Frage, ob Frauen eine Apotheke als Gewerbe führen durften."[368]

Dies ließ sich nicht hunderprozentig belegen, doch erscheint es mehr als wahrscheinlich, dass es ihr vor und um 1900 nur gestattet war, sich „helfend" am Betrieb „zu beteiligen", da sie mangels Zugang zur universitären Ausbildung keine Fachkraft werden konnte. Aber es war ihr möglich, die Apotheke zu verpachten oder in einer anderen Form von einem Pharmazeuten führen zu lassen. Derart entschied sich die bildende Künstlerin Olga Wisinger-Florian, Frau des Apothekers Franz Wisinger, der die Apotheke „Zum goldenen Adler" (eröffnet 1870, 1925 in „Internationale Apotheke, Franz Wisinger" umbenannt)[369] am Kärntnerring 17 besaß:

„Am 1. November 1890, dem Todestage des Apothekers Wisinger, nahm seine Witwe, Frau Olga Wisinger, die Apotheke in Besitz. Am 1. Mai 1891 wurde mit der Leitung der Apotheke Ph. Mr. Sigmund Schlager betraut (bestätigt am 29. Juni 1891), nachdem der frühere Provisor Dr.

Hellmann die von ihm angekaufte Apotheke in Hetzendorf übernommen hatte. Die Besitzerin Frau Olga Wisinger-Florian wandte sich nach ihrer Verheiratung der Malerei zu und ist heute als eine hochgefeierte Künstlerin bekannt."[370]

Auch die Firmengeschichte der „Apotheke zur goldenen Krone" bestätigt dies: Als 1899 der Alleinbesitzer der Apotheke starb, wurde diese an einen Magister der Pharmazie verkauft.[371]

Uns ist Helene Forsmann daher auch weniger als „Apothekerin" bekannt, sondern aufgrund ihres Engagements als Vorsitzende des „Neuen Frauenklubs", der seinen Sitz seit der Gründung im Jahr 1903 am Tuchlauben 11 hatte.

Im Gegensatz zu Helene Forsmann erkämpfte sich Dr. Gabriele Possanner die Ausbildung, die sie haben wollte. Ihr Lebensmotto, den Menschen helfen zu wollen, muss ihr enorme Willensstärke verschafft haben, denn jede andere hätte wohl in Anbetracht der widrigen Umstände und der ständig in den Weg gelegten Hindernisse aufgegeben.

Als zweite Frau in Österreich legte Gabriele Possanner am akademischen Gymnasium die Externisten-Matura ab. Da Frauen zu jener Zeit an Österreichs Universitäten nur als Gästinnen zugelassen wurden und über jede Einzelne per Antrag entschieden werden musste, beschloss Gabriele Possanner 1888, in der Schweiz zu studieren. Dort jedoch erkannte man ihre Matura nicht an, weshalb sie diese noch einmal ablegte. 1893 promovierte sie dann zur Doktorin der Medizin. Ihr Diplom als Ärztin hatte nun zwar in der Schweiz Gültigkeit, in Österreich hingegen war es wertlos. Wiederum folgten daher Petitionen und Bittbriefe, die jedoch alle abschlägig beschieden wurden. Während dieser Zeit arbeitete sie als Volontärärztin an der ersten Geburtshilflichen Klinik in Wien. Sie stellte ein Gnadengesuch direkt an Kaiser Franz Joseph und begründete ihren Wunsch, als Ärztin zugelassen zu werden, mit dem Argument, dass sich zahlreiche Frauen und Mädchen einem männlichen Arzt nicht anvertrauen würden. Ihr Gesuch wurde schließlich unter der Bedingung, alle Prüfungen erneut an der Universität Wien abzulegen, bewilligt. So absolvierte sie innerhalb eines Jahres nochmals die erforderlichen Prüfungen und promovierte zum zweiten Mal und als erste Frau in Österreich am 2. April 1897. Obgleich sie somit die Venia practicandi erhielt, war sie in der Wiener Ärztekammer dennoch nicht stimmberechtigt; sie wurde dort entsprechend den „Bestimmungen für Ausländer" behandelt. Erst nach mehreren Beschwerden und Berufungen wurde sie – als erste Ärztin – im Jänner 1904 als „Ersatzmitglied" in die Wiener Ärztekammer gewählt.[372]

Dr. Possanner war auch die erste und bis 1903 einzige Ärztin, die an einer der neun k. u. k. Krankenanstalten in Wien tätig war. 43 Jahre lang ordinierte sie zudem in ihrer Praxis.

Auf Antrag verschiedener Frauenvereine erhielt Dr. Possanner 1928 als erste Frau den Titel „Medizinalrat". Ihr zu Ehren wurde 1960 im 13. Wiener Gemeindebezirk eine Straße Possannergasse genannt; dass es sich dabei um eine Sackgasse handelt, soll nicht weiter von Belang sein.

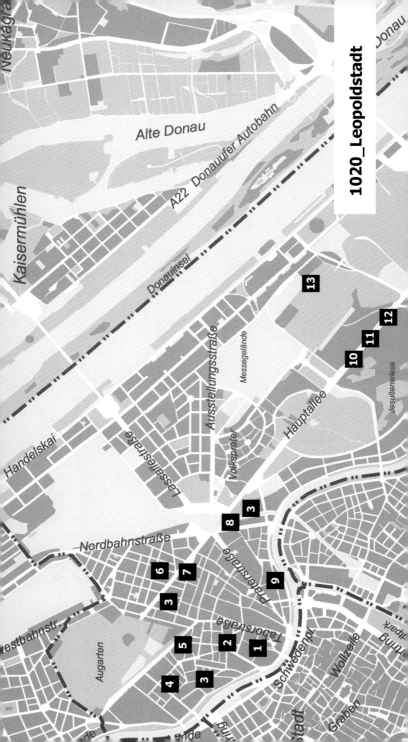

1020_Leopoldstadt

1 - Lilienbrunngasse: Benannt nach Theresia Adler, Edle von Lilienbrunn (1802–1868), da der Abriss ihres Hauses in der Oberen Donaustraße 1841 diese Gasse „eröffnete".

2 - Hollandstraße (ehemals Stephaniestraße 16): Sitz der ersten privaten Höheren Handelsschule (Handelsakademie) für Mädchen mit einem einjährigen „Abiturientenkurs für Mädchen". Hier war die engagierte Frauenrechtlerin Olly Schwarz (1877–1960) als Kuratorin tätig. Sie wirkte ebenso im „Athenäum" – „Verein für die Abhaltung von wissenschaftlichen Lehrkursen für Frauen und Mädchen" und baute die „Zentralstelle für weibliche Berufsberatung" auf.

3 - Josefinengasse / Helenengasse / Herminengasse: Im 19. Jahrhundert benannte der Bezirksvorsteher Konrad Ley mehrere Straßenzüge nach seinen weiblichen Verwandten.

4 - Adambergergasse: Benannt nach der Burgschauspielerin Antonie Adamberger (1790–1867), deren Bühnendarstellungen tragischer und naiver Liebhaberinnen die Presse zu stürmischen Reaktionen bewegte.

5 - Schwarzingergasse: Barbara Schwarzinger (1816–1891) spendete 100.000 Gulden für den Bau der Infektionsabteilung des Leopoldstädter Kinderspitals.

6 - Springergasse 5: Wo das FrauenWohnZentrum wohnungslosen Frauen nicht nur ein Wohnzimmer bietet.

7 - Heinestraße 27: Dies ist das Geburtshaus der Kernphysikerin Dr. Lise Meitner (1878–1968).

8 - Hedwiggasse: Die Benennung dieser Straße ist unsicher; vermutlich erinnert sie an Hedwig Bäuerle, Gattin des Schriftstellers Adolf Bäuerle, die zu Beginn des 19. Jahrhunderts lebte.

9 - Veza-Canetti-Park / Tempelgasse / Ferdinandstraße: In der Nähe des Wohnhauses Veza Canettis (1897–1963, London) in der Ferdinandstraße 29 befindet sich dieser nach der Autorin benannte Park. Die Ferdinandstraße – sowie die Darstellung des dortigen Lebens – ging als „Gelbe Straße" in die Literaturgeschichte ein.

10 - Prater I: Die gewaltsame Niederschlagung einer Demonstration der Wiener Erdarbeiterinnen („Praterschlacht") am 23. August 1848 führte zur Gründung des „Wiener demokratischen Frauenvereins", dessen Präsidentin Karoline von Perin-Gradenstein (1808–1888) war, eine Pionierin der Frauenbewegung.

11 - Prater II: Im Prater befand sich das legendäre Lokal „Eisvogel" mit seiner Damenkapelle. Hier trat die Brettlsängerin Pepi Schmer auf – mit Schnurrbart, Tenorstimme und in Männerkleidung.

12 - Prater III / Wiener Stadion: Wo sich Herma Bauma (1915–2003), Olympiasiegerin im Speerwerfen (London 1948), nochmals um 5,62 m verbesserte und ihren Speer somit 48,62 m weit warf.

13 - Stella-Klein-Löw-Weg: Benannt nach Stella Klein-Löw (1904–1986), Pädagogin, Bildungspolitikerin, Redakteurin, die schon 1916 als Berufswunsch „Politikerin" anführte.

1030_Landstraße

1 - Schwarzenbergplatz 7: Hier stand das Wohnhaus der Opernsängerin Anna Konetzni (1902–1968).

2 - Salesianergasse: Benannt nach dem Kloster der Salesianerinnen und ihrer Kirche Mariä Heimsuchung.

3 - Gottfried-Keller-Gasse 13: Hier stand das Wohnhaus der Sängerin Hilde Konetzni (1905–1980).

4 - Beatrixgasse 29: Wo das Palais Modena der Erzherzogin Beatrix d'Este von Modena (1750–1829), Schwiegertochter Maria Theresias, stand.

5 - Rochusgasse 3–5 / „Frieda-Nödl-Hof": Dieser Hof, errichtet in den Jahren 1976 bis 1978, würdigt im Eingangsbereich mit einer Erinnerungstafel die Widerstandskämpferin und Landstraßer Abgeordnete des Landtages und Gemeinderates Frieda Nödl (1898–1979).

6 - Rochusgasse 7: Hier wohnte Marianne Hainisch (1839–1936), die Gründerin des „Bunds österreichischer Frauenvereine". An sie erinnert eine Würdigungstafel über dem Eingangstor mit folgender Inschrift: *„Hier wirkte in unbeirrbarer Menschenliebe Marianne Hainisch, die Kämpferin für Kultur, Gerechtigkeit und Frieden 1839 – 1936."*

7 - Baumannstraße 8–10 / „Österreichischer Komponistenbund": Hier befindet sich der Sitz der Standesvertretung der KomponistInnen Österreichs, deren Ziel es ist, sich für alle beruflichen Belange ihrer Mitglieder zu engagieren. Im Jahr 2006 ist im Vorstand keine Frau tätig. Dem „Österreichischen Komponistenbund"kann der 1920 gegründete Verein „Panthea" gegenübergestellt werden, der bestrebt war, sich für die finanziellen Interessen künstlerisch tätiger Frauen einzusetzen. In diesem Verein waren so namhafte Komponistinnen wie Mathilde Kralik von Meyerswalden (1857–1944) engagiert.

8 - Maria-Eis-Gasse: Diese Gasse ist der Burgschauspielerin Maria Eis (1896–1954) gewidmet.

9 - Bechardgasse / Kolonitzplatz 1: Hier stand das Palais von Barbara Baronin Bechard (1789–1859), das nach ihrem Tod an die Stadt Wien fiel und abgerissen wurde; stattdessen errichtete man von 1866 bis 1873 die Pfarrkirche St. Othmar unter den Weißgerbern.

10 - Untere Weißgerberstraße 41: Sitz der „Frauenhetz" – Zentrum für feministische Bildung, Kultur und Politik.

11 - Petrusgasse / „Marianne-Hainisch-Hof" (erbaut 1927/28): Benannt nach Marianne Hainisch (1839–1936), der Gründerin des „Bunds österreichischer Frauenvereine".

12 - Maria-Jacobi-Gasse: Zur Erinnerung an Maria Jacobi (1910–1976), Politikerin und Stadträtin für Wohlfahrtswesen (1959–1973). Sie engagierte sich besonders für PensionistInnen.

13 - Hermine-Jursa-Gasse: Benannt nach der Bildungs- und Frauenreferentin Hermine Nierlich-Jursa (1912–2000), eine Widerstandskämpferin (Festnahme 1939, von 1942 bis 1945 im KZ Ravensbrück).

14 - Marianne-Hainisch-Gasse: Benannt nach Marianne Hainisch (1839–1936), der Gründerin des „Bunds österreichischer Frauenvereine".

15 - **Gudrunstraße:** Benannt nach der titelgebenden literarischen Figur des Epos „Gudrun"; diese Straße reicht bis in den 10. Bezirk.

16 - **Arsenal / das „Heeresgeschichtliche Museum" und das „Militärhistorische Institut":** Frauen als Kriegsberichterstatterinnen: Die Landschaftsmalerin Stephanie Hollenstein (1866–1944) tat bis zur Entdeckung ihrer Verkleidung als „Stephan" Dienst bei den Vorarlberger Standschützen. Danach musste sie den Frontdienst quittieren und wurde als malende Berichterstatterin im Kriegspressequartier eingesetzt. Erinnert sei auch an die auf Kriegsberichterstattung spezialisierte Journalistin Alice Schalek (1874–1956).

17 - **Prinz-Eugen-Straße 27 / „Belvedere":** Hier sind Gemälde der Malerinnen Maria Anna Punz (1721–1794) und Hermine Ostersetzer (1874–1909) zu betrachten.

1 - **Karlsgasse 4:** Wohnhaus von Cölestine Truxa (* 1845), Leiterin der „Kommission zur Bekämpfung des Mädchenhandels" im „Bund österreichischer Frauenvereine".

2 - **Margaretenstraße:** Benannt nach der Heiligen Margareta von Antiochia († 305), eine der 14 NothelferInnen, Patronin der Ammen, Ehefrauen sowie der Fruchtbarkeit. Margareta von Antiochia lehnte aufgrund ihrer religiösen Überzeugung einen heidnischen Ehemann ab, der sie daraufhin foltern ließ. Im Kerker besiegte sie einen teuflischen Drachen. Sie wurde zur Abschreckung hingerichtet.

3 - **Favoritenstraße 4–6 / „Charlotte Bühler-Institut für praxisorientierte Kleinkindforschung":** Erinnert sei an Dr. Charlotte Bühler (1893–1974), zweifache Mutter, Universitätsprofessorin und Begründerin der modernen Entwicklungspsychologie. Das „Charlotte Bühler-Institut" benützt hier die Räume der „Interessensgemeinschaft der kirchlichen Kindergärten" mit, da ein eigenes Gebäude das Budget des Instituts übersteigen würde.

4 - **Vicki-Baum-Platz:** Benannt nach Vicki Baum (1888–1960), die zu Lebzeiten viel gelesene, heute vergessene Autorin von Unterhaltungsromanen. Sie war eine enge Freundin von Gina Kaus (1893/1894–1985).

5 - **Favoritenstraße 38–40 / „Bertha-von-Suttner-Hof":** Dieser Hof ist der Nobelpreisträgerin und Pazifistin Bertha von Suttner (1843–1914) gewidmet, die als „Friedensbertha" verhöhnt wurde. Zwischen den beiden Häusern befindet sich eine Skulptur, welche eine klagende Kriegerwitwe und ihre beiden Kinder darstellt.

6 - **St.-Elisabeth-Platz / St.-Elisabeth-Kirche:** Benannt nach Elisabeth von Thüringen, Schutzheiligen der Armen.

7 - **Karolinengasse:** Benannt nach Karoline Auguste (1792–1873), die nach einer „nie vollzogenen" ersten Ehe die vierte Gattin und „häusliche Perle" von Kaiser Franz I. wurde.

8 - **Schönburgstraße 15:** Hier befindet sich das Wohnhaus Rosa Mayreders (1858–1938), Schriftstellerin und Gründungsmitglied des „Allgemeinen Österreichischen Frauenvereins".

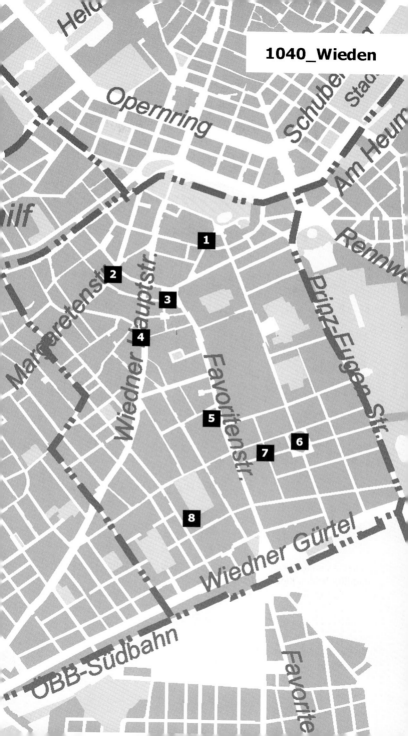

Wieden

Favoritenstr.

Wiedner Haup

Wiedner Gürte

Margareten

5

1

4

6

Gumpendorfer

Linke Wienzeile Str.

Schönbrunner Str.

1

3

2

1

Margaretengü

Gaudenzdorfer

1 - Margaretengürtel / Margaretenstraße / Margaretenplatz:
Benannt nach der Heiligen Margareta von Antiochia († 305),
Namensgeberin des 5. Wiener Gemeindebezirks. Sie ist eine der 14
NothelferInnen, Patronin der Ammen, Ehefrauen sowie der Fruchtbarkeit.
Margareta von Antiochia lehnte aufgrund ihrer religiösen Überzeugung
einen heidnischen Ehemann ab, der sie daraufhin foltern ließ. Im
Kerker besiegte sie einen teuflischen Drachen. Dies findet sich auch im
Bezirkswappen des 5. Bezirkes dargestellt. Zur Abschreckung wurde sie
hingerichtet.

2 - Johannagasse: Benannt nach der Buchdruckerin Johanna Gorischek
(1792–1858).

3 - „Mädchenpark" am Einsiedlerplatz: Ein Beispiel für
geschlechtssensible Parkumgestaltung und Mädchenförderung im
öffentlichen Raum.

4 - Ramperstorffergasse 48: Das Wohnhaus der Journalistin Anna
Hottner-Grefe (1867–1946).

5 - Schütte-Lihotzky-Park / Mittersteig: Benannt nach der
Architektin Margarete Schütte-Lihotzky (1897–2000), bekannt für ihre
Pionierleistungen nicht nur im Bereich des Wohnbaus (z. B. „Frankfurter
Küche").

6 - Hollgasse: Nach der Wohltäterin Maria Holl (1821–1900), die eine
Stiftung für Waisenkinder ins Leben rief.

1060_Mariahilf

1 - Mariahilfer Straße 1b: Ehemaliger Standort des Künstlercafés „Casa Piccola", das im Besitz von Lina Loos' (1882–1950) Vater war.

2 - Mariahilfer Straße 5: Wohnhaus der Schriftstellerin Dora von Stockert-Meynert (1870–1947).

3 - Lehárgasse 11: Hier sei mittels der Wiener Festwochen an deren Präsidentin Leonie Rysanek (1926–1998) erinnert. Sie war – wie ihre Schwester Lotte (* 1928) – Kammersängerin und galt als „ungekrönte Königin" der Oper.

4 - Lehárgasse 9 (sowie Seitenstettengasse 5 im 1. Wiener Gemeindebezirk): Sitz des Vereins „Frauen beraten Frauen", der 1981 als erste Wiener Frauenberatungsstelle gegründet wurde. „Frauen beraten Frauen" sieht sich als Anlaufstelle für Frauen mit *„Problemen aus allen Themenbereichen des weiblichen Lebenszusammenhangs".* Demgemäß breitgefächert ist ihr Angebot an Hilfestellungen.

5 - Linke Wienzeile 6 / „Theater an der Wien": Hier sei an Marie Geistinger (1833–1903), Direktorin des „Theaters an der Wien", erinnert. Sie war auch als Schauspielerin und Sängerin tätig gewesen, bevor sie die Leitung dieses Hauses übernahm.

6 - Linke Wienzeile 12: Wohnhaus Marie Langs (1858–1934), Pionierin der Sozialarbeit und Mitarbeiterin im „Allgemeinen Österreichischen Frauenverein". Sie leitete hier auch einen Salon.

7 - Gumpendorfer Straße 25 : Wohnhaus der Bibliothekarin des „Wiener Frauenklubs" Marie Franzos (1870–1941), Übersetzerin aus dem Schwedischen und Veranstalterin literarischer Konferenzen.

8 - Fillgradergasse / Fillgraderstiege: Benannt nach der Glockengießerwitwe Marie Anna Fillgrader (1763–1831), die eine Stiftung für verarmte Bürger gründete.

9 - Gumpendorfer Straße 64 / „Arbeiter-Bildungsverein Gumpendorf": Im 1867 gegründeten „Arbeiter-Bildungsverein Gumpendorf" unterrichtete die jüdische Journalistin Emma Adler (1858–1935) Fremdsprachen. In der Kirche in Nußdorf am Attersee, in Oberösterreich, findet sich ihr Antlitz verewigt: Sie stand – damals zum Ärger der Bevölkerung – Modell für das Marienbild Emanuel Oberhausers.

10 - Magdalenenstraße: Nach dem ehemaligen Vorort „Magdalenengrund", der bereits 1756 urkundlich erwähnt wurde und nach der Magdalenenkirche benannt war.

11 - Linke Wienzeile 102 / die „RosaLilaVilla": Seit 1982 Sitz diverser Beratungsstellen für Lesben und Schwule mit beliebtem Treffpunkt im ebenerdigen Café.

12 - Gumpendorfer Straße 74: Geburtshaus der Modedesignerin Emilie Flöge (1874–1952).

13 - Haydngasse 23: Hier befand sich die Zentrale des 1871 gegründeten Arbeiterinnenbildungsvereins. Seine erste Obfrau war Albertine Moseberg.

1 - Neustiftgasse 1: Vor dem Volkstheater steht ein Denkmal der Schauspielerin Hansi Niese (1874/1875–1934). Im Wandelgang des Volkstheaters (Richtung Rauchsalon), beim Balkonbuffet hängt ein Bild der Schauspielerin Margarete Köppke (1902–1930). Hier, im Volkstheater, las u. a. auch Erika Molny (1932–1990), die das erste Programm des Frauenkabaretts' „Die Menubeln" verfasste.

2 - Siebensterngasse 42: Seit dem Jahr 2000 befindet sich hier das „Kosmos Theater", ein Frauenraum für Künstlerinnen, in dem auch männliches Publikum willkommen ist.

3 - Zieglergasse 28 / Buchhandlung „Frauenzimmer": Seit Juni 2000 ist hier der Standort der Buchhandlung „Frauenzimmer", der ersten und einzigen feministischen Frauenbuchhandlung Österreichs (seit 1977).

4 - Kenyongasse: Benannt nach Eugenie Louise Kenyon-Turovsky (1806–1877). Sie stiftete den Großteil ihres Vermögens dem Sophienspital in der Apollogasse 19 im 7. Wiener Gemeindebezirk.

1080_Josefstadt

1 - Landesgerichtstraße 11 / Wiener Landesgericht: 97 Frauen wurden im Wiener Landesgericht wegen Widerstands gegen das NS-Regime enthauptet. Die Zahl jener, die Monate im Kerker verbrachten, ist um ein Vielfaches höher. Für zahlreiche Frauen begann hier der Leidensweg, der mit der Ermordung in einem der KZs endete.

2 - Schlösselgasse 14 / „Therese-Schlesinger-Hof": Benannt nach Therese Schlesinger-Eckstein (1863–1940), eine Politikerin, die sich vom „Allgemeinen Österreichischen Frauenverein" kommend der Parteipolitik zuwandte, für die SPÖ in den Nationalrat zog und Auguste Fickerts (1855–1910) „Heimhof"-Projekt in die Tat umsetzte.

3 - Lange Gasse 51: 1980 wurde der „Wiener Frauenverlag" als autonomes Projekt schreibender Frauen gegründet, der 1984 an dieser Adresse nach der Existenz in Untermietzimmer ein eigenes Büro einrichtete. Die Gründerinnen wollten ein Forum bilden, *„wo Literatinnen sich endlich Gehör verschaffen können, da evident war (und ist), dass Autorinnen den Kollegen gegenüber eindeutig unterrepräsentiert sind."* 1997 wurde der Verlag in „Milena Verlag" umbenannt.

4 - Maria-Treu-Gasse: Benannt nach der Pfarrkirche zu Maria Treu (Piaristenkirche).

5 - Lange Gasse 11: Hier eröffnete im Jahr 1976 das erste „Wiener Frauencafé". Laut Auskunft der dort tätigen Frauen, *„das am längsten bestehende Frauencafé in Europa".*

6 - Zeltgasse 6: Sitz des „Vereins abstinenter Frauen", deren Ziel es war, die Gründung alkoholfreier Gastwirtschaften durchzusetzen. Im Verein engagierten sich Amelie von Langenau (1830/1833–1902), Emilie Kassowitz (1854–1938) und Rudolfine Sperber.

7 - Strozzigasse: Um Palais und Garten der Gräfin Maria Katharina Strozzi (1633–1714) entstand die damalige Vorstadt Strozzigrund; die heutige Strozzigasse hieß früher Strozzigrund Hauptstraße.

8 - Lederergasse 17a: Standort des ehemaligen Lokals „Künstlerstüberl"; um 1900 war dies ein kurzweiliger Treffpunkt für Lesben in Wien.

9 - Schlesingerplatz: Benannt nach der Politikerin Therese Schlesinger-Eckstein (1863–1940).

10 - Sanettystraße: Zur Erinnerung an die Wohltäterin Karoline Sanetty (1820–1897), die – gemeinsam mit ihrem Ehemann – 1884 das Josefstädter Waisenhaus gründete.

1 - Lustkandlgasse 50: Sitz der Kinderübernahmestelle der Fürsorgerin Anna Grün (1889–1962). Die spätere Widerstandskämpferin Anna Grün war Gründungsmitglied des „Bunds demokratischer Frauen" und zeitlebens in politischen sowie in frauenrechtlichen Belangen engagiert.

2 - Canisiusgasse 16: Sitz des „Österreichischen Frauenforums feministische Theologie".

3 - Salzergasse 29: Redaktionssitz der Zeitschrift „[sic!] Forum für feministische Gangarten".

4 - Wasserburgergasse: Nach der Wohltäterin Therese Wasserburger (1794–1871/1881) benannt, die eine Stiftung für die Hinterbliebenen der Steinmetze gründete.

5 - Pramergasse: Sitz der Schwesternschaft „Caritas Socialis". Erinnert sei an deren Gründerin Hildegard Lea Burjan (1883–1933).

6 - D'Orsaygasse: Dominika Gräfin d'Orsay von Grimaus (1789–1847) ließ die ersten Häuser dieser Gasse erbauen.

7 - Verena-Buben-Weg: Benannt nach der Ordensschwester Verena Buben (1900 – 1982), die nicht nur in der „Erzbischöflichen Hilfsstelle für nichtarische Katholiken" in Wien tätig war.

8 - Wilhelm-Exner-Gasse 34: Sitz des „Bunds österreichischer Frauenvereine". Dieser wurde 1902 von Marianne Hainisch (1839–1936) gegründet.

9 - Pichlergasse: Benannt nach der Schriftstellerin Karoline Pichler (1769–1843), die in der Alser Straße 25 Salon hielt.

10 - Währinger Straße 59: Hier hat das „Werkstätten- und Kulturhaus" (WUK) seinen Sitz, in dem sich u. a. auch das FrauenMädchenLesben Zentrum befindet, die Nachfolgerin des ersten autonomen Frauenzentrums Wien, das vormals in der Tendlergasse 6 beheimatet war.

11 - Boltzmanngasse 3 / „Institut für Radiumsforschung": Hier sei an die Physikerin Berta Karlik (1904–1990) erinnert. Sie studierte an der Universität Wien und war ab 1929 am „Institut für Radiumforschung" der Österreichischen Akademie der Wissenschaften tätig, das sie von 1945 bis 1975 leitete; ab 1956 war sie Universitätsprofessorin. Es gelang ihr und ihrem Mitarbeiter, das Element 85 (Astatin) in der Natur nachzuweisen und somit die letzte Lücke im Periodensystem zu schließen.

12 - Thurngasse: Benannt nach Maria Josepha Reichsgräfin von Thurn-Valsassina (1780–1828), die hier Grundstücke besaß, welche sie 1823 parzellieren ließ, wodurch die Gasse geschaffen wurde.

13 - Berggasse 19: Wohnhaus der Familie Freud sowie Anna Freuds (1895–1982), Begründerin der Kinderanalyse.

14 - Türkenstraße 8: Adresse des 1999 von Dr. Ursula Kubes-Hofmann gegründeten „Rosa-Mayreder-Colleges", wo frau das Pionierprojekt „Feministisches Grundstudium" absolvieren kann.

15 - Maria-Theresien-Straße: Benannt nach der Erzherzogin Maria Theresia (1717–1780), Regierungszeit von 1740 bis 1780.

16 - Spitalgasse 2: Vor dem Narrenturm sei an die österreichische Philosophin Helene von Druskowitz (1856–1918) erinnert, die man/frau in den Wahnsinn trieb.

17 - Lazarettgasse 6: Sitz des „Vereins freier Hebammen". Erinnert sei an die Machtkämpfe zwischen Hebammen und ÄrztInnen rund um das Thema Geburtshilfe.

18 - Mariannengasse: Benannt nach Maria Anna Karolina Pia von Savoyen (1803–1884), Gemahlin von Kaiser Ferdinand I., Förderin des Sankt-Anna-Kinderspitals.

19 - Kinderspitalgasse 6: Sitz des Sankt-Anna-Kinderspitals. Erinnert sei an seine Förderin Maria Anna Karolina Pia von Savoyen (1803–1884).

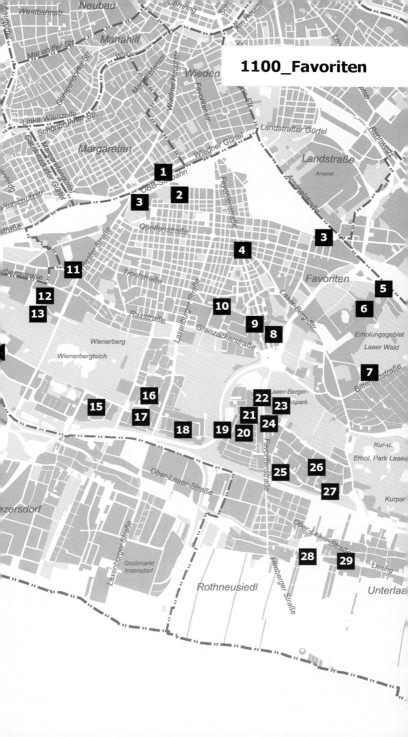

1100_Favoriten

1 - Margaretengürtel: Benannt nach der Heiligen Margareta von Antiochia († 305), eine der 14 NothelferInnen, Patronin der Ammen, Ehefrauen sowie der Fruchtbarkeit. Sie lehnte aufgrund ihrer religiösen Überzeugung einen heidnischen Ehemann ab, der sie daraufhin foltern ließ. Im Kerker besiegte sie einen teuflischen Drachen. Sie wurde zur Abschreckung hingerichtet.

2 - Hasengasse 38–40 / „Amalie-Pölzer-Hof": Sein Name erinnert an die Gemeinderätin Amalie Pölzer (1871–1924). Sie propagierte schon zu Beginn des 20. Jahrhunderts „Sport statt Alkohol", weshalb das „Amalienbad" im 10. Bezirk nach ihr benannt wurde.

3 - Gudrunstraße: Benannt nach der titelgebenden literarischen Figur des Epos „Gudrun"; diese Straße reicht vom 3. bis in den 10. Bezirk.

4 - Reumannplatz 23 / „Amalienbad": Schon zu Beginn des 20. Jahrhunderts propagierte die Gemeinderätin Amalie Pölzer (1871–1924) „Sport statt Alkohol", weshalb das „Amalienbad" nach ihr benannt wurde.

5 - Uetzgasse: Zur Erinnerung an die Wohltäterin Karoline Uetz († 1901), die 60.000 Gulden für Waisenknaben stiftete.

6 - Laaer Wald / Böhmischer Prater/ die „Ziegelböhm": Im Laaer Wald trafen sich ab der zweiten Hälfte des 19. Jahrhunderts viele der (oftmals tschechischen) ArbeiterInnen der Wienerberger Ziegelwerke am Wochenende.

7 - Wiesenthalgasse: Der Gassenname würdigt die Tänzerin Grete Wiesenthal (1885–1970).

8 - Katharinengasse: Vermutlich nach einer Grundbesitzerin benannt.

9 - Maria-Rekker-Gasse: Der Bezirksrätin Maria Rekker (1902–1991) gewidmet, die den Beinamen „Engel der Favoritner Arbeitslosen" erhielt.

10 - Ricarda-Huch-Weg: Benannt nach der deutschen Dichterin Ricarda Huch (1864–1947).

11 - Zur Spinnerin am Kreuz: Eine Gedenksäule; eventuell handelt es sich auch um eine ehemalige Hinrichtungsstätte. Der Sage nach wartete hier eine Frau Jahr um Jahr auf die Rückkehr des geliebten Mannes.

12 - Maria-Kuhn-Gasse: Benannt nach Maria Kuhn (1925–1989), Politikerin, Gemeinderätin, Abgeordnete zum Wiener Landtag.

13 - Hertha-Firnberg-Straße: Zur Erinnerung an Dr. Hertha Firnberg (1909–1994), Bundesministerin für Wissenschaft und Forschung und intellektuelle Grand Dame der SPÖ.

14 - Gutheil-Schoder-Gasse: Nach der Opernsängerin Maria Gutheil-Schoder (1874–1935) benannt, die insbesondere für ihre Mozartarien gefeiert wurde. Die Gasse quert den 10., 12. und 23. Wiener Gemeindebezirk.

15 - Muriel-Gardiner-Buttinger-Platz: Zur Erinnerung an Muriel Gardiner (1901–1985), Psychiaterin und Mitkämpferin der Revolutionären SozialistInnen während der Jahre 1934 bis 1938.

16 - Ceralegasse: Nach der Tänzerin Luigia Cerale (1859–1937) benannt.

17 - Kiurinagasse: Der Opernsängerin Berta Kiurina (1888–1933) gewidmet.

18 - Undsetgasse: Nach Sigrid Undset (1882–1949), einer norwegischen Dichterin benannt, deren Werk 1928 mit dem Nobelpreis für Literatur geehrt wurde.

19 - Selma-Lagerlöf-Gasse: Zur Würdigung der schwedischen Dichterin Selma Lagerlöf (1858–1940), die 1904 den Literaturnobelpreis erhielt, benannt.

20 - Ellen-Key-Gasse: Benannt nach der schwedischen Lehrerin und Schriftstellerin Ellen Key (1849–1926), die das 20. Jahrhundert als „Jahrhundert des Kindes" bezeichnete.

21 - Jenny-Lind-Gasse: Nach Jenny Lind (1820–1887) benannt, einer schwedische Opern- und Konzertsängerin.

22 - Libussagasse: Der Name der Gasse verweist auf eine der Hauptfiguren in Grillparzers Drama „Libussa", in dem die matriarchale Ordnung (Libussa) zugunsten einer patriarchalen (Primislaus)
23 aufgegeben wird.

- Medeagasse: Nach Medea, einer Figur aus der griechischen Mythologie, die auch eine Hauptgestalt in Grillparzers Dramentrilogie „Das goldene Vlies" ist.

24 - Sapphogasse: Benannt nach der Hauptfigur in Grillparzers Drama „Sappho" und nicht nach der Dichterin Sappho, die, als „weiblicher Homer" gefeiert, im 7. Jh. V. Chr. auf der Insel Lesbos lebte und arbeitete und die Frauenliebe besang.

25 - Ada-Christen-Gasse: Benannt nach der Schriftstellerin Ada Christen (1839–1901). Sie lebte ab 1891 verarmt und in Isolation in ihrer selbstangelegten Gärtnerei „Einsamhof".

26 - Eugenie-Fink-Gasse: Im Andenken an die Lyrikerin Eugenie Fink (1891–1942/Abtransport ins KZ Minsk) wurde dieser Gasse ihr Name gegeben.

27 - Alma-Rosé-Gasse: Benannt nach der berühmten Geigerin Alma Rosé (1906–1944), ermordet im KZ Birkenau.

28 - Roubiczekgasse: Zur Erinnerung an die Kinderpädagogin Lilli Peller-Roubiczek (1898–1966) erhielt diese Gasse ihren Namen.

29 - Stella-Kadmon-Weg: Nach Stella Kadmon (1902–1989), Schauspielerin, Chansonniere, Kabarettistin, Kabarett- und Theater-Direktorin benannt.

1 - Rosa-Fischer-Gasse: Zum Andenken an Rosa Fischer (1886–1944) – stellvertretend für zahlreiche Menschen, die im Gaswerk Simmering als ZwangsarbeiterInnen dem nationalsozialistischen Terror zum Opfer fielen.

2 - Felsgasse: Nach Maria Elisabeth Colonna Freiin von Völs benannt, die 1677 ihre Herrschaft Simmering dem Himmelpfortkloster vermachte.

3 - Mautner-Markhof-Gasse: Dem Andenken der Familie Mautner von Markhof gewidmet; somit auch Editha Mautner von Markhof (1846–1918), der Mitgründerin des „Neuen Frauenklubs".

4 - Angela-Stadtherr-Gasse: Benannt nach der Metallbildhauerin Angela Stadtherr (1899–1983).

5 - Römersthalgasse: Benannt nach Isabell Perpetua von Römersthal (1614–1664 oder 1665), Besitzerin der Herrschaft Simmering.

6 - Luise-Montag-Park / Luise-Montag-Gasse: Nach dem „Lercherl von Hernals", der populären Volkssängerin und brillanten Jodlerin Louise Montag (1849–1927).

7 - Némethgasse: Nach der Opernsängerin Maria Németh (1897/1899–1967) benannt.

8 - Zentralfriedhof: Denkmäler für Frauen: Ein secessionistisches Grab zur Erinnerung an die herausragende Malerin Bronica Koller–Pinell (1863–1934) und Margarete Schütte-Lihotzkys Denkmal der WiderstandskämpferInnen.

9 - Rosa-Jochmann-Ring: Gewidmet Rosa Jochmann (1901–1994), Politikerin, Widerstandskämpferin, Vorsitzende des Frauenzentralkomitees der SPÖ.

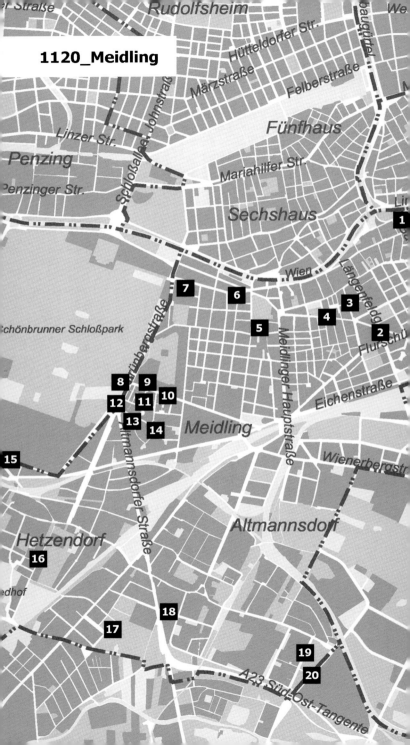

1120_Meidling

1120_Meidling

1 - Margaretengürtel: Benannt nach der Heiligen Margareta von Antiochia († 305), eine der 14 NothelferInnen, Patronin der Ammen, Ehefrauen sowie der Fruchtbarkeit. Sie lehnte aufgrund ihrer religiösen Überzeugung einen heidnischen Ehemann ab, der sie daraufhin foltern ließ. Im Kerker besiegte sie einen teuflischen Drachen. Sie wurde zur Abschreckung hingerichtet.

2 - Längenfeldgasse: Die Wohltäterin Josefine Haas von Längenfeld-Pfalzheim (1782–1846) stiftete ihr Vermögen der „Kinderbewahranstalt" in Meidling.

3 - Klährgasse: Zur Erinnerung an Franziska Klähr (1774–1850), die Tochter eines Schlossermeisters. Sie pflegte mit ihren vier Kindern und neun Gesellen während der napoleonischen Kriege verwundete Soldaten; später zeichnete sie Kaiser Franz mit der Ehren-Medaille und einem Denkmal *geweiht der weiblichen Bürgertugend* aus.

4 - Rosaliagasse: Diese Gasse wurde nach einer Gattin benannt. Unsicher ist heute aber, ob es sich dabei um jene eines Brauereibesitzers oder um jene des Bürgermeisters Rößler, der die ersten Häuser der Gasse erbaute, handelt.

5 - Christine-Busta-Park / Füchselhofgasse / Ruckergasse: Zur Erinnerung an die Lyrikerin Cristine Busta (1915–1987).

6 - Nymphengasse: 1755 wurde diese schon den Römern bekannte warme Heilquelle wiederentdeckt, in einem alten Altarstein, 1853 aufgefunden, war sie den Quellennymphen geweiht (heutiges: Theresienbad).

7 - Frauenheimgasse: Diese Gasse wurde nach einem Heim für allein stehende ältere Frauen bezeichnet.

8 - Josefine-Wessely-Weg: Hier wird an die jung verstorbene Burgschauspielerin Josefine Wessely (1860–1887) erinnert.

9 - Schroederweg: Nach der Schauspielerin Sophie Schröder (1781–1868) benannt.

10 - Betty-Roose-Weg: Nach der Burgschauspielerin Betty Roose (1778–1808) benannt.

11 - Wildauergasse: Benannt nach der Burgschauspielerin Mathilde Wildauer (1820–1878).

12 - Weißenthurngasse: Diese Gasse ist eine jener, die nach dem Zweiten Weltkrieg entnazifiziert wurden und seither ihren ursprünglichen Namen wieder trägt. Dieser erinnert an die Burgschauspielerin Johanna Franul-Weißenthurn (1773–1847).

13 - Pechegasse: Benannt nach Therese Peche (1806–1882), Burgschauspielerin.

14 - Hohenfelsplatz: Benannt nach der Burgschauspielerin Stella Hohenfels-Berger (1857/1858–1920).

15 - Elisabethallee: Bevor diese Straße 1918 nach der Kaiserin Elisabeth (1837–1898) benannt wurde, hieß sie bereits Hietzinger Weg, Lustschlossallee und Schlögelgasse.

16 - Margarete-Seemann-Weg: Benannt nach der Verfasserin der „Hummel"-Bücher Margarete Seemann (1893–1949).

17 - Helly-Möslein-Weg: Nach der Sängerin Helly Möslein (1914–1998) benannt.

18 - Sagedergasse: Benannt zur Erinnerung an die Wohltäterin Anna Sageder (1818 bzw. 1824–1873 bzw. 1883) und ihre „Sagedersche Stiftung" (um 1892).

19 - Nauheimergasse: Hier wird an den Kampf Stefanie Nauheimers (1868–1946) um die dienstrechtliche Gleichbehandlung der Lehrerinnen mit ihren männlichen Kollegen erinnert.

20 - Gutheil-Schoder-Gasse: Nach der Opernsängerin Maria Gutheil-Schoder (1874–1935) benannt, die insbesondere für ihre Mozartarien gefeiert wurde. Die Gasse quert den 10., 12. und 23. Wiener Gemeindebezirk.

1 - Wattmanngasse 11: Sitz der „Hietzinger Schule" Anna Freuds (1895–1982).

2 - Trauttmansdorffgasse: Diese Gasse erinnert an die Gräfin Therese Trauttmansdorff (1784–1847), die ein Armenhaus in Hietzing gründete.

3 - Woltergasse: Der Schauspielerin Charlotte Wolter, Gräfin O´Sullivan (1834–1897) gewidmet, die es von der Wanderbühne bis zum Burgtheater schaffte.

4 - Elisabethallee: Bevor diese Straße 1918 nach der Kaiserin Elisabeth (1837–1898) benannt wurde, hieß sie bereits Hietzinger Weg, Lustschlossallee und Schlögelgasse.

5 - Dovskygasse: Benannt nach Beatrice Dovsky (1865/66/70–1923), Verfasserin der Kolumne „Der Wiener Fratz. Memoiren der Huber Gusti".

6 - Hansi-Niese-Weg: Gewidmet der Schauspielerin und Komödiantin Hansi Niese (1875–1934).

7 - Elßlergasse: Zur Erinnerung an Fanny Elßler (1810–1884), international berühmte Tänzerin.

8 - Käthe-Leichter-Gasse: Benannt nach der Widerstandkämpferin Dr. Käthe Leichter (1895–1942), Sozialdemokratin, Pazifistin und Leiterin des Frauenreferates in der Arbeiterkammer Wien.

9 - Amalienstraße: Entweder trägt diese Gasse ihren Namen zur Erinnerung an Amalie Wilhelmine (1673–1742), Gattin von Joseph I., oder sie erinnert an die wohltätige Gattin Amalie Strecker des Ober-St.-Veiter Bürgermeisters Alexander Strecker (1816–1908).

10 - Innocentiagasse: Benannt nach Innocentia Pögel (1824–1907), einer Ordensschwester, die 40 Jahre lang Oberin im Elisabethinum in Ober-St. Veit war.

11 - Carolaweg: Nach Prinzessin Carola Wasa (1877–1879), Besitzerin des Hackinger Schlosses, benannt.

12 - Pia-Maria-Plechl-Weg: Der stellvertretenden Chefredakteurin der „Presse", Dr. Pia Maria Plechl (1933–1995) gewidmet.

13 - Erika-Mitterer-Weg: Erinnert an die Autorin Erika Mitterer (1906–2001).

14 - Possannergasse: Nach der ersten Ärztin Österreichs (1897), der Freiin Dr. Gabriele Possanner (1860–1940) benannt.

15 - Kramer-Glöckner-Straße: Der Erinnerung an die Volks- und Filmschauspielerin Josefine Kramer-Glöckner (1874–1954) gewidmet.

16 - Zwerenzweg: Nach dem Operetten-Star Mizzi Zwerenz (1876/1881–1947/1948) benannt.

17 - Schlägergasse: Benannt nach Antonie Schläger (1859–1910), Opernsängerin.

18 - Dirkensgasse: Zur Erinnerung an den Operetten-Star Annie Dirkens (1869–1942), die unter anderem im damaligen Vergnügungspark „Venedig in Wien" mit großem Erfolg auftrat.

19 - Modl-Toman-Gasse: Benannt nach Gabriele Modl-Toman († 1848), Operettensängerin.

20 - Olmagasse: Nach der Operettensängerin Berta Olma († 1848) benannt.

21 - Gnedgasse: Der Schauspielerin und Soubrette Nina Gned (1811–1874) gewidmet.

22 - Palmaygasse: Zur Erinnerung an die populäre Soubrette Ilika von Palmay (1859–1945) bezeichnet.

23 - Anatourgasse: Gewidmet der Schauspielerin Maria Anatour (1857–1929).

24 - Keplingergasse: Diese Gasse, die bis 1955 Franz-Schubert-Gasse hieß, wurde zur Erinnerung an die Soubrette und Theaterdirektorin Dora Eibenschütz-Keplinger (1876–1949) umbenannt.

25 - Hedy-Urach-Gasse: Zur Erinnerung an die Schneiderin und führende Funktionärin der KPÖ Hedy Urach (1910–1943), der nach ihrer Verhaftung 1938 die Flucht gelang. Sie baute ein Widerstandsnetz auf, wurde 1941 erneut verhaftet und – nach zweijähriger Untersuchungshaft – 1943 hingerichtet.

26 - Treffzgasse: Zur Erinnerung an die Opernsängerin Henriette Treffz-Strauß (1818–1878).

27 - Grobeckergasse: Benannt nach der Operettensängerin Anna Grobecker (1829–1908).

28 - Paoliweg: Zur Erinnerung an die Autorin Betty Paoli (Barbara Elisabeth Glück) (1814–1894).

29 - Biraghigasse: Der Wohltäterin Marianne Biraghi (1819–1895) gewidmet.

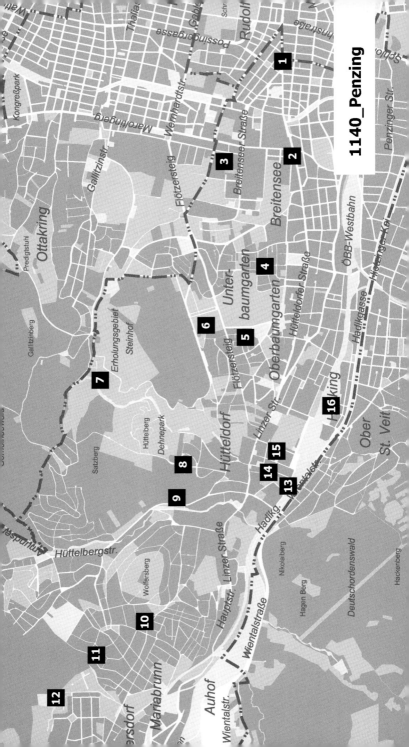

1140_Penzing

1 - **Poschgasse:** Benannt nach der Freifrau Maria Anna von Posch, die um 1770 Breitensee erwarb.

2 - **Lotte-Lenya-Platz:** Zur Erinnerung an die Schauspielerin und Sängerin Lotte Lenya (1898–1981).

3 - **Montleartstraße:** Nach der Stifterin des Wilhelminenspitals Wilhelmine Prinzessin von Montléart-Sachsen-Curland (1827–1895).

4 - **Schamborgasse:** Gewidmet der Dienstmagd Rosina Schambor (1822–1848) und der Wäscherin Margarete Schambor (1818–1848) zur Erinnerung an die Toten der Märzrevolution 1848.

5 - **Tina-Blau-Weg:** Zur Erinnerung an die Malerin Tina Blau (1845–1916).

6 - **Käthe-Jonas-Weg:** Der Gemeinderätin Käthe Jonas (1904–1999) gewidmet.

7 - **Andayweg:** Die Gustav-Mahler-Interpretin Rosette Anday (1903–1977), die während des NS-Regimes aus „rassischen Gründen" mit Auftrittsverbot belegt wurde, bekam hier „ihren" Weg.

8 - **Preradovicgasse:** Zur Erinnerung an Paula von Preradovic (1887–1951), Enkelin eines kroatischen Nationaldichters, die den Text zur österreichischen Bundeshymne verfasste.

9 - **Elisabeth-Petznek-Gasse:** Benannt nach der „roten Erzherzogin" Elisabeth Marie (1883–1963), Fürstin Windisch-Graetz, verheiratete Elisabeth Petznek, Patenkind und Enkeltochter der Kaiserin Elisabeth (1837–1898). Diese Gasse liegt in geringer Entfernung zur Linzer Straße 452, wo die Fürstin von 1929 bis zu ihrem Tod wohnte.

10 - **Giselagasse:** Diese Gasse verdankt ihren Namen einer Legende zum Wallfahrtsort „Mariabrunn": Königin Gisela fand hier im Jahre 1042 in einem Brunnen ein Marienbild.

11 - **Hermine-Cloeter-Gasse:** Der Journalistin Hermine Cloeter (1879–1970) gewidmet.

12 - **Drapal-Pintar-Weg:** Zur Erinnerung an Julia Drapal-Pintar (1917–1988), Primaballerina der Wiener Staatsoper und eine der wenigen Choreographinnen.

13 - **Weinfeldweg:** Zur Erinnerung an Hersch Weinfeld (1871–1942) und Dwoire Weinfeld (1877–1944), stellvertretend für die jüdischen Opfer des Nationalsozialismus. Das Ehepaar Weinfeld wurde 1938 delogiert. 1942 wurden sie ins KZ Theresienstadt deportiert, wo beide ermordet wurden.

14 - **Brudermanngasse:** Nach Julie Brudermann (1813–1857) benannt, die Geld für das Hütteldorfer Armenhaus stiftete.

15 - **Rettichgasse:** Nach der Burgschauspielerin Julie Rettich (1809–1866) benannt.

16 - **Käthe-Dorsch-Gasse:** Erinnert an die Burg- und Filmschauspielerin Käthe Dorsch (1890–1957).

1150_Rudolfsheim Fünfhaus

1150_Rudolfsheim Fünfhaus

1 - Europaplatz / Westbahnhof: In der Schalterhalle des Westbahnhofs befindet sich die Statue der Kaiserin Elisabeth von Österreich (1837–1898).

2 - Rosinagasse: Benannt nach Rosina Leydolt (um 1870), Gattin des Bürgermeisters von Fünfhaus.

3 - Viktoriagasse: Seit 1864 (bzw. 1869) erinnert der Gassenname an die ehemalige Vergnügungsstätte, die „Viktoriasäle", ein Tanz- und Versammlungslokal.

4 - Clementinengasse: Erinnert an Clementine Pereira, die 1894 der Westbahngesellschaft für drei Millionen Gulden ihren Grund verkaufte.

5 - Friesgasse: Nach der Wohltäterin Flora Gräfin Fries (1814–1882) benannt. Sie engagierte sich auch politisch in der 1848er-Bewegung.

6 - Henriettenplatz: Erinnert an die Freifrau Henriette von Pereira-Arnstein (1780–1859), die Amusement-Soiréen veranstaltete.

7 - Diefenbachgasse 38: Sitz des im Jahr 1983 gegründeten Archivs der Frauen- und Lesbenbewegung „Stichwort".

8 - Koberweingasse: Nach dem Ehepaar Koberwein benannt. Sophie Koberwein (1783–1842) war Burgtheaterschauspielerin.

9 - Pilgerimgasse 22–24: Der zweite „Heimhof" Wiens war ehedem ein Frauen-Wohnprojekt. Heute befindet sich in diesem Haus die Initiative „Sprungbrett", die sich der Mädchenförderung widmet.

10 - Brunhildengasse: Nach der literarischen Figur Brunhilde aus der Nibelungensage, die sich gegen männliche Gewalt mit folgenden Worten zur Wehr setzte: *„Rührt mir mein Hemd, das reine, nicht an mit eurer Hand! Ihr seid sehr ungezogen; was kommt euch in den Sinn! Jetzt will ich's Euch beweisen, wie ich Euch überlegen bin."*

11 - Walkürengasse: Benannt nach den Walküren, den Schlachtjungfrauen der nordischen Sagenwelt, deren Aufgabe es ist, die gefallenen Helden vom Schlachtfeld zu holen, um sie zur Tafel der Götter zu geleiten.

12 - Kriemhildplatz: Benannt nach der literarischen Figur der Kriemhild aus der Nibelungensage: *„So lebte sie in Kummer – das ist wirklich wahr – nach ihres Mannes Tode drei und ein halbes Jahr und sprach in diesen Zeiten zu Gunther nie ein Wort* [...].*"*

13 - Burjanplatz: Nach Hildegard Burjan (1883–1956) benannt. Sie gründete die „Caritas Socialis" und war erste christlichsoziale Abgeordnete im Parlament.

1 - Veronikagasse: Eine der Heiligen Veronika gewidmete Bildsäule stand von 1722 bis 1842 auf freiem Feld auf dem Weg von Altlerchenfeld nach Hernals.

2 - Kirchstetterngasse: Zur Erinnerung an die verwitwete Regimentsrätin Therese von Kirchstätter (1690–1766), die 1756 1.000 Gulden für den Altar der Neulerchenfelder Pfarrkirche und für die Bestellung eines Kooperators stiftete.

3 - Brüßlgasse: Nach Franziska Brüßl (1793–1855), Mitgründerin des Ottakringer Kirchenbaufonds, benannt.

4 - Herbststraße 86 / Volksschule „Marie Jahoda – Vienna Bilingual Schooling": Zur Erinnerung an die Sozialpsychologin Marie Jahoda (1907 – 2001; GB), Mitverfasserin der Studie „Die Arbeitslosen vom Marienthal" (1933).

5 - Herbstraße 99 / „Adelheid- Popp-Hof": Benannt nach Adelheid Popp (1869–1939), Politikerin.

6 - Montleartstraße: Nach Wilhelmine Prinzessin von Montléart-Sachsen-Curland (1827–1895), der Stifterin des Wilhelminenspitals benannt.

7 - Maternaweg: Benannt nach der Wagner-Sängerin Amalia Materna (1847–1918).

8 - Dustmannweg: Die Sängerin Marie Louise Dustmann-Meyer (1831–1899), bekannt für ihre Interpretation der Wagner-Opern, gab diesem Weg ihren Namen.

9 - Kallinagasse: Anna Kallina (1874–1948), die beinahe 50 Jahre lang als Schauspielerin an der „Burg" tätig war, wurde Namensgeberin dieser Gasse.

10 - Rolandweg: Der Burgschauspielerin Ida Roland (1881–1951) gewidmet.

11 - Savoyenstraße: Gewidmet der Fürstin Maria Christine von Montléart, geborene Prinzessin von Sachsen-Curland (1779–1851), verwitwete Herzogin von Savoyen.

12 - Wilhelminenberg: Hier befand sich der 100 kW-Sender der AmerikanerInnen, der von 1951 bis 1959 in Betrieb war. Die Sendungen des Senders „Rot-Weiß-Rot" konnten auch in der umliegenden russischen Zone empfangen werden. Bei „Rot-Weiß-Rot" begannen sowohl Inge Morath (1923–2002) wie auch Ingeborg Bachmann (1926–1973) ihre künstlerische Arbeit.

13 - Wilhelminenstraße: Benannt nach der Prinzessin Wilhelmine von Montléart-Sachsen-Curland (1827–1895).

14 - Paulinensteig: Entsprechend dem Wiener Straßenlexikon ist dieser Steig seit 1886 nach Gräfin Pauline von Metternich (1809–1905), geborene Baronin von Effinger-Wildegg, der Erzieherin und Freundin der Prinzessin Wilhelmine Montléart benannt. Doch dies verwundert, da andere Quellen – wie zum Beispiel biografiA – erklären, es handle sich bei der Gräfin Pauline von Metternich um die Philantropin Pauline von Metternich-Sándor, die von 1836 bis 1921 in Wien lebte. Sie, eine Salonière, war diejenige, die den Blumencorso im Prater initiierte. (Siehe auch Paulinengasse im 18. Bezirk.)

15 - Rosa-Luxemburg-Gasse: Zur Würdigung der Politikerin Rosa Luxemburg (1870/1871–1919), einer deutschen Sozialwissenschafterin und sozialistischen Theoretikerin.

16 - Lienfeldergasse 60: Sitz des Vereins „Wiener Settlement": die Londoner Idee der Settlementbewegung wird 1898 von Marie Lang (1858–1934) nach Wien gebracht.

17 - Effingergasse: Diese Gasse, die bis 1888 Montléartgasse hieß, wurde alsdann nach Pauline Baronin Effinger von Wildegg (1808–1905), Erzieherin der Wilhelmine Prinzessin von Montléart-Curland (1827–1895), benannt.

1 - Syringgasse 6–8 / Eislaufverein Engelmann: Trainingsort der ersten Läuferin im kurzen Eiskunstlaufkleid: Die Olympiasiegerin im Einzellauf der Damen (1924) Herma Jarosz-Szabo (1902–1986). Sie wurde auch mehrfache Weltmeisterin im Paarlauf.

2 - Veronikagasse: Eine der Heiligen Veronika gewidmete Bildsäule stand von 1722 bis 1842 auf freiem Feld auf dem Weg von Altlerchenfeld nach Hernals.

3 - Kalvarienberggasse 28: Standort des k. u. k. Offizierstöchter Erziehungs-Instituts, wo die Ärztin Georgine von Roth (* 1861), die in der Schweiz ihre Ausbildung erhalten hatte, als Schulärztin und so genannte „Untervorsteherin" tätig war.

4 - Frauengasse: Benennungsursache und Benennungsdatum sind unklar.

5 - Mariengasse: Diese Gasse trägt ihren Namen seit 1864. Der Benennungsgrund ist nicht bekannt. Keinesfalls nach der Redemptoristenkirche „Zur heiligen Maria von der immerwährenden Hilfe", denn diese wurde erst 1886 bis 1889 erbaut.

6 - Frauenfelderstraße: Diese Gegend befand sich einst im Besitz eines Nonnenklosters.

7 - Vera-Ferra-Mikura-Weg: Der Erinnerung an die Kinderbuchautorin Vera Ferra-Mikura (1923–1997) gewidmet.

8 - Wilhelminenstraße: Benannt nach Wilhelmine von Montléart-Sachsen-Curland (1827–1895).

9 - Savoyenstraße: Gewidmet der Fürstin Maria Christine von Montléart, geborene Prinzessin von Sachsen-Curland (1779–1851), verwitwete Herzogin von Savoyen.

10 - Betty-Fischer-Weg: Zur Erinnerung an Betty (Barbara) Fischer (1887–1969), Operettensängerin.

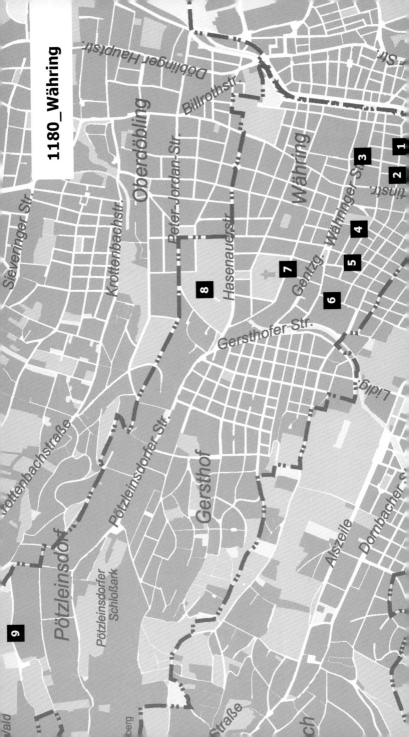

1180_Währing

1 - Vilma-Degischer-Park / Hans-Sachsgasse / Staudgasse / Schopenhauerstraße: Benannt zur Erinnerung an die Schauspielerin Vilma Degischer (1911–1992).

2 - Theresiengasse: Möglicherweise nach der Gattin des damaligen Bürgermeisters von Währing, Theresia Klettenhofer (1813–1898), benannt.

3 - Gertrudplatz: Nach der Währinger Pfarrkirche „Zu den Heiligen Laurenz und Gertrud" wurde dieser Platz der Heiligen Gertrud gewidmet.

4 - Anna-Frauer-Gasse: Benannt nach Anna Frauer (1765–1848), der Gattin eines Großhändlers. Sie spendete freigiebig für die Weinhauser Schule und den Währinger Friedhof.

5 - Marie-Ebner-Eschenbach-Park / Schulgasse / Klostergasse / Schopenhauerstraße: Dieser Park wurde nach der Autorin Marie von Ebner-Eschenbach (1830–1916) benannt.

6 - Paulinengasse: Entsprechend dem Wiener Straßenlexikon ist diese Gasse (wie auch der Paulinensteig im 16. Bezirk) seit 1894, nach Gräfin Pauline von Metternich (1809–1905), geborene Baronin von Effinger-Wildegg, der Erzieherin und Freundin der Prinzessin Wilhelmine Montléart benannt. Doch dies verwundert, denn andere Quellen – wie zum Beispiel biografiA – erklären, bei der Gräfin Pauline von Metternich, handle es sich um die Philantropin Pauline von Metternich-Sándor, die von 1836 bis 1921 in Wien lebte. Sie, eine Salonière, war diejenige, die den Blumencorso im Prater initiierte.
(Siehe auch Paulinensteig im 16. Bezirk.)

7 - Köhlergasse: Benannt nach der Gründerin des „Köhlerschen Stiftungshaus" Josefine Köhler (1821–1858).

8 - Türkenschanzpark: Hier steht ein Denkmal für Auguste Fickert (1855–1910), der Gründerin des „Allgemeinen Österreichischen Frauenvereins".

9 - Pötzleinsdorfer Höhe / Neustifter Friedhof: Hier befindet sich das Grab der Schauspielerin Aglaja Schmid (1926–2003; unter dem Namen ihres Mannes als Aglaja Steinböck, Gruppe R, Reihe 2, Grabnummer 25). Auch Auguste Fickert (1855–1910), Gründerin des „Allgemeinen Österreichischen Frauenvereins", liegt hier begraben (Gruppe A, Reihe 1, Grabnummer 6).

1 - Geistingergasse: Nach der „Königin der Operette" benannt: Marie Geistinger (1833–1903), Schauspielerin und Sängerin.

2 - Gallmeyergasse: Benannt nach Josefine Gallmeyer (1838–1884), Schauspielerin, Volkssängerin, Tänzerin und Schriftstellerin.

3 - Döblinger Hauptstraße 96 / Villa Wertheimstein: Dies war das Wohnhaus der Salonièren Josefine von Wertheimstein (1820–1894) und ihrer Tochter Franziska von Wertheimstein (1844–1907).

4 - Osterleitengasse 7: Hier befindet sich die Würdigungstafel für die Dichterin Paula von Preradovic (1887–1951), die den Text der österreichischen Bundeshymne verfasste. Sie lebte in diesem Haus von 1924 bis 1951.

5 - Gatterburggasse: Benannt nach Gräfin Therese Gatterburg (1783–1849), Eigentümerin der Herrschaft Ober-Döbling von 1811 bis 1819 („Gatterburg").

6 - Reithlegasse 13: Wohnhaus Magarete Jodls (1859–1937), Vorsitzende des ersten „Wiener Frauenklubs".

7 - Fickertgasse: Der Lehrerin und Gründerin des „Allgemeinen Österreichischen Frauenvereins" Auguste Fickert (1855–1910) gewidmet.

8 - Gymnasiumstraße 79: Hier befand sich von 1903 bis 1921 Dr. Salome Goldmans (1870–1942) Cottage-Lyzeum.

9 - Weimarer Straße 83: Hier wohnten die Schwestern Elise (1865–1943) und Helene Richter (1861–1942).

10 - Peter-Jordan-Straße 32–34: Sitz des ersten „Heimhofs" Auguste Fickerts (1855–1910).

11 - Marianne-Schönauer-Gasse: Der Schauspielerin Marianne Schönauer (1920–1997) zur Erinnerung gewidmet.

12 - Nußwaldgasse 22: Ab dem Jahr 1925 wohnte hier Sophie Amalia Maria (genannt Sonja) Knips (1873–1959), geborene Freifrau Potier des Echelles. Sie war Mäzenin, Auftraggeberin und Modell Gustav Klimts und der Wiener Werkstätte. Ihre Villa ist das letzte realisierte Beispiel der großen städtischen Gartenhäuser Josef Hoffmanns (1870–1956), erbaut 1924 bis 1925. Bis 1916 wohnte übrigens Berta Zuckerkandl-Szeps in der Nußwaldgasse 22.

13 - Ruthgasse 21: Nach der biblischen Ruth benannt. Sitz des israelitischen Mädchenwaisenhaus (erbaut 1875).

14 - Paradisgasse: Nach der blinden Klaviervirtuosin Maria Theresia Paradis (1759–1824) benannt, die gemeinsam mit dem Beamten Haüy den Setzkasten für Blinde zu perfektionieren versuchte.

15 - Sieveringerstraße 107 sowie Sieveringer Friedhof: In der Sieveringerstraße 107 lebte Lina Loos (1882–1950) mit Leopoldine Rüthers (1898–1981). Ihr gemeinsames Grab befindet sich auf dem Sieveringer Friedhof.

16 - Blanche-Aubry-Weg: Nach der Schauspielerin Blanche Aubry (1921–1986) benannt, die ein Ehrenmitglied des Burgtheaters war und besonders in der Rolle der Dulcinea an der Seite Josef Meinrads Erfolge feierte.

17 - Cilli-Löwinger-Weg: Der Volksschauspielerin Cilli Löwinger (1877–1949) gewidmet.

18 - Agnesgasse: Nach der Markgräfin Agnes (1072/1075–1143), Stammmutter der Stauffer und der Babenberger. Rund um ihre Person rankt sich die Schleiersage vom Leopoldsberg: Der Legende nach verlor sie bei der Jagd ihren Schleier. An der Stelle, wo er gefunden wurde, entstand das Stift Klosterneuburg. Im 19. Jahrhundert sah man/frau in Agnes das Idealbild der Ehefrau und Mutter verkörpert und idealisierte sie.

19 - Bellevuestraße: Sommerresidenz Rosa Mayreders (1858–1938), Gründungsmitglied des „Allgemeinen Österreichischen Frauenvereins".

20 - Kaasgrabengasse / Ecke Suttingergasse / „Villenkolonie Kaasgraben": Angeregt wurden diese Wohnbauten, in denen mehrheitlich Musiker lebten, durch Yella Hertzka (1873–1948), Gründerin der ersten höheren Gartenbauschule für Mädchen (deren genauer Ort leider unbekannt ist). Yella Hertzka selbst wohnte bis zur „Arisierung" des Kaasgrabens durch die NationalsozialistInnen ebenfalls in der Villenkolonie.

21 - Kronesgasse: Benannt nach Therese Krones (1801–1830), Schauspielerin und Soubrette.

22 - Grinzinger Straße 70: Hier lebte Olga Steindler (1879–1933), Mitgründerin der Wiener Handelsakademie für Mädchen sowie des Mädchen-Realgymnasiums.

23 - Steinfeldgasse 2: Wo Alma Mahler-Werfel Salon hielt (1879–1964).

24 - Schätzgasse: Benannt nach Anna Schätz (1814–1853), die eine „Kinderbewahranstalt" in Nussdorf stiftete.

25 - Hansi-Niese-Gasse: Nach der Schauspielerin und Charakterkomikerin Hansi Niese (1874/1875–1934) benannt.

26 - Cebotariweg: Benannt nach Maria Cebotari (1910–1949), Kammersängerin.

27 - Kahlenberg / Stefaniewarte: Benannt nach Stephanie Clotilde Luise Hermine Marie Charlotte de Belgique (1864–1945), Gattin des Kronprinzen Rudolf, Mutter der „Roten Erzherzogin" Elisabeth Marie Windisch-Graetz, verehelichte Elisabeth Petznek.

28 - Paula-Wessely-Weg: Nach der Schauspielerin Paula Wessely (1907–2000) benannt.

1 - Brigittagasse / Brigittaplatz: Benannt nach der Heiligen Brigitta von Schweden (1303–1373; Heiligsprechung 1391), die sich um Pilger, Bettler und Pestkranke kümmerte und einen Erlöserorden gründete.

2 - Kunzgasse: Erinnert an die Wohltäterin Marie Cäcilie Kunz (1778–1863).

3 - Stromstraße 36–38 / „Winarsky-Hof": Ein Architekturprojekt unter Mitarbeit der Architektin Margarete Schütte-Lihotzky (1897–2000)

4 - Maria-Restituta-Platz: Zur Erinnerung an die widerständige Franziskanerin Maria Restituta / Helene Kafka (1894–1943), die wegen „Landesverräterischer Feindbegünstigung und Vorbereitung zum Hochverrat" von den NationalsozialistInnen zum Tode verurteilt wurde.

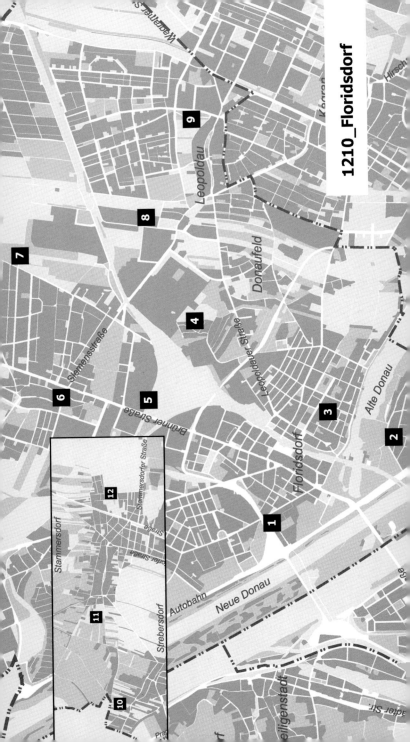

1210_Floridsdorf

1 - Sinawastingasse: Eine Dienstmagd wird zur Wohltäterin: Anna Sinawast (bzw. Sinawastin) (1825–1891) stiftete ihren Nachlass von 3.590 Gulden zugunsten verarmter alter Dienstboten.

2 - Sandrockgasse: Nach der Schauspielerin Adele Sandrock (1863–1937) benannt, deren Ausspruch *„Das ist mein süßer Zwerg, der Herr Doktor Schnitzler"* legendär ist.

3 - Corygasse: Der Biochemikerin Dr. Gerty Cori (1896–1957) gewidmet, die 1947 den Nobelpreis für Physiologie und Medizin erhielt.

4 - Gretlgasse: Benannt nach der Märchenfigur Gretel aus „Hänsel und Gretel".

5 - Martha-Steffy-Browne-Gasse: Zur Erinnerung an Martha Steffy (Stephanie) Brown(e) (1898–1990), erste Doktorin der Staatswissenschaften (1921) und Wirtschaftstheoretikerin.

6 - Frauenstiftgasse: Nach dem Tullner Nonnenkloster, das bis 1782 die Herrschaft Großjedlersdorf besaß.

7 - Katharina-Scheiter-Gasse: Benannt nach der sozial engagierten Katharina Scheiter (1871–1954), Leiterin der katholischen Frauenorganisation Leopoldau.

8 - Hertha-Kräftner-Gasse: Gewidmet der Autorin Hertha Kräftner (1928–1951).

9 - Else-Feldmann-Gasse: *„Ohne sie hätte es weder ein ‚Wiener Feuilleton', noch die ‚Kaffeehausliteratur' oder die ‚Wiener Moderne' gegeben."*[373] Zur Erinnerung an Else Feldmann (1884–1942), Mitglied der „Vereinigung sozialistischer Schriftsteller", die im KZ Sobibor ermordet wurde.

10 - Friedericke-Klauner-Gasse: Zur Erinnerung an die Kunsthistorikerin Friederike Klauner (1916–1993), Direktorin des Kunsthistorischen Museums.

11 - Ruppweg: Benannt nach Karla Rupp (1882–1953), Fürsorgerätin (1922–1934).

12 - Emmi-Freundlich-Gasse: Benannt nach der Direktorin des Ernährungsamtes im Bundesministerium für Volksernährung, Emmy Freundlich (1878–1948), Politikerin.

1220_Donaustadt

1220_Donaustadt

1 - Eva-Wagner-Platz: Benannt nach Eva Wagner (* 1964), erste österreichische Weltmeisterin im Inline-Speed-Skaten.

2 - Curiegasse: Marie Curie (1867–1934) gewidmet, die 1911 den Nobelpreis für Chemie erhielt und die Radiumstrahlung entdeckte.

3 - Meitnergasse: Der Kernphysikerin Lise Meitner (1878–1968) gewidmet.

4 - Adele-Worm-Weg: Nach Adele Worm (1923–2000) benannt, Geschäftsführerin des Leopold Kunschak-Preises, Kammerfunktionärin.

5 - Rolandgasse: Nach der Burgschauspielerin Ida Roland (1881–1951) benannt.

6 - Ingeborg-Bachmann-Park / Melangasse / Rennbahnweg / Thönygasse / Kolo-Moser-Gasse: Benannt nach der Schriftstellerin Ingeborg Bachmann (1926–1973).

7 - Mira-Lobe-Weg: Zur Erinnerung an die Kinder- und Jugendbuchautorin Mira Lobe (1913–1995), die „Das kleine Ich bin Ich" erschuf.

8 - Bertha-von-Suttner-Gasse: Der Friedensnobelpreisträgerin (1905) Bertha von Suttner (1843–1914) gewidmet, die 1890 die „Österreichische Gesellschaft der Friedensfreunde" gründete, die ihren Sitz im Jahr 1900 in der Dorotheergasse 12 im 1. Wiener Gemeindebezirk hatte.

9 - Hilde-Hannack-Gasse: Der Volksbildnerin Hilde Hannak (1892–1979) gewidmet.

10 - Clara-Zetkin-Gasse: Benannt nach Clara Zetkin (1857–1933), Politikerin und Frauenrechtlerin.

11 - Marietta-Blau-Gasse: Benannt nach der Physikerin Marietta Blau (1894–1970). Sie entdeckte die „Zertrümmerungssterne".

12 - Maria-Hirschler-Weg: Der Maschinenstrickerin und Landtagsabgeordneten Maria Hirschler (1910–1996) gewidmet.

13 - Kartouschgasse: Nach Louise Kartousch (1886–1964) benannt, Schauspielerin und Soubrette.

14 - Murraygasse: Nach Agnes Elisabeth Murray (1894–1922) benannt, einer englischen Wohltäterin, die in Wien Heilung ihres Leidens suchte.

15 - Maria-Jeritza-Weg: Zur Erinnerung an die Opernsängerin Maria Jeritza (1887–1982).

16 - Mayredergasse: Benannt nach Rosa Mayreder (1858–1938), Schriftstellerin und Vizepräsidentin des „Allgemeinen österreichischen Frauenvereins".

17 - Lotte-Lehmann-Weg: Lotte Lehmann (1888–1976) erhielt 1963 den Ehrenring der Stadt Wien. Sie war Opernsängerin und Regisseurin.

18 - Maria-Andergast-Weg: Nach Maria Andergast (1912–1995) benannt, Schauspielerin und Sängerin.

19 - Konstanziagasse: Benannt nach Konstanzia, der Schwester Friedrichs des Streitbaren. Anlässlich ihrer Hochzeit 1234 mit Heinrich dem Erlauchten wurden für sie Ritterspiele in Stadlau veranstaltet.

20 - Wohlgemuthgasse: Zur Erinnerung an die Burgschauspielerin Else Wohlgemuth (1881–1972), die während des NS-Regimes mit einem Berufsverbot belegt wurde.

21 - Annie-Rosar-Weg: Benannt nach Annie Rosar (1888–1963), Bühnen- und Filmschauspielerin.

22 - Gabriele-Proft-Weg: Zur Erinnerung an Gabriele Proft (1879–1971), Politikerin und Widerstandskämpferin.

23 - Marchesigasse: Benannt nach Mathilde Marchesi (1826–1913), einer deutschen Sängerin und Gesangspädagogin.

24 - Greta-Kraus-Weg: Nach Greta Kraus (1907–1998) benannt, Pianistin, Harfenistin, Musikpädagogin.

25 - Rosalia-Chladek-Gasse: Der Begründerin des modernen Ausdruckstanzes Rosalia Chladek (1905–1995) gewidmet. Sie war als Solotänzerin und Choreographin tätig.

1 - Kinskygasse: Nach Maria Rosa Aloisia Katharina Fürstin von Kinsky (1758–1814) benannt, welche die Herrschaft Inzersdorf von 1783 bis 1802 besaß.

2 - Oldenburggasse: Benannt nach einer Großherzogin von Oldenburg, einst Herrschaftsbesitzerin von Erlaa.

3 - Gutheil-Schoder-Gasse: Nach der Opernsängerin Maria Gutheil-Schoder (1874–1935) benannt, die für ihre Mozartarien gefeiert wurde. Die Gasse quert den 10., 12. und 23. Wiener Gemeindebezirk.

4 - Papiergasse: Die Kammersängerin Rosa Papier-Paumgartner (1858–1932) unterzeichnete 1930 einen „Appell an den Strafrechts-ausschuß" des Parlaments, damit dieser die Kriminalisierung der Homosexualität beende. Ihrem Andenken – als Opernsängerin – ist diese Gasse seit 1955 gewidmet.

5 - Brändtströmgasse: Dem „Engel von Sibirien", der Krankenschwester Elsa Brändström (1888–1948), gewidmet.

6 - Montessorigasse: Der Ärztin und Pädagogin Maria Montessori (1870–1952) gewidmet.

7 - Elisabeth-Bergner-Weg: Benannt nach der Schauspielerin Elisabeth Bergner (1897–1986), einer der MitunterzeichnerInnen der Erklärung des „Council For A Democratic Germany". Sie lebte im britischen und amerikanischen Exil.

8 - Romy-Schneider-Gasse: Benannt nach Romy Schneider (1938–1982), Schauspielerin.

9 - Marte-Harell-Gasse: Benannt nach der Schauspielerin Marte Harell (1907–1996).

10 - Alma-Seidler-Weg: Der Kammerschauspielerin Alma Seidler (1899–1977) gewidmet, die es sich zur Aufgabe machte, junge Schauspielerinnen zu fördern. Der Alma-Seidler-Ring ist das Pendant zum Iffland-Ring der männlichen Berufskollegen.

11 - Marisa-Mell-Gasse: Der Schauspielerin Marisa Mell (1939–1992) gewidmet.

12 - Klostermanngasse: Zur Erinnerung an die Arbeiterin und kommunistische Widerstandskämpferin Therese Klostermann (1913–1944), die 1944 hingerichtet wurde.

13 - Hilde-Spiel-Gasse: Zur Erinnerung an die Schriftstellerin, Journalistin und Übersetzerin Hilde Spiel (1911–1990) benannt.

14 - Welschgasse: Zur Erinnerung an die Gemeinderätin von Liesing, Josefine Welsch (1876–1959).

15 - Maria-Grengg-Gasse: Benannt nach Maria Grengg (1889–1963), Dichterin und Malerin.

16 - Gräfin-Zichy-Straße: Nach Gabriele Gräfin Zichy (1842–1926) benannt. Sie stiftete den Grund zur Eröffnung der Straße.

17 - Schwarzwaldgasse: Der Wohltäterin und Sektionsratswitwe Marie (oder auch Maria) Edle von Schwarzwald (1814–1882) gewidmet.

18 - Kunkegasse: Benannt nach der Lehrerin Stefanie Kunke (1906/1908–1943) sowie nach Hans Kunke (1906–1940). Beide waren Mitglieder der Revolutionären SozialistInnen. Stefanie Kunke wurde vermutlich in Auschwitz ermordet.

19 - Alma-König-Weg: Zur Erinnerung an die Autorin Alma Johanna König (1887–1942). Sie starb im Ghetto von Minsk.

Anhang

Vormals nach Frauen benannte Plätze, Straßen oder Gassen:

3. Bezirk:
Schweizer-Garten-Straße: Ursprünglich hieß der Schweizer-Garten *Maria-Josefa-Park*; seit 1958 wurde er zur Erinnerung an die Unterstützung, welche die Schweiz Österreich nach dem Ersten Weltkrieg zuteil werden ließ, umbenannt.

4. Bezirk:
Rilke-Platz: 1902 – 1919 Rainerplatz, 1920 – 1938 *Suttnerplatz,* 1938 – 1945 Anton-Lehner-Platz, 1945 wieder *Suttnerplatz*

5. Bezirk:
Rüdigergasse: vor 1862 *Magdalenengasse*

9. Bezirk:
Roßauer Lände: 1903 – 1919 *Elisabethpromenade*

10. Bezirk:
ehemalige Frieda-Richard-Gasse: Benannt nach Fri[e]da Richard, eine Schauspielerin der Stummfilmzeit; seit 1969 ist dies nur noch ein Weg in einer Wohnhausanlage und keine öffentliche Verkehrsfläche mehr.

12. Bezirk:
Spießhammergasse: vor 1894 *Magdalenagasse*
Teichackergasse: vor 1894 *Annagasse*
Zenogasse: vor 1894 Grünberggasse sowie *Maria-Theresien-Straße*

13. Bezirk:
Weinbergerplatz: vor 1955 *Bertha-von-Suttner-Platz*

18. Bezirk:
Schumanngasse: Vor 1894 hieß diese Gasse im 18. Bezirk *Annagasse*, im 17. Mitterberggasse.

23. Bezirk:
Valentingasse: vor 1866 Krautgasse sowie *Frauengasse*

Ortsbezeichnungen unklarer Herkunft – unbekannt ob weiblich oder männlich zuzuordnen – bzw. andere nicht aufgenommene öffentliche Verkehrsflächen:

Im 21. Bezirk befindet sich die Tilakstraße sowie im 22. Wiener Gemeindebezirk die Raffenstättergasse; bei beiden gibt es keine Erklärung zur Benennung.

Weiters wurde die *Irisgasse* im 1. Wiener Gemeindebezirk nicht in dieses Buch aufgenommen, da diese seit 1862 wahrscheinlich nach einem Ladenschild „Zur Irisblume" benannt ist;[374] eine andere Quelle vermutet, es könnte sich hierbei auch um die Göttin Iris gehandelt haben; selbige Quelle fügt hinzu, an der Fassade des Hauses in der Naglergasse stehe eine mit 2 Blumen geschmückte weibliche Figur, aber falls diese als Hauszeichen gedient habe, hat der *„Bildhauer entweder nicht gewusst, wie eine Iris aussieht, oder das Haus hieß damals ‚Zur Rose'."*[375] Im 17. Jahrhundert wurde besagte Irisgasse übrigens als Hundsfottgässel bezeichnet, weil die Gasse nicht länger als ein „Hundsfott" sei. („Hundsfott" ist ein grobes Schimpfwort der Wiener Mundart, bestehend aus „Hund" und „Fods" bzw. „Fotss" zu mhd. „votze" (Vulva).)

Auch bei der *Kärchergasse* im 3. Wiener Gemeindebezirk finden sich divergierende Angaben: das Wiener Straßenlexikon führt den Namen auf einen gewissen Karl Kärcher (1820 – 1874) zurück, der sein Haus verarmten Geschäftsleuten stiftete; in „Die Frauen Wiens" wird hingegen eine Frau namens Elisabeth Kärcher genannt, die ein Armenhaus stiftete.[376]

Endnoten

[1] Speidel, Ludwig: Wiener Frauen und anderes Wienerische. Berlin: Meyer und Jessen 1910. S. I.

[2] Vgl.: Dauphin, Cécile: Alleinstehende Frauen. In: Geschichte der Frauen. Hg. v. Geneviève Fraisse, Michelle Perrot. Bd. 4. 19. Jahrhundert. Frankfurt/M.: Fischer Taschenbuch Verlag 1997. S. 487.

[3] Vgl.: Weigl, Andreas: Frauen.Leben. Eine historisch-demografische Geschichte der Wiener Frauen. Eine Studie im Auftrag der Magistratsabteilung 57 – Frauenbüro Wien: 2003. S. 39.

[4] Vgl.: Schmölzer, Hilde: Rosa Mayreder. Ein Leben zwischen Utopie und Wirklichkeit. Wien: Promedia 2002. S. 131.

[5] Vgl.: Ebd.

[6] Aus der Österreichischen Dienstpersonalzeitung, Nr. 20, 1911. Vgl.: Weigl, Andreas: Frauen. Leben. Eine historisch-demografische Geschichte der Wiener Frauen. Eine Studie im Auftrag der MA 57 – Frauenbüro Wien: 2003. S. 45.

[7] Toni Platzer, Sekretärin der „Einigkeit", Verband der Hausgehilfinnen. In: Festschrift 25 Jahre Vereinigung der arbeitenden Frauen. Wien. S. 58–59.

[8] Vgl.: Hirtner, Klaus: Wo man über Leichen geht. In: Wien wirklich: der Stadtführer. Hg. v. Renate Banik-Schweitzer. Wien: Verlag f. Gesellschaftskritik 1992. S. 343.

[9] Ebd.

[10] Vgl.: a.a.O. S. 344.

[11] Vgl.: http://de.wikipedia.org/wiki/Albern; http://www.kulturnetz.at/bezirksinformation1110.htm

[12] Vgl.: Hirtner, Klaus: Wo man über Leichen geht. In: Wien wirklich: der Stadtführer. Hg. v. Renate Banik-Schweitzer. Wien: Verlag f. Gesellschaftskritik 1992. Ebd. S. 344.

[13] Vgl.: a.a.O. S. 345.

[14] Hakoah. Ein jüdischer Sportverein in Wien 1909 – 1995. Wien: Verlag Der Apfel 1995. S. 76.

[15] Vgl.: Feuerstein, Michaela/Milchram, Gerhard: Jüdisches Wien. Stadtpaziergänge. Wien: Böhlau 2001. S. 74.

[16] http://www.hakoah.at/Geschichte.html

[17] http://implive1.klz.apa.net/freizeit/kino/kino_film_detail.jsp?filmid=42022

[18] Zilberman, Yaron: Director's Note. Vgl.: http://www.kino.com/press/Watermarks_press/watermarks-pbk.pdf

[19] Vgl.: Ebd.

[20] Bunzl, John (Hg.) Hoppauf Hakoah: jüdischer Sport in Österreich von den Anfängen bis in die Gegenwart. Wien: Junius 1987. S. 82.

[21] http://www.kino.com/press/Watermarks_press/watermarks-pbk.pdf

[22] Wir stellen vor: Meisterschwimmerin Fritzi Löwy. In: das kleine Frauenblatt. Eine unabhängige Wochenschrift für alle Frauen. 31. 03. 1935, 12. Jg., Nr. 13. S. 11.

[23] http://www.museum.at/029/de/auto.html?http://www.museum.at/029/de/objects/16.html

[24] Vgl.: http://www.kino.com/press/Watermarks_press/watermarks-pbk.pdf

[25] http://www.kulturkueche.de/inhalt/filmtv/filmtv369.htm

[26] Vgl.: E-Mail von Herrn Univ. Prof. Dr. Paul Haber, 03. 03. 2006.

[27] Vgl.: http://www.art4public.com/index.cfm?page=kuenstler_lexdetail&kuenstler_kennung=98

[28] http://www.literature.at/webinterface/library/ALO-BOOK_V01?objid=10367&page=5&zoom=3&ocr=

[29] http://members.aon.at/ukrchurch/deutsch/index.html bzw.: http://www.planet-vienna.com/spots/St.Barbara/st.barbara.htm

[30] Stockert-Meynert, Dora: Theodor Meynert und seine Zeit: Zur Geistesgeschichte Österreichs in der 2. Hälfte des 19. Jahrhunderts. Wien: Österreichischer Bundesverlag 1930. S. 31–34. Vgl.: http://www.onb.ac.at/ariadne/vfb/bio_meynert.htm

[31] Ebd.

[32] Vgl.: Die Wohltätigkeits-Vereine der k. k. Reichshaupt- und Residenzstadt Wien. 2. Aufl. Wien, 1905. bzw. vgl.: http://www.onb.ac.at/ariadne/vfb/fv_svbt.htm

[33] Bondy, Ottilie: Der Kampf gegen die Konsumvereine. In : Dokumente der Frauen. 01. 12. 1901. Bd. 6, Nr. 17. 1901. Vgl.: http://www.literature.at/webinterface/library/ALO-BOOK_V01?objid=1399&page=3&zoom=3&ocr=

[34] Adressangabe nach Lehman's Adreßbuch im Jahr 1900.

[35] Zwanzig Jahre Theater Drachengasse. Hg. v. Eva Langheiter und Renate Wagner o. J. S. 4.

[36] Interview mit Eva Langheiter und Johanna Franz, Wien, Oktober 2005.

[37] Interview Claudia Dietls mit Irma Schwager für die Volksstimme, 2005. Vgl: http://volksstimmen.at/news/article.php?story=20050508181749575

[38] Ebd.

[39] Vgl. : http://akin.mediaweb.at/2003/09/09ida.htm

[40] Ernst, Evelin/Geber, Eva; Schneider, Marietta: Frauen im Widerstand 1: Das Spiel ist aus. In: Die Frauen Wiens: Ein Stadtbuch für Fanny, Frances und Francesca. Hg. von Eva Geber et al. Wien: AUF-Edition, Verlag Der Apfel. 1992. S. 420.

[41] Kerschbaumer, Marie-Thérèse: Der weibliche Name des Widerstands. Sieben Berichte. Olten, Freiburg im Breisgau: Walter-Verlag 1980. S. 99.

[42] http://www.onb.ac.at/ariadne/vfb/wohlwien

[43] Vortrag „Gegen Krieg und Not", 1937. Vgl.: http://www.christenundjuden.org/de/displayItem.php?id=342

[44] Feuerstein, Michaela/Milchram, Gerhard: Jüdisches Wien. Stadtpaziergänge. Wien: Böhlau 2001. S. 65.

[45] Ebd. S. 102.

[46] Ebd. S. 104.

[47] Vgl.: Schmölzer, Hilde: Rosa Mayreder. Ein Leben zwischen Utopie und Wirklichkeit. Wien: Promedia 2002. S. 88.

[48] Vgl.: www.wien.spoe.at

[49] Meisel-Heß, Grete: Wiener Bilder, Nr. 44, 1901, S. 10. Vgl.: http://www.onb.ac.at/ariadne/vfb/fv_sett.htm

[50] http://www.rosa-mayreder.de/lebenstafel.htm

[51] Schmölzer, Hilde: Rosa Mayreder. Ein Leben zwischen Utopie und Wirklichkeit. Wien: Promedia 2002. S. 29.

[52] Ebd.

[53] A.a.O. S. 14.

[54] A.a.O. S. 80.

[55] Vgl.: http://spoe-frauen.at/ireds3/page.php?P=15760&PHPSESSID=10f0facd0e282f8b12522769ba6082f7 oder: http://diestandard.at/?url=/?id=1145908

[56] Vgl.: http://www.wien.spoe.at/online/page.php?P=11862&PHPSESSID=c29f4d37221b3d978b9e55490d4a5e34

[57] Schmölzer, Hilde: Rosa Mayreder. Ein Leben zwischen Utopie und Wirklichkeit. Wien: Promedia 2002. S. 234.

[58] A.a.O. S. 7.

[59] A.a.O. S. 247.

[60] Ebd.

[61] A.a.O. S. 201.

[62] A.a.O. S. 202.

[63] Homosexualität in Österreich. Hg. V. Michael Handl et al. Wien: Edition M. 1989.

[64] Vgl.: Hanna Hacker: Über Liebe und Unzucht zwischen Frauen. In: Die Frauen Wiens: Ein Stadtbuch für Fanny, Frances und Francesca. Hg. von Eva Geber et al. Wien: AUF-Edition, Verlag Der Apfel. 1992. S. 197.

[65] Vgl.: geheimsache: leben. schwule und lesben im wien des 20. jahrhunderts. Ausstellungskatalog. Wien: Löcker Verlag 2005. S. 35.

[66] http://www.unbekannteswien.at/archiv/03-99/titel/titel.html

[67] Der Bund, VIII. Jg., Nr. 4, April 1913, S. 7–10.

[68] Dokumente der Frauen. Bd. 3, Nr. 5, 1900.

[69] http://www.onb.ac.at/ariadne/vfb/fv_wfk.htm

[70] Vgl.: Hacker, Hanna: Die Ordnung der Frauen und Freundinnen. Dissertation Wien 1985. S. 166.

[71] Vgl.: http://www.onb.ac.at/ariadne/vfb/bio_jodlmarg.htm

[72] http://www.onb.ac.at/ariadne/vfb/bio_jodlmarg.htm; Jahrbuch Wien. Vgl.: http://www.onb.ac.at/ariadne/vfb/vfbbiobiblio.htm#jbwien

[73] Ebd.

[74] Schmölzer, Hilde: Rosa Mayreder. Ein Leben zwischen Utopie und Wirklichkeit. Wien: Promedia 2002. S. 132.

[75] Vgl.: http://www.unbekannteswien.at/archiv/03-99/titel/titel.html

[76] Mandl, Henriette: Wiener Altstadt-Spaziergänge. Wien: Ueberreuter 2001. S. 118.

[77] Hacker, Hanna: Die Ordnung der Frauen und Freundinnen. Dissertation Wien 1985. S. 167.

[78] Ebd.

[79] http://www.onb.ac.at/ariadne/vfb/fv_nfk.htm

[80] Vgl.: http://www.universaledition.com/truman/en_templates/view.php3?f_id=2163

[81] AUF, Nr. 7/Jänner, 1976. Vgl.: http://auf-einefrauenzeitschrift.at/aufherstory.php

[82] Vgl.: http://www.magwien.gv.at/ma53/45jahre/1950/0950.htm

[83] Vgl.: http://www.univie.ac.at/biografiA/daten/text/bio/scheu-riesz.htm

[84] Vgl. : http://www.biografia.at/

[85] http://www.stadtbibliothek.wien.at/cgi-ma09/embed-wo.pl?lang=-de&l=3&doc=http://www.stadtbibliothek.wien.at/themen/verlag_1/erste_republik/frisch-de.htm

[86] Aus Caroline Gronemanns Eröffnungsrede anlässlich der Gründung des Zweigvereines in Troppau im März 1911. In: Festschrift 25 Jahre Vereinigung der arbeitenden Frauen Wien. S. 17.

[87] Fleischner, Olga: Caroline Gronemann zum Gedächtnis. In: Festschrift 25 Jahre Vereinigung der arbeitenden Frauen Wien. S. 23.

[88] Ebd.

[89] Interview mit Johanna Dohnal, am 27. 01. 2006.

[90] Minor, Margarete: Die Gründung der „Vereinigung der arbeitenden Frauen" durch Caroline Gronemann. In: Festschrift 25 Jahre Vereinigung der arbeitenden Frauen Wien S. 29.

[91] Grobheiser, Ottilie: In memoriam Caroline Gronemann. In: Festschrift 25 Jahre Vereinigung der arbeitenden Frauen Wien S. 26.

[92] Vgl.: Nachruf aus: Der Bund, VI. Jg., Nr. 8, Oktober 1911, S. 5–6.

[93] Vgl.: http://www.onb.ac.at/ariadne/vfb/bio_schwarzolly.htm

[94] Vgl.: http://www.onb.ac.at/ariadne/vfb/bio_hottner.htm

[95] Ida Baumann an Auguste Fickert, am 06. 08. 1884.

[96] Ida Baumann an Auguste Fickert, am 29. 08. Ohne Jahresangabe.

[97] Ida Baumann an Auguste Fickert, am 27. 08. 1885.

[98] Baumann, Ida: Aus meinem Leben. In: Neues Frauenleben, XV. Jg., Wien, Juli–August 1913, Nr. 7/8.

[99] Kratzer, Hertha: Die großen Österreicherinnen. 90 außergewöhnliche Frauen im Porträt. Wien: Ueberreuter 2001. S. 52.

[100] Auguste Fickert. In: Der Bund, V. Jg., Nr. 5, Juni 1910, S. 7–8. Vgl.: http://www.onb.ac.at/ariadne/vfb/bio_fickert.htm

[101] Ebd.

[102] Kosel, Hermann Clemens: Deutsch-österreichisches Künstler- und Schriftsteller-Lexikon. Wien, 1902. Bd. 1. S. 278.

[103] Hacker, Hanna: Die Ordnung der Frauen und Freundinnen. Dissertation Wien 1985. S. 166.

[104] Kosel, Hermann Clemens: Deutsch-österreichisches Künstler- und Schriftsteller-Lexikon. Wien, 1902. Bd. 1. S. 278.

[105] Ebd.

[106] Auschnitt aus einer autobiographischen Skizze Ida Baumanns, erschienen unter dem Titel „Aus meinem Leben". In: Neues Frauenleben, XV. Jg., Wien, Juli–August 1913, Nummer 7/8.

[107] Vgl. : http://www.onb.ac.at/ariadne/vfb/bio_baumann.htm

[108] Vgl.: http://www.onb.ac.at/ariadne/vfb/bio_nauheimer.htm

[109] Vgl.: Österreichisches biographisches Lexikon 1815–1950. Graz, Köln, 1957. Bd. 7. S. 43.

[110] Ida Baumann an Auguste Fickert am 27. 07. 1876.

[111] Ida Baumann an Auguste Fickert – während der Sommermonate, Brief ohne Datumsangabe.

[112] Baumann, Ida: Aus meinem Leben. In: Neues Frauenleben.XV. Jg., Wien, Juli–August 1913, Nr. 7/8.

[113] Ida Baumann an Auguste Fickert, am 13. Dezember, ohne Jahresangabe.

[114] Döblinger Nachrichten. Oktober 1911.

[115] Reichspost. 05. 09. 1925. Nachzulesen unter http://www.bezirksmuseum.at/rudolfsheimfuenfhaus/page.asp/921.htm

[116] Gemeinderatssitzung. 09. 03. 1923. Sitzungsprotokoll. Nachzulesen unter http://www.bezirksmuseum.at/rudolfsheimfuenfhaus/page.asp/921.htm

[117] Schmölzer, Hilde: Rosa Mayreder. Ein Leben zwischen Utopie und Wirklichkeit. Wien: Promedia 2002. S. 89.

[118] Baumann, Ida: Aus meinem Leben. In: Neues Frauenleben, XV. Jg., Wien, Juli–August 1913, Nr. 7/8.

[119] Schmölzer, Hilde: Rosa Mayreder. Ein Leben zwischen Utopie und Wirklichkeit. Wien: Promedia 2002. S. 85.

[120] Schwarz, Olly: Mitteilungen der „Vereinigung der arbeitenden Frauen", 26. Jg., Nr. 2. Vgl.: http://www.onb.ac.at/ariadne/vfb/bio_fickert.htm

[121] Neues Frauenleben, Jg. 15, Nr. 6, 1903 S. 19–21.

[122] Der Bund, 1. Jg., Nr. 6, 1906, S. 10–11.

[123] Hacker, Hanna: Die Ordnung der Frauen und Freundinnen. Dissertation Wien 1985. S. 171.

[124] A.a.O. S. 176.

[125] Ida Baumann an Auguste Fickert, am 28. November, ohne Jahresangabe.

[126] Schwarz, Olly: Mitteilungen der „Vereinigung der arbeitenden Frauen", 26. Jg., Nr. 2.

[127] Nachruf von Leopoldine Kulka. In: Der Bund, V. Jg., Nr. 5, Juni 1910, S. 7–8.

[128] Vgl.: http://www.onb.ac.at/ariadne/vfb/bio_baumann.htm

[129] Baumann, Ida: Aus meinem Leben. In: Neues Frauenleben.XV. Jg., Wien, Juli–August 1913, Nr. 7/8.

[130] Vgl.: http://www.onb.ac.at/ariadne/vfb/bio_baumann.htm

[131] Feuerstein, Michaela/Milchram, Gerhard: Jüdisches Wien. Stadtpaziergänge. Wien: Böhlau 2001. S. 41.

[132] Silberer, Rose: Österreich. Charakterstudien eines Landes. Wien: Steyrermühl-Verlag 1929. S. 5.

[133] Vgl.: http://www.oeaw.ac.at/oebl/bios/57lfg/silberer_rosa.htm

[134] Silberer, Rose: Österreich. Charakterstudien eines Landes. Wien: Steyrermühl-Verlag 1929. S. 46.

[135] König, Alma Johanna: Sonette für Jan. Wien 1934–1942.Wien: I. Luckmann Verlag 1946. S. 19.

[136] König, Alma Johanna: Vor dem Spiegel. Lyrische Autobiographie. Graz: Styria 1978. S. 109.

[137] A.a.O. S. 113–114.

[138] A.a.O. S. 113.

[139] A.a.O. S. 117.

[140] Polt-Heinzl, Evelyne: Das Vermächtnis der Alma Johanna Koenig. In: Der literarische Zaunkönig, Nr. 3/ 2004. Vgl.: http://www.virtuelleschuledeutsch.at/mitterer/dokumente/polt_koenig_3-2004.pdf

[141] Ebd.

[142] König, Alma Johanna: Vor dem Spiegel. Lyrische Autobiographie. Graz: Styria 1978. S. 119.

[143] Polt-Heinzl, Evelyne: Das Vermächtnis der Alma Johanna Koenig. In: Der literarische Zaunkönig, Nr. 3/ 2004. Vgl.: http://www.virtuelleschuledeutsch.at/mitterer/dokumente/polt_koenig_3-2004.pdf

[144] Kerschbaumer, Marie-Thérèse: Der weibliche Name des Widerstands. Sieben Berichte. Olten, Freiburg im Breisgau: Walter-Verlag 1980. S. 9.

[145] http://www.biblio.at/rezensionen/details.php3?katalog=&mednr%5B0%5D=luk2003194&anzahl=1

[146] Vgl. : http://www.wpv.at/geschichte.htm

[147] http://www.onmeda.de/lexika/persoenlichkeiten/deutsch.html

[148] Deutsch, Helene: Psychologie der Frau. Eschborn b. Frankfurt/M.: Fachbuchhandlung für Psychologie. Reprints Psychologie Bd. 31 1988. Bd. 1. S. 297.

[149] A.a.O. S. 321.

[150] Salber, Wilhelm: Anna Freud. Reinbek b. Hamburg: Rowohlt 1985. S. 122.

[151] Brief vom 4. März 1927 an Max Eitington. Vgl.: Freud, Anna: Briefe an Eva Rosenfeld. Basel: Stroemfeld Verlag 1994. S. 106.

[152] Ebd.

[153] Kratzer, Hertha: Die großen Österreicherinnen. 90 außergewöhnliche Frauen im Porträt. Wien: Ueberreuter 2001. S. 127.

[154] Freud, Anna: Briefe an Eva Rosenfeld. Basel: Stroemfeld Verlag 1994. S. 85.

[155] Young-Brühl, Elisabeth: Anna Freud: Eine Biographie. 2 Teile: Die Wiener Jahre. Die Londoner Jahre. Wien: Wiener Frauenverlag 1995 [1988]. S. 199–200.

[156] Vgl.: Judy, Michaela: Die Erbin Freuds. In: Die Frauen Wiens: Ein Stadtbuch für Fanny, Frances und Francesca. Hg. von Eva Geber et al. Wien: AUF-Edition, Verlag Der Apfel. 1992. S. 254.

[157] Vgl.: Ebd.

[158] Vgl.: a.a.O. S. 255.

[159] Rostand, Edmond: Cyrano de Bergerac. Stuttgart : Reclam 1977. 5. Aufzug, 6. Auftritt. S. 150.

[160] Vgl.: http://www.univie.ac.at/biografiA/daten/text/bio/kallmus.htm

[161] Vgl.: Ebd.

[162] Vgl.: http://www.uni-klu.ac.at/kultdoku/kataloge/32/html/2584.htm

[163] http://www.jmw.at/de/wien_stadt_der_juden_-_gang_du.html

[164] Ebd.

[165] Paoli, Betty: Wissen ist Macht. Erstmals in der Neuen Freien Presse, 16. Dezember 1869. In: Was hat der Geist denn wohl gemein mit dem Geschlecht? Hg. v. Eva Geber. Wien: Mandelbaum Verlag 2001. S. 112.

[166] Zach, Christine: Die Wissenschaft und ihre Lehre ist frei. Die Frauen Wiens: Ein Stadtbuch für Fanny, Frances und Francesca. Hg. von Eva Geber et al. Wien: AUF-Edition, Verlag Der Apfel. 1992. S. 351.

[167] Hacker, Hanna: Die Ordnung der Frauen und Freundinnen. Dissertation Wien 1985. S. 166.

[168] Beth, Marianne: Die neue Ehe. In: http://sophie.byu.edu/journalists/articles/neue_ehe.htm

[169] Ebner-Eschenbach, Marie von: Aphorismen, Parabeln und Märchen, München 1960, S. 50.

[170] Vgl.: http://www.zit.at/show_name.php3?name=418

[171] Sexl, Lore/Hardy, Anne: Lise Meitner. Reinbek bei Hamburg: Rowohlt 2002. S. 48.

[172] A.a.O. S. 110.

[173] http://www.onb.ac.at/ariadne/vfb/bio_schlesingerther.htm

[174] Vgl.: Vittorelli, Natascha: Internationaler Frauentag 2005 (1): Der 8. März und seine Geschichten. http://www.dieuniversitaet-online.at/beitraege/news/internationaler-frauentag-2005-1-der-8-marz-und-seine-geschichten/10/neste/45.html

[175] Sporrer, Maria/Steiner, Herbert (Hg.innen): Rosa Jochmann. Zeitzeugin. Europaverlag. Wien 1983. S. 116.

[176] Interview mit Johanna Dohnal, vom 27.1.2006.

[177] Vgl.: Vittorelli, Natascha: Internationaler Frauentag 2005 (1): Der 8. März und seine Geschichten. http://www.dieuniversitaet-online.at/beitraege/news/internationaler-frauentag-2005-1-der-8-marz-und-seine-geschichten/10/neste/45.html

[178] http://www.erinnerungsort.at/thema6/u_thema1.htm:

[179] http://www.sbg.ac.at/lwm/frei/generated/a69.html

[180] Ebd.

[181] Zuckerkandl, Bertha: Österreich intim. Erinnerungen 1892–1942. Frankfurt/M.–Berlin: Ullstein 1988. S. 203.

[182] Hersteller: unbekannt; Österreich 1928–34. Vgl.: http://www.allaboutaustria.at:81/aeiou.film.f/f097a

[183] Ebd.

[184] Lisa & Co (Hg.innen). Hg. v. autonomen Frauenzentrum Linz: Linzer Stadtführerin. Frauengeschichtliche Stadtrundgänge. Linz: Edition Geschichte der Heimat 2004. S. 96.

[185] Schoppmann, Claudia: Nationalsozialistische Sexualpolitik und weibliche Homosexualität. Centaurus

Verlagsgesellschaft. Pfaffenweiler 1991. S. 177.

[186] Hacker, Hanna: Die Ordnung der Frauen und Freundinnen. Dissertation Wien 1985. S. 506. Bzw.: Hacker, Hanna: Frauen und Freundinnen. Weinheim, Basel: Beltz Verlag 1987. S. 320.

[187] Lisa & Co (Hg.[innen]). Hg. v. autonomen Frauenzentrum Linz: Linzer Stadtführerin. Frauengeschichtliche Stadtrundgänge. Linz: Edition Geschichte der Heimat 2004. S. 96.

[188] Schoppmann, Claudia: Nationalsozialistische Sexualpolitik und weibliche Homosexualität. Centaurus Verlagsgesellschaft. Pfaffenweiler 1991. S. 177.

[189] Vgl.: Ebd.

[190] Ebd. bzw. vgl.: Schmid-Bortenschlager, Sigrid: Thema Faschismus. Zu einigen Romanen österreichischer Autorinnen der dreißiger Jahre. In „Zeitgeschichte", 9.Jg, 1981.

[191] Lisa & Co (Hg.[innen]). Hg. v. autonomen Frauenzentrum Linz: Linzer Stadtführerin. Frauengeschichtliche Stadtrundgänge. Linz: Edition Geschichte der Heimat 2004. S. 97.

[192] Vgl.: http://www.penclub.at

[193] Blochmann, Georg M.: Der Tod der Messalina. In: Die Schauspielerin. Zur Kulturgeschichte der weiblichen Bühnenkunst. Hg. v. Renate Möhrmann. Frankfurt/M.: Insel 1989. S. 221.

[194] A.a.O. S. 223.

[195] Hawla, Franz: Wien wäre anders, wenn … Bekanntes und noch mehr Unbekanntes aus Wien. Wien: Edition Volkshochschule 1999. S. 43.

[196] Stern, Carola: Die Sache, die man Liebe nennt. Das Leben der Fritzi Massary. Reinbek b. Hamburg: Rowohlt 1998. S. 37.

[197] Die Frauen Wiens: Ein Stadtbuch für Fanny, Frances und Francesca. Hg. von Eva Geber et al. Wien: AUF-Edition, Verlag Der Apfel. 1992. S. 73.

[198] Blochmann, Georg M.: Der Tod der Messalina. In: Die Schauspielerin. Zur Kulturgeschichte der weiblichen Bühnenkunst. Hg. V. Renate Möhrmann. Frankfurt/M.: Insel 1989 S. 218.

[199] Die Frauen Wiens: Ein Stadtbuch für Fanny, Frances und Francesca. Hg. von Eva Geber et al. Wien: AUF-Edition, Verlag Der Apfel. 1992. S. 73.

[200] Ebd.

[201] http://www.museum.at/029/de/auto.html?http://www.museum.at/029/de/objects/16.html

[202] http://www.falter.at/web/print/detail.php?id=161

[203] Kaindlstorfer, Günter: Wer hat Angst vor Elfriede J.? ORF 2004.

[204] Vgl.: Die Frauen Wiens: Ein Stadtbuch für Fanny, Frances und Francesca. Hg. von Eva Geber et al. Wien: AUF-Edition, Verlag Der Apfel. 1992. S. 67.

[205] Interview über Maria Biljan-Bilger am 03. 05. 2005 mit Friedrich Kurrent, in Sommerein am Leithagebirge.

[206] Vgl.: http://www.jazzinaustria.at/jazz-clubs1.html

[207] Kunsthalle Krems: Auf den Spuren des „Mythos Art Club". In: Die Presse. Vgl. : http://www.basis-wien.at/avdt/htm/209/00058577.htm

[208] Vgl.: Interview über Maria Biljan-Bilger am 03. 05. 2005 mit Friedrich Kurrent, in Sommerein am Leithagebirge.

[209] Ebd.

[210] Johanna Dohnal. Vgl.: http://www.johanna-dohnal.at/online/page.php?P=18704

[211] Geber, Eva/Schneider, Marietta: Johanna Dohnal im Gespräch. In: Die Frauen Wiens: Ein Stadtbuch für Fanny, Frances und Francesca. Hg. von Eva Geber et al. Wien: AUF-Edition, Verlag Der Apfel. 1992. S. 298.

[212] A.a.O. S. 308.   [213] A.a.O. S. 300.
[214] A.a.O. S. 301.   [215] A.a.O. S. 302.
[216] Ebd.

[217] Johanna Dohnal, Dreiländer-Konferenz der Frauenbeauftragten in Konstanz, 19. April 1997. Vgl.: http://www.johanna-dohnal.at/online/page.php?P=18704

[218] Rösslhumer, Maria/Appelt, Birgit: Hauptsache Frauen. Politikerinnen in der Zweiten Republik. Graz, Wien, Köln: Verlag Styria 2001. S. 95.

[219] Johanna Dohnal, Gastvortrag an der Technischen Universität Wien, WIT-Kolloquium 22. 03. 2004. Vgl.: http://www.johanna-dohnal.at/online/page.php?P=18704

[220] Schwarz, Olly: Mitteilungen der „Vereinigung der arbeitenden Frauen", 26. Jg., Nr. 2.

[221] Gedenkworte, gesprochen von Frau Hofrat Hertha Sprung in der Generalversammlung des Bundes der österreichischen Frauenvereine Vgl.: Rohö-Frauenblatt, 7. Jg., Nr. 6, 1927, S. 2.

[222] Weinzierl, Erika: Emanzipation? Jugend & Volk, München 1975. S. 50.

[223] Vgl.: http://www.eliserichter.at/wiki/index.php/Elise_Richter_(dt.)

[224] Boschek, Anna: Aus vergangenen Tagen. In: Gedenkbuch : 20 Jahre Österreichische Arbeiterinnenbewegung. Hg. v. Adelheid Popp. 1912. S. 89–102.

[225] Popp, Adelheid: Die Jugendgeschichte einer Arbeiterin. Bonn: 1991. S. 74.

[226] A.a.O. S. 76.

[227] A.a.O. S. 215.

[228] A.a.O. S. 210.

[229] Sporrer, Maria/Steiner, Herbert (Hg.[innen]): Rosa Jochmann. Zeitzeugin. Europaverlag. Wien 1983.

S. 82.
[230] A.a.O. S. 13.
[231] Die Frauen Wiens: Ein Stadtbuch für Fanny, Frances und Francesca. Hg. von Eva Geber et al. Wien: AUF-Edition, Verlag Der Apfel. 1992. S. 168.
[232] Sporrer, Maria/Steiner, Herbert (Hg.innen): Rosa Jochmann. Zeitzeugin. Europaverlag. Wien 1983. S. 84.
[233] A.a.O. S. 98.   [234] A.a.O. S. 99.
[235] A.a.O. S. 138.   [236] A.a.O. S. 149.
[237] Harter, Sonja: Grete Rehor. Artikel vom 17. 08. 2004 http://kurier.at/schwerpunkt/geburtstag/703265.php
[238] Rösslhumer, Maria/Appelt, Birgit: Hauptsache Frauen. Politikerinnen in der Zweiten Republik. Graz–Wien–Köln: Verlag Styria 2001. S. 121.
[239] http:www.pr-inside.com/de/oesterreichs-erster-weiblicher-minister-r466.htm
[240] Vgl.: Marlen Haushofer 1920–1970. Katalog einer Ausstellung. Hg.v. Chtistine Schmidjell. Adalbert-Stifter-Institut des Landes Oberösterreich 1990. S. 42.
[241] A.a.O. S. 44.
[242] A.a.O. S. 13. Vgl.: Lackenbucher, Raimund: „In jener fernen Wirklichkeit ..." Ein besinnliches Gespräch mit Marlen Haushofer. Neue Illustrierte Wochenschau, Wien, 29. 12. 1968, S. 13f.
[243] Ebner, Jeannie: Die schreckliche Treue der Marlen Haushofer. In: „Oder war da manchmal noch etwas anderes?" Texte zu Marlen Haushofer. Hg. v. A. Duden. Frankfurt: Verlag Neue Kritik 1986. S. 178.
[244] Marlen Haushofer 1920–1970. Katalog einer Ausstellung. Hg.v. Chtistine Schmidjell. Adalbert-Stifter-Institut des Landes Oberösterreich 1990. S. 25.
[245] A.a.O. S. 26.   [246] A.a.O. S. 25.
[247] A.a.O. S. 27.   [248] A.a.O. S. 36.
[249] Ebner, Jeannie: Sag ich. Gedichte. Köln: Hermansen o.J. S.7.
[250] Ebner, Jeannie: Papierschiffchen treiben. Erlebnis einer Kindheit. Graz: Styria 1987. S. 139.
[251] Ebner, Jeannie: Gedichte. Gütersloh: Sigbert Mohn Verlag 1965. S. 7.
[252] A.a.O. S. 20.
[253] Jeannie Ebner: Daß ich an einen Sinn glaube, das genügt. In: Schmölzer, Hilde: Frau sein & schreiben. Österreichische Schriftstellerinnen definieren sich selbst. Wien: Österreichischer Bundesverlag 1982. S. 57.
[254] A.a.O. S. 59.   [255] Ebd.
[256] A.a.O. S. 61.   [257] Ebd.
[258] Ebd.   [259] Ebd.
[260] Vgl.: http://www.aeiou.at/aeiou.encyclop.m/m208917.htm
[261] Hamann, Brigitte: Maria Theresia. In: Die Frauen Wiens: Ein Stadtbuch für Fanny, Frances und Francesca. Hg. von Eva Geber et al. Wien: AUF-Edition, Verlag Der Apfel. S. 157.
[262] http://de.wikipedia.org/wiki/Maria_Amalia_von_%C3%96sterreich_(Parma)
[263] Vgl.: Leitner, Thea: Habsburgs vergessene Kinder. Wien: Ueberreuter 1989. S. 53–103.
[264] Sigmund, Anna Maria: Das Haus Habsburg Habsburgs Häuser. Wohnen und Leben einer Dynastie. Wien: Ueberreuter 1995. S. 91.
[265] Leitner, Thea: Habsburgs vergessene Kinder. Wien: Ueberreuter 1989. S. 103.
[266] A.a.O. S. 73.
[267] Vgl.: Schwules Wien. Reiseführer durch die Donaumetropole. Hg. v. Andreas Brunner/Hannes Sulzenbacher. Wien: Promedia 1998. S. 125.
[268] Feuerstein, Michaela/Milchram, Gerhard: Jüdisches Wien. Stadtpaziergänge. Wien: Böhlau 2001. S. 52.
[269] Vgl.: Hawla, Franz: Wien wäre anders, wenn ... Bekanntes und noch mehr Unbekanntes aus Wien. Wien: Edition Volkshochschule 1999. S. 175.
[270] Vgl.: Paoli, Betty: Was hat der Geist denn wohl gemein mit dem Geschlecht? Hg. v. Eva Geber. Wien: Mandelbaum Verlag 2001. S. 42.
[271] Vgl.: a.a.O. S. 45.   [272] Vgl.: Ebd.
[273] Vgl.: a.a.O. S. 44–49. [274] A.a.O. S. 51.
[275] Vgl.: http://www.phil-fak.uni-duesseldorf.de/frauenarchiv/ddorf/autorinnen/vahsen/wiss.html
[276] Pfeiffer, Ida: Eine Frau fährt um die Welt. Die Reise 1846 nach Südamerika, China, Ostindien, Persien und Kleinasien. Promedia Verlag 1997. S. VI.
[277] http://www.onb.ac.at/ariadne/
[278] Vgl.: http://www.renner-institut.at/frauenakademie/sd_frgesch/sd_frgesch.htm
[279] Herzfelder, Henriette: Die organisierte Mütterlichkeit. Gautzsch b. Leipzig: Felix Dietrich 1914. S. 2.
[280] A.a.O. S. 10.
[281] A.a.O. S. 11.
[282] Müller, Erika: Jüdisch, intellektuell und Frau. Der Standard, 29./30. 03. 2003. Vgl.: http://richter.twoday.net/topics/Vermischte+Artikel/
[283] Ebd.
[284] Ebd.

[285] Ebd.

[286] Vgl.: http://www.eliserichter.at/wiki/index.php/Elise_Richter_(dt.)

[287] Ebd.

[288] Vgl.: ebd.

[289] Ebd.

[290] Vgl.: http://richter.twoday.net/topics/Biografisches/

[291] Vgl.: Müller, Erika: Jüdisch, intellektuell und Frau. Der Standard, 29./30. 03. 2003. Vgl.: http://richter.twoday.net/topics/Vermischte+Artikel/

[292] Vgl. : http://www.onb.ac.at/ariadne/pubstreb.htm und: http://www.rodaun.info/rodaun-590/artikel-02/artikel-02.html

[293] Hacker, Hanna: Die Ordnung der Frauen und Freundinnen. Dissertation Wien 1985. S. 178.

[294] Herdan-Zuckmayer, Alice: Genies sind im Lehrplan nicht vorgesehen. Frankfurt/M.: S. Fischer 1979. S. 12.

[295] A.a.O. S. 43.

[296] A.a.O. S. 27.

[297] A.a.O. S. 45.

[298] A.a.O. S. 46.

[299] A.a.O. S. 43.

[300] A.a.O. S. 83.

[301] A.a.O. S. 85.

[302] A.a.O. S. 98.

[303] A.a.O. S. 102.

[304] A.a.O. S. 96.

[305] A.a.O. S. 97.

[306] A.a.O. S. 99.

[307] A.a.O. S. 103.

[308] A.a.O. S. 108.

[309] Vgl.: http://literatur-news.blog.de/index.php/literatur-news?tag=Karin%20Michaelis

[310] Herdan-Zuckmayer, Alice: Genies sind im Lehrplan nicht vorgesehen. Frankfurt/M.: S. Fischer 1979. S. 213.

[311] Vgl.: geheimsache: leben. schwule und lesben im wien des 20. jahrhunderts. Ausstellungskatalog. Wien: Löcker Verlag 2005. S. 102.

[312] Vgl.: Herdan-Zuckmayer, Alice: Genies sind im Lehrplan nicht vorgesehen. Frankfurt/M.: S. Fischer 1979. S. 29.

[313] Ebd.

[314] Kratzer, Hertha: Die großen Österreicherinnen. 90 außergewöhnliche Frauen im Porträt. Wien: Ueberreuter 2001. S. 76.

[315] Herdan-Zuckmayer, Alice: Genies sind im Lehrplan nicht vorgesehen. Frankfurt/M.: S. Fischer 1979. S. 33.

[316] A.a.O. S. 40.

[317] Vgl.: a.a.O. S. 39–40.

[318] A.a.O. S. 36.

[319] A.a.O. S. 168

[320] Vgl.: http://www.onb.ac.at/ariadne/vfb/bio_schwarzwald.htm oder http://elib.uni-stuttgart.de/opus/volltexte/2005/2094/pdf/diss.pdf

[321] Herdan-Zuckmayer, Alice: Genies sind im Lehrplan nicht vorgesehen. Frankfurt/M.: S. Fischer 1979. S. 169.

[322] Vgl.: a.a.O. S. 168–201.

[323] Vgl. u. a. : http://classicalcdreview.com/kurz.htm; eine einzige Quelle berichtet von einem etwas fragwürdigen Stipendium eines Grafen Esterhazy (Vgl.: http://de.wikipedia.org/wiki/Selma_Kurz): Welcher aus der Familie Esterhazy, war nicht in Erfahrung zu bringen, mittels ihrer Lebensdaten kämen bereits drei in Frage: Fürst Nikolaus III. (1817 – 1894), Paul IV. (1843 – 1898) oder Nikolaus IV. (1869 – 1920). Eine besondere Vorliebe für Musik wird keinem von ihnen zugeschrieben.

[324] http://www.martinschlu.de/kulturgeschichte/neunzehntes/spaetromantik/mahler/selma.htm

[325] Vgl.: Steines, Patricia/Weinstein, Dorit: Lea, Sara, Rebecca. In: Die Frauen Wiens: Ein Stadtbuch für Fanny, Frances und Francesca. Hg. von Eva Geber et al. Wien: AUF-Edition, Verlag Der Apfel. 1992. S. 329.

[326] Strauss, Richard : Ariadne auf Naxos. Oper in einem Aufzug nebst einem Vorspiel. London: Boosey und Hwakes Ltd. o. J. S. 155.

[327] Lexikon für Theologie und Kirche. Freiburg: Herder 1957. S. 571.

[328] http://ww.travelchannel.de/magazin/urlaubsideen/bettentest/klassiker/sacher/anna.html

[329] Vgl.: Fischer, Lisa: Ein Spaziergang mit Lina Loos. In Die Frauen Wiens: Ein Stadtbuch für Fanny, Frances und Francesca. Hg. von Eva Geber et al. Wien: AUF-Edition, Verlag Der Apfel. 1992. S. 176.

[330] http://www.unbekannteswien.at/archiv/05-99/themen/9/textthema.html

[331] Vgl.: Hildebrandt, Irma: Hab meine Rolle nie gelernt. München: Diederichs 1996. S. 169.

[332] Fischer, Lisa: Ein Spaziergang mit Lina Loos. In: Die Frauen Wiens: Ein Stadtbuch für Fanny, Frances und Francesca. Hg. von Eva Geber et al. Wien: AUF-Edition, Verlag Der Apfel. 1992. S. 182.

[333] Vgl.: Schmölzer, Hilde: Besuch bei Lina Loos. In Sievering wird ihr Vermächtnis bewahrt. In: Lina Loos: Wie man wird, was man ist. Wien: Deuticke 1994. S. 298.

[334] Loos, Lina: Wie man wird, was man ist. Wien: Deuticke 1994. S. 295.

[335] U. a. in: geheimsache: leben. schwule und lesben im wien des 20. jahrhunderts. Ausstellungskatalog. Wien: Löcker Verlag 2005. S. 109.

336 Vgl.: Stimme der Frau. Wien, 16.10.1948. In: Loos, Lina: Das Buch ohne Titel. Wien: Deuticke 1996. S. 260.

337 Stimme der Frau. Wien, 17. 06. 1950. In: a.a.O. S. 261.

338 http://www.internationale-apotheke.at/german/chronik.htm

339 Kratzer, Hertha: Die großen Österreicherinnen. 90 außergewöhnliche Frauen im Porträt. Wien: Ueberreuter 2001. S. 50.

340 A.a.O. S. 51.

341 Ebd.

342 Vgl.: http://www.k-haus.at/verein/index.html

343 http://www.onb.ac.at/ariadne/vfb/bt_fk_voebkk.htm

344 Kratzer, Hertha: Die großen Österreicherinnen. 90 außergewöhnliche Frauen im Porträt. Wien: Ueberreuter 2001. S. 51.

345 Andics, Hellmut: Die Frauen der Habsburger. Wien: Ueberreuter 1999. S. 77.

346 Leitner, Thea: Habsburgs vergessene Kinder. Wien: Ueberreuter 1989. S. 66.

347 Vgl.: a.a.O. S. 67.

348 http://www.kaisergruft.at/kaisergruft/isabella.htm

349 Andics, Hellmut: Die Frauen der Habsburger. Wien: Ueberreuter 1999. S. 78.

350 http://de.wikipedia.org/wiki/Isabella_von_Bourbon-Parma

351 Vgl.: http://de.wikipedia.org/wiki/Isabella_von_Bourbon-Parma

352 http://de.wikipedia.org/wiki/Isabella_von_Bourbon-Parma

353 Leitner, Thea: Habsburgs vergessene Kinder. Wien: Ueberreuter 1989. S. 73.

354 A.a.O. S. 74.

355 Vgl.: Sigmund, Anna Maria: Das Haus Habsburg Habsburgs Häuser. Wohnen und Leben einer Dynastie. Wien: Ueberreuter 1995. S. 187.

356 Ebd.

357 Frauen-Werke, Österreichische Zeitschrift zur Förderung und Vertretung der Frauenbestrebungen, mit dem Beiblatt „Kindes-Seele", 7. Jg., Nr. 6, 1900. Hg. v. Marianne Nigg S. 2.

358 Ebd.

359 Ebd.

360 Jahresbericht des Vereins für erweiterte Frauenbildung in Wien, XII. Vereinsjahr, Oktober 1899 – Oktober 1900, S. 40–41.

361 Frauen-Werke, Österreichische Zeitschrift zur Förderung und Vertretung der Frauenbestrebungen, mit dem Beiblatt „Kindes-Seele", 7. Jg., Nr. 6, 1900. Hg. v. Marianne Nigg. S. 3.

362 Weinzierl, Erika: Emanzipation? Jugend & Volk, München 1975. S. 82.

363 Vgl.: Jahresbericht des Vereins für erweiterte Frauenbildung in Wien, XII. Vereinsjahr, Oktober 1899 – Oktober 1900, S. 40–41.

364 Verzeichnet im „Biographical Dictionary of Women in Science", 2000 als: Böhm-Wendt, Cäcilia; Schweidler, Egon von: Über die spezifische Geschwindigkeit der Ionen in flüssigen Dielektrikas Physikalische Zeitschrift 10 (1909): S. 279–382.

365 Nachruf von O. B. aus: Dokumente der Frauen, Bd. 6, Nr. 16, 1901, S. 465. Vgl.: http://www.onb.ac.at/ariadne/vfb/bio_bosshart.htm

366 Dokumente der Frauen. Bd. 4, Nr. 13, S. 24. Vgl.: http://www.literature.at/webinterface/library/ALO-BOOK_V01?objid=1353&page=24&zoom=3&ocr

367 Hainisch, Marianne: Der Bund, 3. Jg., Nr. 6, 1908, S. 2.

368 E-Mail von W. Brauneder, Institut für Rechts- und Verfassungsgeschichte, Juridicum, Wien, vom 15. 03. 2006.

369 http://www.internationale-apotheke.at/german/chronik.htm

370 http://www.internationale-apotheke.at/german/chronik.htm

371 Vgl.: Nowotny, Otto: Die pharmazeutische Industrie in Österreich. http://www.oeaz.at/zeitung/3aktuell/2002/14/haupt/haupt14_2002teil.html

372 Vgl. auch: Dokumente der Frauen. Bd. 4, Nr. 13 S. 24. http://www.literature.at/webinterface/library/ALO-BOOK_V01?objid=1353&page=24&zoom=3&ocr=

373 Czipin, Angelika: Das Schreiben der Frauen. Wien, 1996. Diss., S. 121–123.

374 Vgl. : http://www.wien.gv.at/strassenlexikon

375 Mandl, Henriette: Wiener Altstadt-Spaziergänge. Wien: Ueberreuter 2001. S. 149.

376 Die Frauen Wiens: Ein Stadtbuch für Fanny, Frances und Francesca. Hg. von Eva Geber et al. Wien: AUF-Edition, Verlag Der Apfel. 1992. S. 21.

Personenindex

230

Straßenndex

Parks

Bildquellennachweis

Sofern nachfolgend nicht angeführt, stammen die Bilder aus dem Archiv der Graphikerin.

Seite 17 von links nach rechts:
Fritzi Löwy. Porträt aus: Das kleine Frauenblatt. Eine unabhängige Wochenschrift für alle Frauen. 31. 03. 1935, 12. Jg., Nr. 13.
Fritzi Löwy. Schwimmend aus: Bunzl, John (Hg.): Hoppauf Hakoah: Jüdischer Sport in Österreich von den Anfängen bis in die Gegenwart. Wien: Junius Vlg 1987.
Seite 19:
Fritzi Löwy, Lucie Goldner, Hedy Bienenfeld-Wertheimer und ihr Trainer Zsigo Wertheimer aus: Bunzl, John (Hg.): Hoppauf Hakoah: Jüdischer Sport in Österreich von den Anfängen bis in die Gegenwart. Wien: Junius Vlg 1987.
Seite 21:
Tina Blau. Ausschnitt aus einem Foto von Mme d'Ora. Österreichische Nationalbibliothek Wien, Bildarchiv.
Seite 23 von links nach rechts:
Tina Blau im Prater. Österreichische Nationalbibliothek Wien, Bildarchiv.
Tina Blau „Sonntag im Prater". Ölgemälde auf Leinwand. Österreichische Nationalbibliothek Wien, Bildarchiv.
Seite 26 unten:
Theater Drachengasse Eröffnungsplakat. Theater Drachengasse, Wien.
Seite 31:
Buchcover zu: Klösch, Christian et al.: Gegen Rassenhass und Menschennot: Irene Harand - Leben und Werk einer ungewöhnlichen Widerstandskämpferin. Innsbruck: Studien Verlag 2004. (Siehe: www.studienverlag.at)
Seite 37 von links nach rechts:
Rosa Mayreder. Bildnis in jüngeren Jahren. Österreichische Nationalbibliothek Wien, Bildarchiv.
Ausschnitt aus Schriftzug „Rosa Mayreder". Österreichische Nationalbibliothek Wien, Bildarchiv.
Seite 48:
Dora von Stockert-Meynert. Bildnis. Österreichische Nationalbibliothek Wien, Bildarchiv.
Seite 55:
Olly Schwarz. Porträt. Österreichische Nationalbibliothek Wien, Bildarchiv.
Seite 59 rechts:
Schriftzug „Ida Baumann". Wienbibliothek im Rathaus.
Seite 62:
Postkarte Ida Baumanns an Auguste Fickert vom 10. 03. 1908. Wienbibliothek im Rathaus.
Seite 66:
Versammlung des Allgemeinen Österreichischen Frauenvereines in Wien. In: Wiener Bilder, 9. Jg., 1904, Nr. 28 (13. 07. 1904). Österreichische Nationalbibliothek Wien.
Seite 76 von links nach rechts:
Anna Freud. Hinter dem Schreibtisch. Österreichische Nationalbibliothek Wien, Bildarchiv.
Anna Freud. Kniestück im Fauteuil (Ausschnitt). Österreichische Nationalbibliothek Wien, Bildarchiv.
Seite 80 rechts:
Dancer Shona Dunlop in the role of Cain in „Cain and Abel". Archiv Shona MacTavish.
Seite 91:
Lise Meitner (Mitte) mit Emma oder Grete Planck (links) und Elisabeth Schiemann bei einem Ausflug, 1908. Churchill Archives Centre, Meitner Papers, Cambridge (MTNR 8/7).
Seite 94:
Grete von Urbanitzky. Porträt. Landesarchiv der Stadt Linz.
Seite 96 rechts:
Charlotte Wolter als Libussa. Österreichische Nationalbibliothek Wien, Bildarchiv.
Seite 102:
Maria Biljan-Bilger. Porträt. Archiv Friedrich Kurrent, Wien/Sommerein.
Seite 103 oben:
Maria Biljan-Bilger „Zuneigung" Steinzeug, farbig engobiert. Archiv Friedrich Kurrent, Wien/Sommerein.
Seite 109:
Johanna Dohnal. Archiv SPÖ-Frauen
Seite 113:
Marianne Hainisch. Österreichische Nationalbibliothek Wien, Bildarchiv.

Seite 115:
Adelheid Popp. Österreichische Nationalbibliothek Wien, Bildarchiv.
Seite 118:
Rosa Jochmann: Bildnis in mittleren Jahren. Österreichische Nationalbibliothek Wien, Bildarchiv.
Seite 121 von links nach rechts:
Marlen Haushofer. Porträt. Archiv Sybille Haushofer, Steyr/Wien.
Jeannie Ebner. Porträt. Österreichische Nationalbibliothek Wien, Bildarchiv.
Seite 124:
Marlen Haushofer. Brief an Jeannie Ebner. 31. 08. 1968. Wiener Stadt- und Landesbibliothek, Handschriftensammlung, Sammlung Jeannie Ebner. Sybille Haushofer. Steyr/Wien.
Seite 134:
Betty Paoli. Gemälde von Karl Rahl um 1845. Aus: Paoli, Betty: Was hat der Geist denn wohl gemein mit dem Geschlecht? Hg. von Eva Geber. Wien: Mandelbaum Verlag 2001.
Seite 139:
Helene Richter Porträt. Österreichische Nationalbibliothek Wien, Bildarchiv.
Seite 143 links:
Eugenie Schwarzwald Porträt. Österreichische Nationalbibliothek Wien, Bildarchiv.
Seite 151 von oben nach unten:
Anna Sacher. Archiv Hotel Sacher, Wien.
Anna Sacher vor dem Hotel. Archiv Hotel Sacher, Wien.
Seite 152 links:
Lina Loos. Mit Hut. Österreichische Nationalbibliothek Wien, Bildarchiv.
Seite 154:
Laura Beer aus: Loos, Lina: Das Buch ohne Titel. Hg. von Adolf Opel. Wien: Deuticke 1996. Archiv Adolf Opel, Wien.
Seite 155:
Lina Loos. En face. Österreichische Nationalbibliothek Wien, Bildarchiv.
Seite 156 von links nach rechts:
Lina Loos gegen Ende des Zweiten Weltkrieges aus: Loos, Lina: Wie man wird, was man ist. Hgeg. von Adolf Opel. Wien: Deuticke 1994. Archiv Adolf Opel, Wien.
Die Wohnung in der Sieveringer Straße vor der Auflösung. Aus: Loos, Lina: Wie man wird, was man ist. Hg. von Adolf Opel. Wien: Deuticke 1994. Archiv Adolf Opel, Wien.
Seite 157 von oben nach unten:
Margarete Köppke. Österreichische Nationalbibliothek Wien, Bildarchiv.
Le Rüther aus: Loos, Lina: Das Buch ohne Titel. Hg. von Adolf Opel. Wien: Deuticke 1996. Archiv Adolf Opel, Wien.
Seite 160 von links nach rechts:
Marie Christine Herzogin von Sachsen-Teschen aus: http://de.wikipedia.org/wiki/Erzherzogin_ Marie_Christine
Isabella von Bourbon Parma aus: http://de.wikipedia.org/wiki/Maria_Isabella_von_Bourbon-Parma
Seite 165:
Bildnis Cäcilie Wendt. In: Frauen-Werke, 7. Jg., Nr. 6, 1900. Österreichische Nationalbibliothek Wien.
Seite 167:
Gabriele Possanner. Altersbildnis am Tisch sitzend. Österreichische Nationalbibliothek Wien, Bildarchiv.

Trotz gründlicher Recherche konnte ich nicht alle UrheberrechtsinhaberInnen der Abbildungen ausfindig machen, dafür ersuche ich für Verständnis. Berechtigte Ansprüche werden gerne entgolten.

Literaturverzeichnis

I. Primärliteratur / Filme

- Deutsch, Helene: Psychologie der Frau. Eschborn b. Frankfurt/M.: Fachbuchhandlung für Psychologie. Reprints Psychologie Bd. 31, 1988.
- Du silberne Dame du. Briefe von und an Lina Loos. Hg. von Theodor Csokor und Leopoldine Rüther. Wien: Paul Zsolnay Verlag 1966.
- Ebner, Jeannie: Sag ich. Gedichte. Köln: Hermansen o.J.
- Ebner, Jeannie: Gedichte. Gütersloh: Sigbert Mohn Verlag 1965.
- Ebner, Jeannie: Flucht- und Wanderwege. St. Pölten: Literaturedition Niederösterreich 1998.
- Ebner, Jeannie: Papierschiffchen treiben. Erlebnis einer Kindheit. Graz: Styria 1987.
- Freud, Anna: Briefe an Eva Rosenfeld. Basel: Stroemfeld Verlag 1994.
- Herzfelder, Henriette: Die organisierte Mütterlichkeit. Gautzsch b. Leipzig: Felix Dietrich 1914.
- König, Alma Johanna: Sonette für Jan. Wien 1934 – 1942. Wien: I. Luckmann Verlag 1946.
- König, Alma Johanna: Vor dem Spiegel. Lyrische Autobiographie. Graz: Styria 1978.
- Loos, Lina: Das Buch ohne Titel. Hg. von Adolf Opel. Wien: Deuticke 1996.
- Loos, Lina: Wie man wird, was man ist. Hg. von Adolf Opel. Wien: Deuticke 1994.
- Paoli, Betty: Was hat der Geist denn wohl gemein mit dem Geschlecht? Eva Geber (Hg.[in]). Wien: Mandelbaum Verlag 2001.
- Pfeiffer, Ida: Eine Frau fährt um die Welt. Die Reise 1846 nach Südamerika, China, Ostindien, Persien und Kleinasien. Wien: Promedia Verlag 1997.
- Silberer, Rose: Österreich. Charakterstudien eines Landes. Wien: Steyrermühl-Verlag 1929.
- Strauss, Richard : Ariadne auf Naxos. Oper in einem Aufzug nebst einem Vorspiel. London: Boosey und Hwakes Ltd. o. J.
- Watermarks. Regie: Yaron Zilberman. Israel 2004
- Zuckerkandl, Bertha: Österreich intim. Erinnerungen 1892 – 1942. Frankfurt/M.: Ullstein 1988.

II. Sekundärliteratur

- Andics, Hellmut: Die Frauen der Habsburger. Wien: Ueberreuter 1999.
- Banik-Schweitzer, Renate (Hg.[in]): Wien wirklich: der Stadtführer. Wien: Verlag für Gesellschaftskritik 1992.
- Behr, Bettina/Wieser, Ilse (Hg.[innen]): Woment! Eine Würdigung der Grazer FrauenStadtGeschichte. Dokumentation und Lesebuch. Innsbruck: Studien Verlag 2004.
- Bouchal, Robert/Daniel Winkler: Wiener Sagen. Gestalten – Orte – Rätsel. Wien: Pichler Verlag 2005.
- Bunzl, John (Hg.): Hoppauf Hakoah: jüdischer Sport in Österreich von den Anfängen bis in die Gegenwart. Wien: Junius 1987.
- Czeike, Felix: Wien. Innere Stadt. Kunst- und Kulturführer. Wien: Jugend und Volk – Edition Wien 1993.
- Dauphin, Cécile: Alleinstehende Frauen. In: Geschichte der Frauen. Hg. v. Geneviève Fraisse/ Michelle Perrot. Bd. 4. 19. Jahrhundert. Frankfurt/M.: Fischer Taschenbuch Verlag 1997. S. 481 – 497.
- Dick, Jutta (Hg.[in]): Jüdische Frauen im 19. und 20. Jahrhundert. Lexikon zu Leben und Werk. Reinbek bei Hamburg: rororo-TB 1993.
- Die Frauen Wiens: Ein Stadtbuch für Fanny, Frances und Francesca. Hg. von Eva Geber et al. Wien: AUF-Edition, Verlag Der Apfel 1992.
- Duden, Anne: „Oder war da manchmal noch etwas anderes?" Texte zu Marlen Haushofer. Frankfurt/ M.: Verlag Neue Kritik 1986.
- Eber, Jeannie: Daß ich an einen Sinn glaube, das genügt. In: Schmölzer, Hilde: Frau sein & schreiben. Österreichische Schriftstellerinnen definieren sich selbst. Wien: Österreichischer Bundesverlag 1982. S. 53–63.
- Eberhard, Birgit (Hg.[in]): Frauen im Blickpunkt. München: Steinheim Verlag 1985.
- Eisenhut, Günter; Weibel, Peter (Hg.): Moderne in dunklen Zeiten. Graz 2001. Ausstellungskatalog. Graz: Verlag Droschl 2001.
- Feuerstein, Michaela/Milchram, Gerhard: Jüdisches Wien. Stadtpaziergänge. Wien: Böhlau 2001.
- Gedenken und Mahnen in Wien. 1934 – 1945. Hg. v. Dokumentationsarchiv des Österreichischen Widerstandes. Wien o. V. 1998.
- geheimsache: leben. schwule und lesben im wien des 20. jahrhunderts. Ausstellungskatalog. Wien: Löcker Verlag 2005.
- Geiger, Brigitte/Hacker, Hanna: Donauwalzer Damenwahl. Frauenbewegte Zusammenhänge in Österreich. Wien: Edition Spuren – Promedia 1989.
- Hacker, Hanna: Frauen und Freundinnen. Weinheim–Basel: Beltz Verlag 1987.
- Hacker, Hanna: Die Ordnung der Frauen und Freundinnen. Dissertation Wien 1985.
- Härtel, Susanne/Köster, Magdalena (Hg.[innen]): Die Reisen der Frauen. Lebensgeschichten von Frauen aus drei Jahrhunderten. Weinheim: Beltz & Gelberg 1994.

- Hakoah. Ein jüdischer Sportverein in Wien 1909 – 1995. Wien: Verlag der Apfel 1995.
- Hawla, Franz: Wien wäre anders, wenn ... Bekanntes und noch mehr Unbekanntes aus Wien. Wien: Edition Volkshochschule 1999.
- Herdan-Zuckmayer, Alice: Genies sind im Lehrplan nicht vorgesehen. Frankfurt/M.: S. Fischer 1979.
- Hildebrandt, Irma: Hab meine Rolle nie gelernt. 15 Wiener Frauenporträts. München: Diederichs 1996.
- Kerschbaumer, Marie-Thérèse: Der weibliche Name des Widerstands. Sieben Berichte. Olten, Freiburg im Breisgau: Walter-Verlag 1980.
- Kleberger, Ilse: Bertha von Suttner. Die Vision vom Frieden. München: Dtv 1988.
- Kratzer, Hertha: Die großen Österreicherinnen. 90 außergewöhnliche Frauen im Porträt. Wien: Ueberreuter 2001.
- Langheiter, Eva/Wagner, Renate (Hg.innen): Zwanzig Jahre Theater Drachengasse. Wien: o. J.
- Leitner, Thea: Habsburgs vergessene Kinder. Wien: Ueberreuter 1989.
- Lexikon für Theologie und Kirche. Freiburg: Herder 1957.
- Lisa & Co (Hg.innen: autonome FRAUENzentrum Linz): Linzer Stadtführerin. Frauengeschichtliche Stadtrundgänge. Linz: Edition Geschichte der Heimat 2004.
- Magistrat der Stadt Wien (Hg.): Architektur in Wien. 350 sehenswerte Bauten. Wien: Wiener Verlag, Himberg bei Wien 1995.
- Mandl, Henriette: Wiener Altstadt-Spaziergänge. Wien: Ueberreuter 2001.
- Möhrmann, Renate (Hg.in): Die Schauspielerin. Zur Kulturgeschichte der weiblichen Bühnenkunst. Frankfurt/M.: Insel 1989.
- Neumann, Petra (Hg.in): Wien und seine Kaffeehäuser. Ein literarischer Streifzug durch die berühmtesten Cafés der Donaumetropole. München: Heyne Verlag 1997.
- Österreichisches Biographisches Lexikon von 1815 – 1950. Graz–Köln: 1957.
- Pusch, Luise/Gretter, Susanne (Hg.innen): Berühmte Frauen: 300 Porträts. Bd. 1. Frankfurt/ M.: Insel 1999.
- Rehm, Margarete: Lexikon der Frau: was war wann das erste Mal im Bereich der Frau. Berlin: Frieling & Partner 1997.
- Rösslhumer, Maria/Appelt, Birgit: Hauptsache Frauen. Politikerinnen in der Zweiten Republik. Graz–Wien–Köln: Verlag Styria 2001.
- Salber, Wilhelm: Anna Freud. Reinbek b. Hamburg: Rowohlt 1985.
- Schmidjell, Christine (Hg.in): Marlen Haushofer 1920 – 1970. Katalog einer Ausstellung. Adalbert-Stifter-Institut des Landes Oberösterreich, Vierteljahresschrift, Jg. 39. Sonderheft 1990.
- Schmölzer, Hilde: Rosa Mayreder. Ein Leben zwischen Utopie und Wirklichkeit. Wien: Promedia 2002.
- Schoppmann, Claudia: Nationalsozialistische Sexualpolitik und weibliche Homosexualität. Pfaffenweiler: Centaurus Verlagsgesellschaft 1991.
- Schwules Wien. Reiseführer durch die Donaumetropole. Hg. v. Andreas Brunner/Hannes Sulzenbacher. Wien: Promedia 1998.
- Settele, Matthias: Denkmal. Wiener Stadtgeschichten. Wien: Deuticke Verlag 1996.
- Sexl, Lore/Hardy, Anne: Lise Meitner. Reinbek b. Hamburg: rororo 2002.
- Sigmund, Anna Maria: Das Haus Habsburg Habsburgs Häuser. Wohnen und Leben einer Dynastie. Wien: Ueberreuter 1995.
- Speidel, Ludwig: Wiener Frauen und anderes Wienerische. Berlin: Meyer und Jessen 1910.
- Sporrer, Maria/Steiner, Herbert (Hg.innen): Rosa Jochmann. Zeitzeugin. Europaverlag. Wien 1983.
- Stern, Carola: Die Sache, die man Liebe nennt. Das Leben der Fritzi Massary. Berlin: Rowohlt 1998.
- Wagner, Renate: Heimat bist du großer Töchter. Weitere Porträts. Wien: Edition S. 1995.
- Weigl, Andreas: Frauen.Leben. Eine historisch-demografische Geschichte der Wiener Frauen. Eine Studie im Auftrag der Magistratsabteilung 57 – Frauenbüro Wien: 2003.
- Weinzierl, Erika: Emanzipation? München: Jugend & Volk 1975.
- Young-Brühl, Elisabeth: Anna Freud: Eine Biographie. 2 Teile: Die Wiener Jahre. Die Londoner Jahre. Wien: Wiener Frauenverlag 1995 [1988].

III. WWW

die Internet-Lexika:

http://www.aeiou
http://www.doku.at/aktuell.html
http://www.fembio.org/
http://www.musieum.at
http://www.onb.ac.at/ariadne
http://www.sjoe.at/content/frauen/themen/histfb/index.html
http://www.wien.gv.at/strassenlexikon

Sowie einzelne Seiten zu folgenden Themenbereichen bzw. Personen:

- Albern:
http://www.kulturnetz.at/bezirksinformation1110.htm
- Biljan-Bilger, Maria:
http://www.stmk.gv.at/verwaltung/lmj-ng/01/widerstand/widerstand.html
- Bodenwieser, Gertrud:
http://www.literaturepochen.at/exil/lecturepage5040_4.html
http://www.jmw.at/de/wien_stadt_der_juden_-_gang_du.html
- Boschek, Anna:
http://www.parlament.gv.at/portal/page?_pageid=908,213456&_dad=portal&_schema=PORTAL
- Deutsch, Helene:
http://www.onmeda.de/lexika/persoenlichkeiten/deutsch.html
- „Hakoah":
Zilberman, Yaron : Director's Note. Vgl.:http://www.kino.com/press/Watermarks_press/water-marks-pbk.pdf
http://www.museum.at/029/de/auto.html?http://www.museum.at/029/de/objects/16.html
vgl.: http://www.univie.ac.at/biografiA/daten/text/namen/l.htm
http://www.hakoah.at/Geschichte.html
vgl.: http://implive1.klz.apa.net/freizeit/kino/kino_film_detail.jsp?filmid=42022
ttp://stud4.tuwien.ac.at/~e0425993/Zusammenfassung.doc
- Harand, Irene:
http://www.christenundjuden.org/de/displayItem.php?id=342
- König, Alma Johanna:
Evelyne Polt-Heinzl: Das Vermächtnis der Alma Johanna Koenig. In: Der literarische Zaunkönig, Nr. 3/ 2004. Vgl.: http://www.virtuelleschuledeutsch.at/mitterer/dokumente/polt_koenig_3-2004.pdf
http://www.doew.at/projekte/holocaust/shoah/maly.html
- Mme d'Ora:
http://www.univie.ac.at/biografiA/daten/text/bio/kallmus.htm
http://www.uni-klu.ac.at/kultdoku/kataloge/32/html/2584.htm
- P.E.N.
http://www.penclub.at
- Rehor, Grete:
http://www.parlament.gv.at/portal/page?_pageid=907,179718&_dad=portal&_schema=PORTAL&P_PAD=B
http://kurier.at/schwerpunkt/geburtstag/703265.php
http://www.pr-inside.com/de/oesterreichs-erster-weiblicher-minister-r466.htm
- Richter, Elise; Richter, Helene:
http://richter.twoday.net/
http://www.eliserichter.at/wiki/index.php/Elise_Richter_(dt.)
- Sacher, Anna:
http://biografien.focus.msn.de/templ/te_bio.php?PID=1551&RID=1
http://wien.sacher.com/hm0/_downl/Sacher_Buch_125Jahre.pdf
http://www.travelchannel.de/magazin/urlaubsideen/bettentest/klassiker/sacher/anna.html
- „Vereinigung der arbeitenden Frauen" Wien, Festschrift 25 Jahre:
http://www.literature.at/webinterface/library/ALO-BOOK_V01?objid=1035&page=84&zoom=4&ocr=
- Wasserversogung in Wien:
http://www.wien-vienna.at/behoerden.php?ID=434

IV. Zeitschriften

- Wir stellen vor : Meisterschwimmerin Fritzi Löwy. In: Das kleine Frauenblatt. Eine unabhängige Wochenschrift für alle Frauen. 31. März 1935, 12. Jg., Nr. 13. S. 11.
- Über Cäcilie (Cilla) Wendt:
Frauen-Werke, Österreichische Zeitschrift zur Förderung und Vertretung der Frauenbestrebungen, mit dem Beiblatt „Kindes-Seele", 7. Jg., Nr. 6, 1900. Hg. v. Marianne Nigg.
Jahresbericht des Vereins für erweiterte Frauenbildung in Wien, XII. Vereinsjahr, Oktober 1899 – Oktober 1900, S. 40–41.

V. Interviews

Interview mit Johanna Dohnal am 27. 01. 2006 in Wien
Interview über Maria Biljan-Bilger am 03. 05. 2005 mit Herrn Friedrich Kurrent, in Sommerrein am Leithagebirge
Interview mit Frauen des Theaters Drachengasse, Eva Langheiter und Johanna Franz, am 18. 10. 2005, im Theater Drachengasse in Wien
Interview mit Elvira Loibl, FrauenWohnZentrum, am 10. 02. 2006 in Wien

Danksagung

Ich danke der MA 7 Kultur für die gewährte Forschungsförderung.
Auch möchte ich mich bei folgenden Personen bzw. Institutionen bedanken,
die mir bezüglich des Abdruckrechts zu Photos bzw. Textpassagen
freundlicherweise entgegenkamen:
Sybille Haushofer (Foto sowie Brief Marlen Haushofers), IG Autorinnen
Autoren (Alma Johanna König „Sonett XV" aus „Sonette für Jan"), Friedrich
Kurrent (Fotos zu Maria Biljan-Bilger), Shona MacTavish (Foto), Prof.
Adolf Opel (Fotos zu Lina Loos, Le Rüther und Laura Beer), SPÖ Frauen /
Elisabeth Bessert (Foto Johanna Dohnals), Studien Verlag Innsbruck /
Mag.[a] Katrin Oblassser (Buchcover „Gegen Rassenhass und Menschen-
not: Irene Harand - Leben und Werk einer ungewöhnlichen Widerstands-
kämpferin."), Wienbibliothek im Rathaus (Postkarte und Briefpapier Ida
Baumanns).

Weiters danke ich für spezifische Auskünfte:

Prof. Dr. W. Aichelburg (MA 8), Christa Bittermann-Wille („Ariadne"),
Eva Boresch, Dr.iur. Mag.rer.soc.oec. W. Brauneder (Juridicum, Institut
für Rechts- und Verfassungsgeschichte), DSA Almut Dichlberger
(„FSW"), Gregor Dragostinoff (Dramaturgie, Volkstheater), Dr.[in] Iris Fink
(Österreichisches Kabarettarchiv), Dr. Rainald Franz (MAK), Mag.[a] Fritsch
(MA 8 Stadt- und Landesarchiv), Sr. Elisabeth Graf („Caritas Socialis"),
Ing. Johann Gruber (MA 21 A – Ref. Archiv und Koordinationsstelle),
Univ. Prof. Dr. Paul Haber (Präsident der „Hakoah"), Mag. Margit
Hauser („Stichwort"), Karl Heindl (Burgtheater Wien), Silvia Hlavin
(Auskünfte zum Ungarischen), Christine Koza (Hotel Sacher), DI Richard
Lamprecht, Mag.[a] Michaela Lindinger (Wien Museum), Shona MacTavish
(Neuseeländische Tänzerin), Natalia Najder (Israelitische Kultusgemeinde
Wien), Leo Orsolits (Zölibatsklausel für Lehrerinnen), Mag. Dr. Barbara
Plankensteiner (Museum für Völkerkunde), Mag. Kathrin Pokorny-Nagel
(MAK), Dr. Hilde Schmölzer, DI Heinz Schurz (Ottakringer Brauerei),
DI Andreas Semler, Verein „Frauen beraten Frauen", Dr. Ortwin und
Edda Wingert (Zölibatsklausel für Lehrerinnen), Renate Wünschmann
(Stadtarchiv Erlangen)